고대 · 교역 · 도시 그리고 가야

고대 · 교역 · 도시 그리고 가야

초판 1쇄 발행 2023년 12월 31일

지은이 남재우, 최혜영, 김용준, 조윤재,
        이은석, 임동민, 소배경, 안홍좌, 양화영
펴낸이 윤관백
펴낸곳 선인

등록 제5-77호(1998.11.4)
주소 서울시 양천구 남부순환로 48길 1, 1층
전화 02)718-6252 / 6257
팩스 02)718-6253
E-mail suninbook@naver.com

정가 33,000원
ISBN 979-11-6068-860-3 94900
      979-11-6068-244-1(세트)

창원대학교 경남학연구센터 아라가야학술총서 5

고대 · 교역 · 도시 그리고 가야

남재우, 최혜영, 김용준, 조윤재,

이은석, 임동민, 소배경, 안홍좌, 양화영

 선인

'아라가야학술총서5'를 발간하며

지난 9월 18일은 기쁜 날이었습니다. 가야고분군이 세계유산으로 등재되었기 때문입니다. 10년 넘게 준비해왔던 일이 결실을 맺게 되었습니다. 이제 가야고분군이 세계의 모든 사람들이 공유하고, 보존해야 할 문화유산이 되었습니다. 동시에 가야라는 나라가 동아시아, 한반도에서 다른 나라와 달리 독보적이고, 특출한 문명이었다는 사실도 확인되었습니다. 더욱 기쁜 것은 고분군과 함께 살아왔던 주민들의 자긍심을 높이고, 가야사의 중요성을 인식하게 되었다는 것입니다.

이제 남아있는 과제는 등재된 고분군의 보전뿐만 아니라, 아직도 무관심 속에 훼손되고 있는 가야의 문화유산을 조사하고, 연구하고, 보전하는 일입니다. 나아가 무관심 속에 산재되어 있는 가야고분군의 조사와 연구를 통해 세계유산으로 등재될 수 있게 해야 할 것입니다.

이러한 염원을 담아 지난 10월에 '고대 · 교역 · 도시, 그리고 가야'라는 주제로 학술회의를 개최했습니다. 학술회의의 목적은 가야를 통해 한국고대국가 발전의 다양성을 확인하기 위한 것이었습니다. 즉 고구려 등 삼국을 비롯한 동북아시아의 고대국가들은 중앙집권제국가로 성장했지만, 가야는 아니었기 때문입니다. 여러 개의 나라들이 수평적인 관계를 유지하면서 공존했고, 성장했습니다.

가야의 삼국과 달리 존재할 수 있었던 이유를 다양한 각도에서 살폈습니다. 동시대에 존재했던 세계 속의 고대국가와, 가야 내부에서 확인해 보았습니다. 그 대상은 그리스, 인도, 중국, 그리고 가야 각국입니다.

고대 그리스의 폴리스, 고대인도 데칸지역의 도시와 교역, 중국 남조 번우지역의 해상교통 등을 통해 세계 각지의 고대 도시와 교역 등에 대하여 조금이나마 이해할 수 있는 계기가 되었습니다. 이와 아울러 가야 각지에 확인되는 교역네트워크, 교역로 등을 살폈습니다. 가야의 한 나라인 탁순국을 항시국가로 보는 시각도 확인할 수 있었습니다.

　　가야와 아라가야에 대한 연구가 학술회의 등을 통해 확대되고, 서적출판으로 이어지는 이유는 오로지 함안군민의 관심 때문입니다. 항상 감사한 마음을 가지고 있습니다. 학술회의 발표와, 그리고 글을 다듬어 논문으로 만들어 주신 발표자 선생님들과 논문을 알차게 구성되도록 조언해 주신 토론자 선생님들, 학술회의 진행과 서적발간에 도움을 주신 함안군, 창원대 관계자들에게도 고마움을 전합니다. 아울러 책으로 엮어주신 도서출판 선인에도 감사드립니다.

2023. 12.

함안군수 조근제
함안군의회 의장 곽세훈
창원대학교 경남학연구센터장 남재우

목 차

가야고분군 세계유산등재와 말이산고분군

남재우 | 창원대학교 사학과

I. 머리말

가야사 연구가 대외관계사 연구중심에서 벗어나 가야를 주체로 한 연구가 시작된 것은 1980년대이다. 그 결과 가야의 발전과정에 대한 이해가 어느 정도 가능해졌다. 즉 가야는 한국의 고대사회에서 삼국과 어깨를 나란히 했고, 중국과 일본과의 교류도 활발했던 선진적 정치집단이었다는 사실이 확인되었다. 제한된 범위이긴 하지만 문헌자료의 재해석과 고고자료의 발굴성과가 확대되었기 때문이다.

가야사연구의 진전은 시대상황과 무관하지 않다. 조선후기 실학자들의 가야사연구는 우리역사에 대한 관심에서 비롯되었다. 일제의 식민사학자들을 정치적 목적을 가야사를 연구했다. 해방 이후는 식민사관의 극복을 위한 것이었다. 가야 주체의 가야사연구사 시작된 1980년대는 한국사회의 급격한 변화와 맞물려 있다. 1995년 지방자치제의 시작, 가야사연구과 복원이라는 국정과제 채택도 가야사연구에 영향을 미쳤다.

이러한 과정을 거쳐 가야고분군이 세계문화유산으로 등재되었다. 기쁜 일이다. 가야고분군이 '탁월한 보편성'을 인정받아 세계인이 공유하고 보존해야 할 유산이 되었다는 의미도 크지만, 가야가 실재했던 역사였고 그것을 표현하는 것이 고분군이라는 사실이 확인되었기 때문이다. 이를 통해 가야사에 대한 공교육이 확대되고, 시민들의 가야사인식이 넓고 깊어지길 기대해 본다. 그간 전문연구자의 가야사에 대한 지식과 시민들의 그것과는 거리가 너무 멀었다. 공교육에서 가야사는 거의 다루어지지 못했고, 국사교과서에서 가야사가 차지하는 폭은 너무 좁았다.

또한 등재된 유적에 대한 관심은 당연한 것이지만, 경남지역을 비롯하여 산재해 있는 가야고분과 유적들에 대한 조사와 연구, 보존이 이루어지는 계기가 되길 바란다.

말이산고분군 전경

Ⅱ. 가야고분군의 세계유산등재

1. 등재과정

"세계유산"이라 함은 「세계문화유산 및 자연유산 보호에 관한 협약」에 따라 유네스코 세계유산위원회가 인류전체를 위해 보호되어야 할 탁월한 보편적 가치가 있다고 인정하여 'UNESCO세계유산목록'에 등재한 유산을 말하며, 문화유산, 자연유산, 복합유산을 포함한다.

기념물(monuments), 건조물군(groups of buildings), 유적지(sites)가 문화유산에 해당한

다. 기념물은 기념물, 건축물, 기념 조각 및 회화, 고고유물 및 구조물, 금석문, 혈거 유적지 및 혼합유적지 가운데 역사, 예술, 학문적으로 탁월한 보편적 가치가 있는 유산이다. 건조물군은 독립되었거나 또는 이어져 있는 구조물들로서 역사상, 미술상 탁월한 보편적 가치가 있는 유산이다. 유적지는 인공의 소산 또는 인공과 자연의 결합의 소산 및 고고 유적을 포함한 구역에서 역사상, 관상상, 민족학상 또는 인류학상 탁월한 보편적 가치가 있는 유산을 말한다. 가야고분군은 유적(sites)에 속한다.

가야의 실체를 잘 보여주는 물질적 증거가 '가야고분군'이다. 세계유산으로 등재된 말이산고분군을 비롯한 가야고분에 대한 발굴조사는 가야사회의 모습을 이해하는데 커다란 도움을 주었으며, 한국의 고대사회에서 가야의 위치를 보여주는 중요한 증거였다.

가야고분군의 세계유산등재를 위한 노력은 2013년부터 본격화되었다. 김해 대성동고분군, 함안 말이산고분군, 고령 지산동고분군이 세계유산 잠정목록으로 등재되었다. 전 정부의 '가야사 복원과 연구'가 국정과제로 채택되면서 가야고분군 등재추진대상이 확대되었다. 2018년 3곳에서 7곳이 되었다. 창녕 교동과 송현동고분군, 합천 옥전고분군, 고성 송학동고분군, 남원 유곡리·두락리고분군 4곳이다. 2021년 1월 세계유산 등재신청서를 제출했고, 지난 9월 17일 우리나라 16번째로 세계유산목록에 등재되었다. 공식등재일은 2023년 9월 25일이다.

가야고분군 세계유산 등재를 위한 학술회의 전경

〈표 1〉 세계유산 등재과정

년도	월일	내용	
2013	12. 11	유네스코 세계유산 잠정목록 등재(김해 대성동고분군, 함안말이산고분군)	
	12. 12	유네스코 세계유산 잠정목록 등재(고령 지산동고분군)	
2014	10. 16	가야고분군 세계유산 공동등재 추진 관계자 실무회의 (경남 · 경북 · 김해 · 함안 · 고령)	
2015	3. 12	가야고분군 세계유산 우선등재 추진대상 선정(문화재청)	
	10. 21	가야고분군 세계유산공동 등재 MOU 체결 (문화재청, 경북도, 경남도, 고령군, 김해시, 함안군)	
2016	12. 30	가야고분군 세계유산 등재추진 및 자문위원회 구성	
2017	12. 15	세계유산 등재신청 후보 선정 심의 − 보류(문화재위원회 세계유산분과)	
2018	5. 14	제3회 등재추진위원회 개최(경남도청) − 가야고분군 유산범위 확대(3개→7개)	
	8. 28	가야고분군 세계유산 등재 추진협약 체결(전북, 경북, 경남, 남원, 고령, 김해, 함안, 창녕, 고성, 합천)	
	12. 21	세계유산 등재신청 후보 선정 심의 − 보류(문화재위원회 세계유산분과)	
2019	1. 28	7개 고분군 유네스코 세계유산 잠정목록 등재(문화재청)	
	3. 21	세계유산 등재신청 후보 선정 심의 − 조건부 가결(문화재위원회 세계유산분과)	
2020	9. 10	세계유산 최종 등재 대상 선정 −(문화재청) 세계유산 최종 등재 대상 선정 심의 − 가결(문화재위원회 세계유산분과)	
2021	1. 27	세계유산 등재신청서 제출(유네스코 세계유산센터)	
	5~8월	1,2차 예비실사 및 유네스코 현장실사 완료	
2022	6. 23	2022년 가야고분군 세계유산 통합보존관리 및 활용방안 관련 실무자 워크숍	
2023	9. 17	제45차 세계유산위원회 '가야고분군'유네스코 세계유산목록 '등재'결정	

2. 가야고분군의 탁월한 보편적 가치

　세계유산은 탁월한 보편적 가치를 갖고 있는 부동산 유산을 대상으로 한다. '탁월하다'는 것은 세계유산으로 등재할 수 있는 기준으로 국경을 초월하여 모든 인류의 현재와 미래 세대에게 공통으로 중요한 만큼 예외적인 문화적, 자연적 중요성을 의미한다. 그리고 '보편적이다'라는 것은 한 국가나 민족의 역사적 중요성만을 제시하는 것이 아닌 인류사적 의미를 지니고 있다. 가야고분군의 등재기준은 iii)이다.[1]

---

1) 가야고분군 세계유산등재추진단(www.gayatumuli.kr/)

세계유산 등재 신청 기준	
iii. 현존하거나 또는 이미 사라진 문화적 전통이나, 문명의 독보적 또는 적어도 특출한 증거일 것	'가야고분군'은 연맹이라는 독특한 정치체계를 유지하면서 주변의 중앙집권적 고대국가와 병존하였던 가야의 문명을 실증하는 독보적인 증거로, 동아시아 고대 문명의 한 유형을 보여주는 중요한 유적이다. 가야연맹 내에는 7개의 대등한 수준의 최상위 지배층 고분군이 독립된 분지 별로 분포한다. 가야연맹 지배층의 고분군은 공통적으로 가시성이 뛰어난 구릉지에 지속적으로 군집하여 조성되었다. 가야식 석곽묘의 매장부 평면 유형, 봉토 축조방식, 부장된 토기 기종 구성의 동질성은 가야연맹의 결속과 지리적 범위를 알려준다. 정치체 별로 지역성을 띠는 묘제와 토기 양식, 대등한 수준의 위세품, 자율적 교섭관계를 보여주는 교역품은 연맹을 구성한 각 정치체가 자율성을 가진 수평적 관계였음을 보여준다.

등재기준 iii)을 적용하여 기술하면 다음과 같이 정리될 수 있다.[2]

1) 소멸된 가야문명을 지속적·과학적인 발굴조사를 통해 복원한 중요 사례

1910년대인 일제시기부터 지금에 이르기까지 100여 년간 발굴조사가 지속적으로 이루어져 가야문화와 사람들의 삶을 복원할 수 있게 된 것은 세계사에서 특별한 사례이다. 즉 가야고분군은 사라진 가야문명을 탁월하게 입증하는 증거로서, 인류 자산으로서의 가치를 지닌다.

2) 가야고분군은 소멸된 가야문명의 특출한 증거

① 가야고분군에서 확인된 목곽묘를 비롯한 다양한 묘제는 가야 역사의 전개과정을 실증하는 자료이며, 동북아시아의 여러 나라와 교류했던 상황을 보여준다는 점에서 인류 보편의 가치를 지니는 문화유산이며, 동아시아 묘제의 보편적 흐름을 대변하기도 한다.

② 부장된 유물은 가야문화의 대표적 예술품이며, 토기생산기술, 금공품 생산 등은 일본의 고대문화 형성에 지대한 영향을 끼치기도 했다. 따라서 가야고분군은 가야 사람

---

2) 경상남도, 『가야유적 유네스코 세계문화유산 등재추진 학술연구』, 2013, 187~189쪽.

들의 생활과 문화를 실증하는 예이며, 신라를 비롯한 백제, 중국, 왜 등 가야와 교류한 동북아시아 문화권의 자료들이 포함되어 있는 인류 보편의 문화유산이다

③ 묘역 입지의 특수성도 확인된다. 가야고분군에서 왕릉묘역의 축조는 특별한 지역에서만 이루어지고 있는 특징이 있다. 왕릉에 묻힌 선조들의 영혼이 왕실과 국가를 보호해 줄 것이라는 믿음으로 해석된다. 대성동고분군이 위치한 '애구지'는 가락국 건국신화의 무대인 '구지봉'과 연결되는 '애기 구지봉'의 뜻이다. 가락국의 시조가 내려온 곳이 '구지봉'이었으니 후대 왕들은 '애기 구지봉'에 잠들었던 것이다. 말이산(末伊山)고분군은 '머리산'에서 비롯된 것으로 아라가야의 '우두머리'들이 잠들어 있는 산이란 뜻이다. 이러한 지명전승은 말이산고분군이 아라가야의 왕릉묘역임을 보여주는 발굴조사와 일치한다. 고령지산동고분군은 대가야 왕도의 방어를 상징하는 주산성과 세트관계에 있다. 주산은 고령의 진산이다. 님(主)을 묻었던 '님뫼'의 主山이 곧 鎭山인 셈이다. 방어기능의 주산성과 대가야의 도읍을 지켜주는 진산에 축조된 대가야의 왕릉 역시 역대 왕의 혼령이 대가야의 도읍과 왕국을 보호해 줄 것으로 믿었던 것이다.

3) 가야고분에 내재된 계세사상은 소멸된 문명의 증거

가야고분군에서 확인되는 殉葬은 사후세계를 말하는 繼世사상의 가장 극단적인 표현이다. 삶의 공간 인근에 위치하면서 그 공간을 조망할 수 있는 구릉에 묘역을 조성하고, 많은 유물을 부장하는 풍습과 순장 등은 가야인들의 사상과 신앙의 중요한 증거이다. 특별한 토기모양인 새모양토기, 수레모양토기, 배모양토기 등이 부장된 것도 그들의 죽음에 대한 생각을 엿볼 수 있다. 장신구, 전쟁무기를 부장하였던 것도 계세사상의 표현이다. 모든 순장자가 신체의 훼손없이 신전장으로 매납된 사실 또한 계세사상의 단면을 보여준다. 순장자가 공양물이나 희생물 같은 제물로서가 아니라 내세에서도 온전한 모습으로 고분 주인공의 시중을 담당할 수 있도록 하겠다는 믿음 또한 계세사상을 표현한 것이다. 따라서 가야고분은 당시 동북아시아 문화권의 보편적인 관념

말이산 45호분 출토 상형토기

인 계세사상을 따르고 있음은 물론 사회적 신분의 차이를 넘어 집단의 구성원들을 공동에 묘역에 안치한 것은 미래사회를 함께 구현해 가기를 바라는 가야인들의 독특한 장묘문화를 반영하고 있다.

가야지역에서의 순장은 당시 동북아시아 문화권의 보편적인 관념인 계세사상을 가장 직접적으로 표현하고 있으며, 3세기말부터 6세기 중엽까지 약 250년간 지속적으로 시행되고 있다. 대성동고분군에서 순장의 초기형태가 확인되고, 말이산고분군과 지산동고분군에서 확대되는 양상이 나타나는 것은 의미가 높다. 3세기 4/4분기 김해 대성동 29호분에서 비롯되었으며, 금관가야가 소국에서 대국으로 성장하는 과정에서 나타난 것으로 추정된다. 이러한 순장의 풍습은 가야지역뿐만 아니라 신라문화권으로 확산되었다. 5세기 4/4분기의 지산동 44 · 45호분에서는 순장규모가 확대되어 전성기를 이루었다. 별도의 순장석곽을 설치하기 시작한 대가야의 순장은 44호분에서 60여 명에 가까운 순장자를 매장하였다. 말이산고분군에서도 순장풍습이 확인되고 있다. 이렇게 3개 지역 고분군에서 동일하게 사후관념을 보여주는 순장이 비슷하게 나타난다. 계세사상을 바탕으로 독특한 장묘문화를 형성하고 있는 가야고분군은 인류 공동의 문화유산으로 보존할 가치가 충분하다.

3. 세계유산적 가치 : 고대국가 발전의 다양성을 보여주는 증거

세계유산에 등재되는 것은 해당 유산이 어느 특정 국가 또는 민족의 유산을 떠나 인류가 공동으로 보호해야 할 가치가 있는 중요한 유산임을 증명하는 것이다.

가야고분군은 가야의 역사상을 보여주는 증거이며, 고구려, 백제, 신라의 3국과는 다른 한국고대국가 발전과정의 독자성을 보여주고 있다. 동아시아의 고대국가들은 중앙집권제적 고대국가로 발전하였다. 하지만 가야는 여러 개의 정치집단이 병렬적으로 존재하고, 수평적인 관계를 유지하였다. 즉 가야는 12개의 정치집단, 13개의 정치집단을 하나로 묶어 '가야'라고 부른다. 연맹체든 아니든 통합된 형태의 정치집단처럼 보기도 하지만 각자의 나라들은 나름대로의 독립성과 자주성을 유지하고 있었다. 가야를 통해 동아시아 고대국가 발전 형태의 다양성을 엿볼 수 있다.

Ⅲ. 아라가야 말이산고분군의 가치와 의미

1. 현황과 조사

　이때까지의 발굴조사를 통해 당시 아라가야 지배층의 무덤 변천과정과 당시 아라가야의 사회상을 알 수 있는 기초자료를 확보할 수 있었다. 말이산고분군은 적어도 100여 기의 봉토분을 중심으로 수백 기의 중·소형 고분이 축조되어 있는 것으로 밝혀졌다. 고분군의 입지분포상의 특징은 대형분들이 능선 정상부를 따라 보다 탁월한 지형을 차지하였다. 함안지역 내 대형봉토분의 축조시기는 5세기 전반에서 6세기 중엽에 집중되었다. 이 지역 고분군은 신라나 다른 가야지역의 지배자급 무덤에서 출토되는 금동관이 출토되었고, 환두대도, 갑옷류, 마구류 등의 다양한 철기유물이 출토되어 아라가야의 철 생산력이 매우 뛰어났음을 알 수 있었다. 다양한 모양의 토기들이 출토되어 아라가야의 토기생산기술의 우수성을 확인할 수 있었다. 대형봉토분의 매장주체시설은 대부분 수혈식석곽묘 또는 횡구식 석실묘이며, 순장이 일반적으로 실시되었다.

　일제강점기에 발굴된 34호분과 국립창원문화재연구소에서 발굴한 5·8호분의 경우에는 이 고분군에서도 최대형급에 속하는 무덤이다. 환두대도, 갑옷과 투구, 장식마구류 등의 철기와 함께 화염문투창고배 등 많은 양의 함안양식토기들이 출토되었다. 6세기 중엽부터는 횡혈식석실분(橫穴式石室墳)이 출현한다.

말이산 45호분 출토 봉황장식 금동관(좌)과 말이산 75호분 출토 청자(우)

출토유물 중에는 아라가야 왕을 상징하는 봉황무늬가 새겨진 금동관, 각종 무기류와 말 갖춤새, 장신구 등이 출토되었다. 특히 마갑총에는 고구려의 고분벽화에 표현된 것과 동일한 말 갖춤새가 완벽한 상태로 출토되어 아라가야의 정치적 성장의 단면을 보여준다. 청자완의 출토는 중국과의 교류를 엿볼 수 있다.

〈표 2〉 말이산고분군 조사현황

조사기간	조사자	조사내용	주요유물	보고문헌
1910	關野貞	말이산 현황 조사		
1914	鳥居龍藏	1기 (말이산 1호분)		유리원판목록
1915	黑板勝美	남문외고분군 조사		黑板勝美先生生誕百年紀念會編(1974)
1917	今西龍	말이산4호분, 5호분(현25호분)	오리모양토기, 수레모양토기, 철기 등	보고서
1918.10	谷井濟一	12·13호분	토기, 대도 등	大正7年度 古蹟調査成績
1986.11~12월	창원대 박물관	수혈식석곽묘2기	철기 34점 등	『아라가야의 고분군』(Ⅰ)(1992)
1991.4~7월	국립가야문화재연구소	수혈식석곽묘(암각화고분) 1기 등	철기 34점 등	『암각화고분군』(1996)
1992.6~7월	국립가야문화재연구소	목곽묘 1기(마갑총) 등	철기 66점 등	『함안 마갑총』(2002)
1992.10~12월	국립가야문화재연구소	목곽묘 19기 등 39기	철기 317점, 토기 345점 등	『함안도항리고분군』Ⅰ(1997), 『함안도항리고분군』Ⅱ(1999)
1993.4~8월	국립가야문화재연구소	수혈식석곽묘 3기 등 14기	장신구 252점, 토기 205점 등	『함안도항리고분군』Ⅱ(1999), 『함안도항리고분군』Ⅲ(2000)
1994.5~8월	국립가야문화재연구소	수혈식석곽묘 2기	철기 251점, 장신구 101점 등	『함안도항리고분군』Ⅴ(2004)
1995.4~6월	국립가야문화재연구소	수혈실석곽묘 4기 등	철기 215점 등	『함안도항리고분군』Ⅲ(2000), 『함안도항리고분군』Ⅳ(2001)
1996.5~8월	국립가야문화재연구소	수혈식석곽묘1기	철기 104점 등	『함안도항리고분군』Ⅳ(2001)
1997.12월~1998.10월	삼강문화재연구원	목곽묘 39기 등 102기	철기 486점, 장신구 2,410점 등	『도항리·말산리유적』(2000)
2001.4~5월	국립가야문화재연구소	수혈식석곽묘2기	철기 17점, 장신구 2점	『함안 마갑총』(2002)
2002. 4월	경남발전연구원 역사문화센터	수혈식석곽묘1기	철기 37점 등	『함안 말산리 451-1유적』(2004)
2005.1~12월	동아세아문화재연구원	수혈식석곽묘1기	철기 197점, 장신구 100점 등	『함안도항리6호분』(2008)

2005.9월~ 2006.1월	동아세아문화재 연구원	수혈식석곽묘3기 등	철기 110점, 토기 46점 등	『함안도항리고분군－함안도항 리6-1호분』(2008)
2009.1~3월	경상문화재연구원	수혈식석곽묘 19기 등	토기 417점, 장신구 86점 등	『함안도항리고분군－도항리 428-1번지 일원』(2008)
2014.1~7월	경남발전연구원 역사문화센터	100호분, 101호분	마구류 등	「함안말이산고분군 발굴조사 학술용역 약보고서」, 2014
2014.12월~ 2015.3월	경남발전연구원 역사문화센터	21호분		「함안말이산고분군 제21호분 발굴조사 학술용역 약보고서」, 2015
2015	우리문화재연구원	25·26호분		함안 말이산 고분군 제25·26 호분발굴조사약식보고서
2018	경상문화재연구원	5-1, 5-2호분		『함안 말이산 고분군 57·128 호분, 석1호묘, 2020
2018	동아세아문화재 연구원	13호분	별자리개석 등	『함안 말이산고분군 13호분 발 굴조사 약식보고서, 2020
2019	두류문화재연구원	45호분	금동관, 상형토기 등	『함안 말이산 484-2번지 일원 문화유적 발굴조사 약식보고 서』, 2019
2020	경상문화재연구원	석곽묘 2기		경남연구원 역사문화센터, 2020, 「함안 말이산고분군 13 호분 주변 시굴조사약식보고서」
2021.11월	경남연구원 역사문화센터	75호분	청자완	「함안 말이산고분군 75호분 자 문회의 자료집」, 2021
2023.5월	경남연구원 역사문화센터	목관묘, 목곽묘 등		

2. 세계유산적 가치

1) 경관으로 본 말이산고분군

가야고분군은 고고유적으로서 동북아시아 각 국가들의 고대국가 발전단계에 해당하는 시기에 축조된 유산으로 인근 국가와 함께 했던 가야인의 삶과 문화를 이해할 수 있는 증거이다. 따라서 고분군은 동북아시아의 고대의 역사적 발전단계와 문화를 보여주고 있으므로 인류역사를 폭넓게 이해할 수 있는 특별한 가치를 지니고 있는 탁월한 사례로 볼 수 있다. 특히 생시의 통치지역 혹은 생활공간이 바라보이는 구릉지대에 내세공간인 고분군을 형성하고 있는 것은 자연경관 활용의 독특한 사례이다. 대형봉토분은 가장 중심부 능선에 자리 잡고, 나머지는 그 능선에서 나뉘어진 가지 능선줄기에 군집하고 있다. 이렇듯 지형에 맞게 당시의 토목기술을 최대한 발휘해서 축조한 것은 유례가 드문 독창적인 자연친화적 인공경관을 이룬 유적으로 볼 수 있다.

　말이산고분군은 왕도의 배후에 형성된 자연 능선의 정선부와 사면에 열지어 고총이 축조되는 탁월한 역사적 경관을 연출하고 있다. 왕도의 중심지에 특별하게 선정된 독립된 구릉에 가야왕릉이 군집되어 특별한 역사 문화경관을 보여주고 있다. 중대형 고분들이 운집해서 연출하는 경관은 이집트 피라미드, 중국 황릉처럼 1기의 대형고분의 경관 못지 않다. 이는 왕권의 초월적 우월성을 인민에게 시각적으로 과시하는 효과를 통해 정치적 사회적 예속을 강제하기 위한 행위였다. 또한 군집되어 축조되는 고분군은 신분의 계보의식과 운명공동체 의식이 분명하게 반영된 결과이다. 고지에 축조된 가야고분군의 탁월한 역사적 경관은 이미 세계유산으로 지정된 신라 대릉원, 고구려고분과 차별화된 특징이다.

　경관고고학의 관점에서 보면 분묘가 축조된 공간은 사실 그것이 들어서기 전부터 신성한 장소였고 분묘가 조성됨으로써 경관적으로 더욱 의미 깊은 곳이 된다. 함안 말이산고분군의 능선에서 암각화와 지석묘 매장시설이 발견된 것은 중요한 의미가 있다고 본다. 중심고분군이 들어선 능선은 목관묘 축조자들에게 선조들이 의례를 지냈던 장소였고 조상 중에 몇 백 년 동안 위대한 행적과 함께 기억되어 온 영웅적 인물이 묻힌 경관이기도 한 것이다. 목관묘 단계와 목곽묘 초기에 쉽게 능선의 정상부를 점유하지 못한 것도 신성한 장소에 대한 지식을 토대로 한 그들의 실천이었을 것이다. 그러나 목곽묘단계부터 왕묘가 들어가는 장소로 점유되기 시작하고 고총봉토를 채용하면서 거대봉토분이 열 지어 배치되는 경관이 형성된다.

말이산고분군 전경(좌)과 말이산 13호분 별자리가 새겨진 무덤 덮개돌의 모습(우)

따라서 말이산고분군은 가야가 존속할 당시에는 권력과 그것을 정당화해 주는 이념적 공간 및 구축물이었다. 지금은 가야의 기억이 그대로 기록된 기념물이며 지역주민의 의식에 자리 잡은 역사경관으로 남아있다. 일제강점기의 발굴과 도굴로 심한 훼손을 입었고 식민주의 담론에 원천으로 왜곡되기도 했다. 그러나 해방 이후 우리 손으로 조사와 연구가 이루어져 가야사를 복원하는 학술자료가 되었고 정비와 박물관 건립을 통해 재해석되고 재현되어 현재의 문화경관으로 조성되었다.[3]

말이산고분군은 구릉에 대한 이용계획의 수립하에서 조성된 유적이다. 고분군은 함안군의 최고봉인 여항산(770m)에서 북쪽 방향으로 뻗은 구릉 말단부에 위치한다. 고분군이 위치한 구릉은 가야읍의 중심지를 양분하며 남쪽에서 북쪽으로 길게 이어져 있다. 주능선과 서쪽 방향으로 파생된 능선을 따라 백여 기 이상의 고총고분과 고총고분 주변에 봉분이 확인되지 않는 고분이 상당수 분포해 있다. 남북으로 뻗은 주능선은 남쪽과 북쪽에 각 1곳의 돌출부가 있고, 그 돌출부를 기준으로 남쪽과 북쪽이 낮아지는 지형을 이루고 있다. 남쪽 돌출부에는 13호분이 위치하고, 북쪽 돌출부에는 4호분이 각기 위치한다. 이 2기의 고총고분은 봉분 규모가 말이산고분군에서 규모가 가장 클 뿐만 아니라 입지조건도 가장 뛰어나다. 4호분과 13호분을 중심으로 봉분 직경이 15~20m 내외의 고총고분 40여 기가 주능선을 따라 남북방향으로 배열되어 있다. 각각의 고총고분들은 주능선의 돌출부를 중심으로 배치되었고, 이 돌출부에서 서쪽 방향으로 파생된 가지능선의 능선부를 따라 고총고분이 동서방향으로 배열되어 있다.

따라서 고총고분은 주능선에 대형분이 일정거리를 두고 위치하고, 각각의 대형분을 기점으로 서쪽 방향으로 파생된 가지능선에 고분이 배열된 점과 고분군에서 가장 규모가 큰 고분이 가장 탁월한 위치를 점유하고, 또 그곳에서 파생된 가지능선의 길이가 길 뿐만 아니라 직선적으로 뻗어있어 조망이 뛰어난 자연조건이 구비된 곳에 대형분들이 배열되었다. 이는 고분군의 형성 당초부터 구릉 전체의 이용 계획이 수립되었음을 보여준다.[4]

함안 말이산고분군을 조영한 아라가야의 최고 지배층들은 그들의 사후 안식처로서

3) 이성주, 「가야고분군 형성과정과 경관의 특징」, 『가야고분군Ⅰ』, 가야고분군 세계유산등재추진단, 2018.
4) 홍보식, 「가야 고총고분의 입지와 축조기술」, 『가야고분군Ⅰ』, 가야고분군 세계유산등재추진단, 2018.

사방을 조망할 수 있는 길게 뻗은 구릉을 영원한 안식 공간으로 선정하고, 그 구릉의 각 구간에 대한 이용계획을 수립하고, 그 계획에 의거해서 고분이 조성되었다. 사전에 수립한 이용계획은 단지 일정공간을 점유한다는 의미뿐만 아니라 그렇게 토지를 점유함으로 서 죽은 자와 산 자와의 관계를 나타내는 경관을 만들 수 있다는 관념도 구현되었을 가능성이 있다.

이러한 관념의 표현물인 말이산고분군은 아라가야가 멸망한 이후의 후세인들에게도 비슷한 관념을 자아내게 만들었다. 1587(선조 20)년 함안군수 정구의 주도하에 편찬된 『咸州誌』卷之一 고적조에 '우곡동의 동서구릉에 옛 무덤이 있는데, 높이와 크기가 구릉과 같고 모두 40여 기이고, 흔히 옛 왕국의 왕릉으로 전해진다(高塚 牛谷洞東西丘有 古塚 高大如丘陵諸四十餘 諺傳古國王陵云)'라 하였다. 고분군이 조영된지 천년이 흐른 뒤에도 당시의 경관을 유지하고 있었음을 나타낸다. 500여 년 전의 사람들에게 있어서도 경이로운 경관이었음을 잘 나타낸다.

2) 계세사상의 표현, 순장

말이산고분군은 아라가야의 매장관습과 신앙의 중요한 증거이며, 살아 있는 역사기록이다. 실생활 근거지와 가까운 길지를 택하여 집단구성원들의 무덤을 공동으로 매장하는 관습과 생활에 사용하던 토기, 몸에 지녔던 장신구는 물론 유사시를 대비하기 위해 전쟁무기를 부장하였던 것은 계세사상의 표현이다. 당시 동북아시아 문화권의 보편적인 관념인 계세사상을 따르고 있음은 물론 가야인들의 독특한 장묘문화를 반영하고 있다.

아라가야의 경우 순장이 장제로서 제도화되어 계층과 시간의 흐름에 따른 변천과정을 볼 수 있는 곳이다. 순장의 쇠퇴와 소멸은 내세관의 변화(정신문화)에 따른 소멸, 즉 사람을 강제로 죽여 사람의 장례에 활용하는 비도덕적인 행위에 대한 반성과 회의, 그리고 새로운 이데올로기(종교 등)의 도입으로 인한 자연적인 쇠퇴, 소멸이다. 고대사회에서 순장에 대한 부정적인 분위기가 곧 순장의 소멸로 이어졌음은 동서양의 여러 기록들을 통해 알 수 있다.

아라가야 순장의 쇠퇴, 소멸도 마찬가지다. 6세기 전엽 순장 규모가 축소되는 현상은 현재까지 고대 한반도에서 확인된 순장 사례 중 유일하게 순장의 자연 소멸을 뒷받침하는 고고학적 증거이다. 가야사회에서 순장의 자연 소멸과정을 확인할 수 있는 것은 성층화된 지배계층의 성립과 함께 가야가 고대국가 단계로 접어들고 있었음을 뒷받침하는 고고학적 증거일 수 있다.

아라가야에서 확인된 순장의 쇠퇴, 소멸 과정은 그간 순장습속의 시행과 존속으로 말미암아 그간 고대 삼국보다 낮은 사회발전단계로 규정되었던 가야의 고대국가로의 진입과정을 보여주는 중요한 고고학적 증거이기도 하다.

순장뿐만 아니라 특별한 토기모양인 새모양토기, 수레모양토기, 배모양토기 등이 부장된 것도 그들의 죽음에 대한 생각을 엿볼 수 있다.

3) 아라가야 유물의 다양성과 독자성

고분 속에는 다양한 유물이 있었다. 그 유물을 통하여 가야사회의 다양성을 이해할 수 있다. 철제 무기와 농기구 등을 통하여 가야사회 발전의 원동력이었던 철과 제련기술 등을 알 수 있으며, 전쟁과 농업생산력 등도 유추해 볼 수 있다. 금동관은 최고지배층인 왕의 권위를 보여주는 것이었다.

세련된 다양한 토기들이 출토되었다. 토기 중에서도 상형토기 즉 오리모양토기, 등잔모양토기 등은 가야인들의 종교적 내세관을 엿볼 수 있다. 교류를 보여주는 다양한 외래계 유물들도 확인되었다. 고구려를 비롯한 삼국과의 교류, 중국과 일본과의 교류를 보여주고 있다. 이외에도 당시의 사람들이 먹고 입었던 흔적도 나타났다. 동물과 식물 유체, 직물흔적 등이 그것이다.

고분에서 조사된 유물은 다음과 같은 의미를 지니고 있다. 첫째, 대외교류의 증거이다. 발굴된 유물을 통해 볼 때 가야는 중국, 북방, 고구려를 비롯한 삼국과 교류하고 있었다. 75호분에서 중국 남조시기의 청자완이 조사되었다.

둘째, 종교와 사상의 증거이다. 순장은 내세사상을 보여주는 증거이다. 이외에 상형토기도 내세관을 보여주고 있다. 특히 오리모양토기는 사람들의 내세관을 잘 보여준다. 새는 죽은 사람들의 영혼을 저승으로 안내한다는 사실이 『삼국지』에 기록되어 있다. 유자이기[미늘쇠]에도 새장식이 있다. 말이산 8호분에서 조사된 연꽃무늬장식 금동판을 통해 아라가야에 불교가 전파되었을 가능성을 엿볼 수도 있다. 최근에도 45호분에서 다양한 상형토기가 출토되었다. 2018년 13호분에서 별자리가 새겨진 무덤 덮개돌이 확인되었다. 눈길을 끄는 별자리는 궁수자리인데, 동양사회에서는 궁수자리에 속한 6개의 별이 북두칠성을 닮았다고 해서 '남두육성'이라 부르기도 한다. 남두육성은 땅과 생명을 뜻한다.

셋째, 권력과 위엄의 증거이다. 금동관은 최고지배층인 왕의 권위를 보여주는 것이었다. 2019년 발굴된 45호분에서 봉황장식 금동관이 확인되었다.

넷째, 생산력과 과학기술의 증거이다. 가야사회 발전의 원동력이 철과 철제련기술이었다. 철과 철기 교역을 통하여 사회발전이 가능하였다. 따라서 다양한 철기가 농기구, 무기 등의 형태로 고분에서 조사되었다. 고분군에서 조사된 먹거리를 통하여 당시 사람들의 생산활동을 엿볼 수도 있다.

다섯째, 영역과 문화권의 증거이다. 토기는 가야 각국마다 그 형태가 달랐다. 고배의 경우 그 형태로써 신라와 가야의 것으로 구분되었고, 가야 내부에서도 각국마다 그 양식이 달랐다. 화염문 투창 고배는 아라가야의 것이다.

4) 말이산고분군의 진정성 - 평화를 위한 문화적 증거

근대적 학문연구방법으로서의 가야사연구는 일본인에 의해서였다. 일본인에 의한 가야사연구의 목적은 식민지 지배의 정당성을 확보하기 위한 정치적 목적이었기 때문에 가야사로서는 불행이었다. 그 결과물이 '임나일본부설(任那日本府說)'이다. 일본 제국주의의 조선지배를 정당화시킨 근거가 되었다. 그래서 가야사연구는 가야가 주체가 된 것이 아니라 한국과 일본의 관계사 연구에 머무를 수밖에 없었던 것이다.

이에 제국주의 일본은 강제병합이후 가야지역에서 임나일본부론의 증거를 찾기 시작했다. 그래서 도굴같은 발굴이 이루어졌다. 하지만 그 증거는 찾을 수 없었고, 고분군만 훼손되었다.

따라서 식민주의 담론의 원천을 제공했던 가야사, 그리고 그 내용을 잘 보여주고 있는 가야고분군을 연구하고 보존하는 것이 동북아시아의 평화, 나아가 세계평화를 이루는데 커다란 교훈이 될 수 있을 것이다.

IV. 가야사를 위한 제언

가야사연구의 한계는 여전하며, 해결해야 할 문제도 많다. 삼국 중심의 한국고대사 연구에서 벗어나야 한다. 삼국만이 고대국가의 전형이고, 그래서 중심부라는 시각은 가야와 부여를 제외한 삼국사연구에만 몰두하게 했고, 교육에도 적용되었다. 그 결과 연구뿐 만아니라 국민들의 한국고대사에 대한 인식도 좁히는 결과를 초래했다. 고대국가 발전의 다양성을 가야로부터 찾으려는 시각이 필요하다.

가야사의 복원이 한국고대사의 완성이다. 가야의 여러 나라들은 영남지역에서 거의 600년 동안 삼국과 함께 독립된 왕권과 영역을 유지하고 있었다. 이를 소외시킨다면 고대사회를 정확하게 이해할 수 없으며, 고대 영남지역의 역사도 제자리 매김되지 못한다. 가야사의 이해를 통해 그 시기 한국고대사회와 동아시아사회의 모습에 접근할 수 있다.

가야고분군이 세계유산으로 등재된 것은 가야가 동북아시아의 고대국가 발전의 다양성을 보여주는 것이기 때문이다. 중국의 고대국가를 비롯한 우리의 삼국은 중앙집권적 고대국가였지만 가야는 여러 개의 나라들이 병렬적으로, 수평적인 관계를 맺고 발전했던 것이다. 이러한 가야를 여태껏, 중앙집권적 고대국가로 발전하지 못한, 저급한 정치적 발전단계로 이해하여 공교육에서 조차 적극적으로 다루지 않았다. 그래서 시민과 학생들은 가야를 신화로 인식하기도 했다.

이제 가야를 통해 한국고대국가 발전형태의 다양성을 확인해야 한다. 그러기 위해서는 할 일이 많다.

첫째, 가야유적에 대한 조사와 연구, 보존대책이 필요하다. 금번 등재된 가야고분군은 현존하는 가야고분군의 일부에 불과하다. 경남지역을 중심으로 부산, 경북, 전남·북 등지에 분포하고 있다. 하지만 가야사에 대한 인식부족으로 고분군을 비롯한 유적이 훼손되어 왔다. 전 정부에 의해 '가야사연구와 복원'이 국정과제로 채택되어 일부가 확인되고, 보존대책을 마련하고 있지만, 아직은 부족한 형편이다. 조사와 연구를 확대하여 나머지 고분군들도 세계유산으로 확대 지정해야 한다.

둘째, 연구자의 확보가 필요하다. 조사와 연구를 위한 전문인력이 필요하다. 전문인력 확보를 위해서는 가야사연구재단 설립도 고려되어야 한다.

넷째, 가야사에 대한 시민교육, 학교교육이 확대되어야 한다. 가야사연구자와 일반시민들과의 가야사 인식은 너무 차이가 넓고 깊다. 공교육에서 다루어지는 절대적 양의 부족 때문이다.

V. 맺음말

세계유산등재는 세계화로 인한 문화의 획일화, 상업화, 종속화가 진행되고 있는 상황에서 인류 문화의 다양성을 보호하기 위한 구체적인 노력이다. 또한 세계유산은 탁월한 가치를 지닌 것으로 문화다양성, 창조, 지속가능한 발전, 평화의 문화증진 등의 중요한 상징적 가치를 지닌다. 그리고 유네스코가 세계유산을 등재하는 이유는 "과거로부터 물려받은 것으로서 현재 우리가 더불어 살아가고 미래 세대에게 물려주어야 할 것"이기 때문이다.

가야고분군이 세계유산으로 지정된 것은 당연하다. 세계민족문화의 지평 위에서 가야의 역사와 문화가 유일하며, 가야의 역사와 문화의 특징을 구체적으로 압축해 보여주는 것이 가야고분군이다. 따라서 가야고분군을 잘 보존하는 것이 가야의 역사와 문화를 세계사와 세계민족지 위에 잘 보존할 수 있게 되는 의미이기도하다. 또한 가야사의 전개과정은 한반도에 있었던 동시대의 고대국가와는 다른 발전과정을 보여주고 있다. 즉 한반도 고대국가 중에서 특별한 예이며, 그 때문에 소외받기도 하였다. 가야고분군은 가야의 역사와 문화를 집약시켜 보여주는 것이기 때문에 가야고분군을 보존하는 것은 고대국가 가야의 발전과정을 이해할 수 있게 하며, 고대국가 발전과정의 다양성을 엿볼 수도 있다.

한국사에서 소외되어왔던 가야사, 가야사를 말하는 증거인 '가야고분군'이 세계유산으로 등재되어 동북아시아의 여러 나라들과 교류하고 발전했던 가야의 모습이 현재와 미래를 살아갈 사람들에게 교훈이 될 수 있도록 오래토록 보존되었으면 한다. 그리고 가야고분군이 세계유산 등재되면 식민지 지배의 희생양이었던 가야역사, 가야고분군이 '동북아시아의 평화의 문화증진에 기여'할 수 있는 기회가 될 수도 있을 것이다.

【참고문헌】

경상남도, 『가야유적의 역사적 위상과 세계유산 가치연구』, 2012.

경상남도, 『김해 · 함안의 가야고분군 세계문화유산 등재를 위한 학술심포지엄』, 2013.11.4.

경상남도, 『가야유적 유네스코 세계문화유산 등재추진 학술연구』, 2013.

경상북도 · 계명대학교 한국학연구원, 『세계문화유산 등재를 위한 대가야 고분군의 탁월성 비교
  연구』, 2013.

경상북도 · 계명대 한국학연구원, 『세계유산등재과정과 가야고분군의 탁월한 보편적 가치』, 2014.

경상남도 · 경상북도 · 김해시 · 함안군 · 고령군, 『가야고분군의 세계유산적 가치에 대한 이해』,
  가야고분군 세계유산등재를 위한 국제학술대회, 2015.

경상남도 · 경상북도 · 김해시 · 함안군 · 고령군, 『2016 가야고분군 세계유산등재를 위한 국제학술
  대회』, 2016.

경상남도 · 경상북도 · 김해시 · 함안군 · 고령군, 『가야고분군 세계유산 가치 비교연구』, 2017.

김종일, 「가야고분군의 경관적 특징과 의의」, 『가야고분군 세계유산등재를 위한 국제학술회의』,
  2018.

남재우, 「문헌을 통해본 가야문화유산의 의미」, 『가야유적의 역사적 위상과 세계유산 가치연구』,
  경상남도, 2012.

남재우, 「가야고분군의 진정성과 완전성 : 세계유산적 가치」, 『가야고분군의 세계유산적 가치에
  대한 이해』, 가야고분군 세계유산등재를 위한 국제학술대회, 2015.

남재우, 「가야고분 속의 유물, 그 가치와 의미」, 『가야고분군 세계유산등재를 위한 국제학술대회』,
  경상남도 · 경상북도 · 김해시 · 함안군 · 고령군, 2016.

남재우, 「가야고분군의 OUV」, 『가야고분군의 세계유산적 가치』, 2016.

남재우, 「전기가야사 연구의 성과와 과제」, 『한국고대사연구』 85, 2017.

이성주, 「가야고분군 형성과정과 경관의 특징」, 『가야고분군 I』, 가야고분군 세계유산등재추진
  단, 2018.

홍보식, 「가야 고총고분의 입지와 축조기술」, 『가야고분군 I』, 가야고분군 세계유산등재추진단,
  2018.

가야고분군 세계유산등재추진단(www.gayatumuli.kr/)

유네스코와 유산(heritage.unesco.or.kr/)

고대 그리스 폴리스와 가야를 중심으로 본 동서 문명 교류

최혜영 | 전남대학교 사학과

Ⅰ. 고대 그리스 폴리스

1. 폴리스의 개념과 모양

폴리스(polis, 복수형 poleis)에 대해서는 다양한 의미와 개념이 존재한다. 읍락국가, 성읍국가, 부족국가, 연맹국가, 國, 소국, 지역국가 등 한국 고대 국가를 둘러싼 여러 용어나 개념들만큼 복잡한 논의가 있는 것이다. 어떤 학자는 폴리스라는 단어에는 하나의 공인된 개념이나 객관적 의미가 없다는 이유를 쓰지 말 것을 주장하는 이도 있을 정도이다.[1] 특히 오늘날 폴리스가 근대적 개념의 국가(state)였던가 아니었던가를 둘러싸고

---

[1] 폴리스를 번역한 영어 city-state는 1885년 독일어 Stadtstaat를 번역한 말이며, 이 역시 1842년 덴마크 용어 Bystat를 번역한 것으로 보인다. 이는 그리스적 맥락과는 다소 맞지 않는 번역어라고 할 수 있다. 사켈라리우(Sakellariou) 같은 학자는 고대 그리스 사료에서 폴리스의 용례를 성채에서부터 '공법상의 실체'에 이르기까지 열 개 이상 찾아낸 가운데, 그는 이를 오늘날의 국가 개념으로 보기는 힘들며, 공동체로서의 폴리스, 거주지로서의 폴리스, 국가로서의 폴리스로 구분해서 사용해야 한다고 주장하였다. 예를 들어서 지역적이고 물리적인 거주지 개념에서 폴리스는 아크로폴리스와 아고라, 혹은 도시부(astu) 중심의 거주지, 영토적으로 도시부와 전원부(ge, chora) 등과 동의어였다면, 공동체로서의 폴리스는 시민들로 구성된 정치적 단체를 의미하였다. M. B. Sakellariou, The Polis-State. Definition and Origin, Athens: ΚΕΝΤΡΟΝ ΕΛΛΗΝΙΚΗΣ ΚΑΙ ΡΩΜΑΪΚΗΣ ΑΡΧΑΙΟΤΗΤΟΣ ΕΘΝΙΚΟΝ

치열한 논쟁이 있다. 수사학의 발달로 어휘가 발달했던 고대 그리스어지만 오늘날 국가 (state) 개념에 해당되는 단어를 따로 찾기 힘들다는 사실 자체가 오늘날의 표준적인, 구성원을 좌지우지할 수 있는 독립적 상급기관으로서의 국가라는 개념을 알지 못했음을 보여준다는 것이다. 베버(M. Weber)가 말한 국가의 개념에 비추어 보자면, "힘을 독점하는 기관이 없고, 무력 사용 능력이 무장가능한 구성원들 사이에 다소 균등하게 분포되어 있던" 폴리스를 국가로 보기는 힘들며 오히려 국가 없는 공동체(stateless community)에 해당된다는 것이다.[2] 핀리(M.I. Finley)는 스파르타, 아테네 해군 등의 소수의 예를 제외한다면 폴리스에는 상비군이 없었으므로 국가 규제 장치 면에서 초보적 성격을 벗어나지 못했다고 보았다.[3] 린토트(Lintott)는 고대 그리스 폴리스 시민들은 공적인 검찰 시스템이 없었다는 점(이해관계의 시민 스스로가 재판정에 사안을 가져오고, 법정 명령도 관리들이 아니라 시민 스스로 이행)을 지적하였다.[4] 정치학자 베렌트(M. Berent)는 폴리스는 국가도 국가가 아닌 것도 아닌 독특하고, 하나의 범주에 넣을 수 없는, 국가이기도 하고 사회이기도 한 그 중간 형태로 보았는데, 혹자는 폴리스를 궁극적으로 "a community of citizens (politai)"이라고 정의한다.[5] 반면에 폴리스에 감옥이 있었다는 점을 들어서 폴리스는 국가와 같았으며, 폴리스를 국가와 사회의 중간쯤으로 보는 견해를 바르지 않는 것으로 보기도 한다. 결론적으로 어떤 이들은 폴리스를 정체(constitution)의 개념으로, 어떤 이들은 국가(state)의 형태로, 또 어떤 이들은 공동체(community)의 의미로 다양하게 보는 가운데, 갈수록 고전기 폴리스의 정치적 구조를 전통적 개념의 국가로 보기 힘들다는 의견이 많아지는 추세에 있는 듯하다.[6] 또 각 폴리스 별로 그 성격이

ΙΔΡΥΜΑ ΕΡΕΥΝΩΝ, 1989. https://core.ac.uk/download/pdf/61193442.pdf.

[2] M. Berent, "Anthropology and the Classics: War, Violence, and the Stateless Polis," *The Classical Quarterly*, Vol. 50, No. 1, 2000, pp. 258 ff.

[3] M. I. Finley, *Politics in the Ancient World*, Cambridge: Cambridge University Press, 1983, pp. 18~20.

[4] A. Lintott, *Violence, Civil Strife and Revolution in the Classical City. 750-330 B.C.*, London and Canberra: Croom Helm, 1982. 이런 점들은 폴리스가 국가라기보다는 아리스토텔레스가 말했듯이 파트너쉽, 혹은 공동체(koinonia), 혹은 '연합(association)'에 가까운 모습을 보여준다.

[5] M. Berent, "Stasis, or the Greek invention of polities," *History of Political Thought* 19, 1998, pp. 331~362; Id. "Sovereignty: Ancient and Modern," *Polis* 17, 2000, pp. 2~34; Id. "In Search of the Greek State: a Rejoinder to M.H. Hansen," *Polis* 21, 2004, pp. 107~46; Id. "Anthropology and the Classics: War, Violence, and the Stateless Polis," *The Classical Quarterly*, Vol. 50, No. 1, 2000, pp. 257~289; cf. G. Anderson, "The Personality of the Greek State," *The Journal of Hellenic Studies*, Vol. 129, 2009, p. 1.

[6] cf. G. Anderson, "The Personality of the Greek State," *The Journal of Hellenic Studies*, Vol. 129, 2009,

다르게 나타나기도 한다는 점을 인식할 필요가 있다.

　이런 논의들을 배경으로 폴리스의 모습을 조금 더 살펴보자면, 폴리스라는 단어의 뜻 가운데 하나는 성벽, 혹은 성채라는 것인데 그 기원은 청동기의 미케네 시대의 성벽으로 거슬러 올라간다. 이때에는 궁성을 중심으로 한 국가가 건설되었는데, 이 성을 초기 그리스어로 폴리스 혹은 프톨리스라고 하였다. 대체로 성채를 갖춘 궁성을 중심으로 주변에 무방비의 촌락이 있던 형태로, 궁성과 인근 촌락이 정치, 사회, 경제 전반의 중심지였다. 철기를 가진 도리스계 민족의 남하로 미케네 왕국이 붕괴되면서 전 그리스에는 소규모 정치 단위로의 분할 운동이 전개되기 시작하여 수 세기에 걸쳐 여러 종류의 국가가 나타나던 가운데, 기원전 500년까지는 대다수 폴리스가 성립된 것으로 보인다.[7) 자급자족적 농업공동체가 폴리스로 발전하였다고도 하며, 전쟁 조직이 폴리스로 발전하였다고도 한다. 에렌베르크(V. Ehrenberg)는 800년경부터 폴리스 타운이 형성되기 시작하여 7세기경부터는 가족적 폴리스(family polis)가 중장보병 폴리스(hoplite polis)로 대체되면서 군사적, 경제적 특징이 강하게 드러나기 시작했다고 본다.[8)

　폴리스는 도시부(asty)와 전원부(komai)로 구성된 것으로 설명되지만 그것은 규모에 따라서 달랐다. 규모가 작은 폴리스는 도시와 전원 사이의 구분이 크게 없던 반면, 규모가 큰 도시의 경우는 도시부와 전원부가 뚜렷하게 구분되고 전원부에 상당한 사람들이 거주하였다. 대다수 폴리스는 하루 안에 전 지역을 왕복하는 것이 가능한 정도의 크기였으며, 아테네나 스파르타 등을 비롯한 몇몇 큰 폴리스만이 도시 중심부에서 변두리까지 하루 이상 걸리는 것으로 나타났다.[9) 식민시가 모국보다 더 큰 경우도 있었는데, 식

---

pp. 1, 19.

7) 폴리스의 규모나 숫자는 일반화하기 어렵겠지만, 기록상으로는 1,035개 정도가 보이나 기록에 남지 않았을 폴리스도 있었을 것이므로 대개 1,500개 정도로 추정하기도 한다. 다수 폴리스(80%가량)의 인구는 1,000명 이상이지만, 만 명을 넘기는 폴리스는 소수인 24개 정도로 추정된다. 전 폴리스의 인구를 약 500만에서 750만 명 정도로 추산한다면, 폴리스 평균 인구수는 대체로 5,000명에서 7,000명 정도가 되는 셈이다. 폴리스의 크기는 전체 폴리스의 60% 정도가 100km²를 넘지 않고, 80%가 200km²를 넘지 않았던 것으로 추정된다. 500km²를 넘는 폴리스는 전체 폴리스의 10% 정도였다. 예를 들어서 아테네 북서쪽에 위치하였던, 중간보다 조금 큰 규모였던 시키온이라는 폴리스는 225km² 정도의 면적에 몇 개 촌락이 몇 km 주변에 옹기종기 모여 살았던 반면, 아테네는 2,500km² 정도로 큰 규모와 인구를 가졌다. G. Anderson, "The Personality of the Greek State," *The Journal of Hellenic Studies*, Vol. 129, 2009.

8) V. Ehrenberg, "When Did the Polis Rise?," *The Journal of Hellenic Studies*, Vol. 57, 1937, p. 156.

9) cf. M. H. Hansen, "95 Theses about the Greek 'Polis' in the Archaic and Classical Periods. A Report on

민시에 대해서는 다시 살펴보겠다.

2. 폴리스의 형성과 특성

폴리스의 개념 못지않게 폴리스의 하부구조 역시 다양하다고 하겠다. 고대 그리스에서는 한 폴리스라고 해서 하나의 통합된 정치적 단일체를 형성했다고 보기 어렵고, 통합의 정도도 폴리스마다 달랐다. 보통 폴리스의 하부 구조로서는 혈연적 집단인 부족(필레 phyle), 문족(프라트리아 phratria), 씨족(게노스 genos), 집(오이코스 oikos) 등이 있었는데, 아테네에는 이러한 혈연집단과는 별도로 그 하부 구조로 지연적 구분인 데모스(demos)를 두었다. 우리가 잘 아는 아테네 민주정은 데모스를 하부구조로 둔 데모크라티아, 즉 democray였다. 씨족이라 번역되는 게노스(genos)라는 단어의 어원은 gignesthai로서, '공통의 탄생'을 의미하였다. 게노스에서 나온 단어로 '함께(syn) 탄생(genos)을 나눔, 같은 탄생'이라는 의미로 싱게니아(syngeneia)가 있다.[10] 게노스 혹은 싱게니아가 같은 핏줄, 혈통을 가진 집단을 의미하였다면, 에트노스(ethnos)는 비슷한 의미이면서도 동일한 정치적, 문화적 집단을 의미하는 경향이 강하였다. 오늘날 ethnology같은 영어의 어원이 되는 에트노스 역시 다양한 의미를 가진 단어로, 일종의 국가, 폴리스를 의미하기도 하고, 폴리스의 주민, 혹은 보다 큰 폴리스 연합의 거주자를 뜻하기도 하였다.[11] 에트노스 아래 여러 개의 필레나 게노스가 있다든가 심지어 여러 개의 폴리스가 있었다는 사례도 발견되는 가운데, 에트노스가 폴리스에 이르지 못한 시원적 국가 형태를 뜻한다고 보는 이들도 있는가 하면 그냥 혈연을 토대로 한 국가로 보는 이들도 있고, 한센(Hansen) 같은 이는 폴리스와 에트노스를 두 가지 국가의 형태로 보기는 힘들며, 서

---

the Results Obtained by the Copenhagen Polis Centre in the Period 1993-2003," *Historia: Zeitschrift für Alte Geschichte*, Bd. 52, H. 3, 2003, p. 277.

10) 그리스 역사가 헤로도토스는 아테네인은 이오니아 genos에 속하고, 스파르타는 도리스 genos에 속하다고 정의한다. 역사가 투키디데스는 펠로폰네소스 전쟁의 배경 중 하나로 도리스 genos와 이오니아 genos의 갈등을 들고 있으며, 전쟁 중 같은 genos임을 주장하는, 즉 같은 혈족, 혹은 친족을 의미하는 syngeneia를 이용한 외교에 대한 언급이 적지 않다.

11) 호메로스의 작품 속에서 에트노스는 공통의 문화, 혹은 계층적 정체성을 가지는 한 집단을 가르키는 말로 쓰이기도 하고, 소 등의 짐승 무리를 의미하기도 하는 등 여러 용례로 쓰였다. 아테나이 혹은 헬레네스 같은 용어는 같은 에트노스와 게노스를 가진 것으로 여겨지기도 하였는데, 같은 핏줄을 가진 게노스이자, 공통의 문화를 가진 에트노스라는 의미이다.

로 겹치기 부분이 있기는 하지만, 폴리스는 나라 개념으로 에트노스는 민족, 폴리스 거주민 개념으로 보는 것이 좋을 듯하다는 의견을 낸다.12) 지역적으로 에트노스 국가들은 그리스의 중북부 쪽으로 많이 발달하였다.

각 폴리스는 '같은 탄생'과 관련한 전통, 특히 혈족과 혈족의 수호신, 관련 신화를 갖고 있었다. 폴리스 구성원들은 자신이 속한 폴리스의 수호신 및 조상과 관련한 신화를 꿰고 있었다. 고대 그리스인에게 친족 집단 신화는 현재의 현상을 과거의 결과로 설명하는 하나의 도구적 역할을 하였으므로, 신화적 창건자들은 후대의 정치적 관계에서 중요한 역할을 하게 마련이었다.13) 이러한 친족 집단 신화는 외교 및 전쟁을 치르는 데에 매우 중요하였다. 군사력과 더불어 친족 집단 신화의 활용은 내부적 단합과 외부적 전쟁 기술의 하나로서, 폴리스 내부의 응집력이나, 폴리스 사이의 연맹이나 관계에서 오늘날 국가와는 비교할 수 없을 정도로 전쟁의 승패에 큰 영향을 끼쳤다. 이러한 친족 집단 신화는 한 가지 버전만 존재하는 것이 아니라 상황과 시대에 따라 다양하게 발전해왔다. 필요에 따라서 얼마든지 강화되기도 하고, 바뀔 수도 있었던 것이다.14)

흩어져 살던 사람들을 하나의 국가로 통합하였던 것을 集注, 시노이키스모스(synoikismos), 그것을 이룬 사람을 시노이키스테스(synoikistes)라 하였는데 일종의 창건 시조가 되는 셈이다. 시노이키스모스의 뜻은 집들이 '모인 것', '한 집에 사는 것'이라는 것이다. 아리스토텔레스는 시노이키스모스를 통해서 폴리스가 출현하였으며, 폴리스야말로 그리스와 이민족의 차이라고 말하기도 하였다. 물론 이것은 그의 의견이며, 아시아 쪽의 페니키아에서도 이런 형태의 국가들이 있었다. 집주 과정은 폴리스별로 다양하게 이루어졌

---

12) M. H. Hansen, "95 Theses about the Greek 'Polis' in the Archaic and Classical Periods. A Report on the Results Obtained by the Copenhagen Polis Centre in the Period 1993-2003," *Historia: Zeitschrift für Alte Geschichte*, Bd. 52, H. 3, 2003, pp. 257~282.

13) 모르간(J. Morgan)은 그리스인의 친족 집단 신화를 '과거에 관한 신념이나 믿음이 모습을 달리한 것이며, 정치적, 사회적, 종교적인 담론에 권위를 더하고 정당화하는 것'으로 보았다. J. Morgan, "Myths, expectations and the divine between disciplines in the study of classical Greece", *Archeology and Ancient History*. ed. E.W. Sauer, London: Routledge, 2004, pp. 85 ff.

14) 예컨대 투키디데스는 펠로폰네소스전쟁의 원인 가운데 하나를 도리스인 스파르타와 이오니아인 아테네 사이의 갈등으로 서술하였던 반면, 동시대의 희극작가 아리스토파네스는 「리시스트라타」에서는 아테네와 스파르타는 서로 친족이므로 싸우지 말고 평화롭게 살아야한다고 말한다. 또한 기원전 5세기 아테네 주적국이었던 테바이는 아테네인에 의해서 '오리엔트에서 온 이방인이 세운 나라'로 끊임없이 폄하되곤 했지만, 기원전 4세기에 마케도니아의 흥기로 국제 정세가 변하자 아테네 연설가 데모스테네스는 '아테네인은 테바이인들과 친족면에서 외국인이 아니다'고, 서로 협력해야한다고 연설하였다.

다. 코린토스 같은 경우는 자발적, 평화적으로 이루어졌는가 하면, 스파르타는 총 다섯 부족 가운데 네 부족은 뚜렷한 집주과정 없이 한꺼번에 형성되었지만, 마지막 아미클라이 부족은 강제로 병합되었다. 아르고스는 불완전한 집주에 가까워서 분리 독립된 작은 나라들이 많았다. 아테네의 경우 테세우스가 시노이키스테스로서 아티카 주민들을 설득하여서 최초의 통합 폴리스를 세웠다고 전한다.[15]

집주와 반대되는 현상은 散注(dioikismos)라고 할 수 있겠다. 사료가 비교적 많이 남아 있는 아테네 북서부에 위치하였던 엘레우시스 같은 지역의 경우, 다른 지역보다 늦게 아테네-아티카에 통합되었다가 후일 펠로폰네소스 전쟁의 패색으로 아테네에 내란이 일어나자, 아테네로부터 독립하였다가 다시 그 일부가 되었다. 아테네 해안지구인 피레우스 지역 역시 도시부와 싸우기도 하고, 화해하기도 하였다. 이는 이들이 아테네에 소속되어 있음과 동시에 자체의 행정 조직을 동시에 갖추고 있었다는 것을 보여준다.[16]

플루타르코스는 테세우스의 집주를 설명하면서 당시 서로 싸우고 있던 사람들을 향하여 테세우스가 모두의 공동 목적을 위해서 하나의 폴리스로 만들자고 제안하자 가난한 이들은 이를 쉽게 받아들였던 반면, 부유한 이들은 설득이 필요하였다. 이에 테세우스는 자신이 왕권을 행사하지 않고 오로지 전쟁지휘자(ἄρχων πολέμου) 및 법의 수호자로서의 역할만 하겠다고 회유하였으며, 집주를 기념하는 판아테나이아(Παναθήναια)와 메토이키아(Μετοίκια) 축제를 시작하여 지금까지도 행해지고 있다고 전한다.[17] 여기서 흥미로운 것은 집주와 관련하여서 "전쟁"과 "축제"의 역할이 두드러지게 나온다는 점이다. 전쟁에 대해서는 다음 3절에서 살펴보도록 하고 먼저 축제에 대해서 살펴본다면 다음과 같다.

앞에서 살펴보았듯이, 산주(散注), 즉 폴리스 구성원의 이탈이 가능한 상황에서 집주를 유지하는 것, 폴리스 구성원들의 단합을 도모하고, 이탈을 방지하기 위한 여러 기제

---

15) Thucydides, *Historiai*, 2. 15; Plutarchos, *Theseus*, 24.2-4.
16) 각 지역구는 자신의 신전, 극장, 제례, 축제 등을 가지며, 독립된 행정관이 있으면서 법정 및 민회를 열고, 법이나 칙령(nomoi, psephismata) 등을 통과시키고, 세금과 의전 의무를 부과하며 벌금을 물게 할 수도 있었다. 그러나 폴리스 중앙부처럼 사형이나 추방령을 내릴 수는 없고, 화폐주조권이나 외교권도 없었다. 또 시민권 칙령이나 대리인 칙령(proxeny decrees)의 권한도 없고, 독립 폴리스처럼 prytaneion이나 boule나 bouleuterion, desmoterion은 가질 수 없었다.
17) Plutarchos, *Theseus*, 24.2-4. 투키디데스 역시 집주를 설명한 다음에 바로 시노이키아(συνοίκια)라는 축제가 시작되었다고 전한다. Thucydides, *Historiai*, 2. 15.2.

가 활용되었던 것은 당연하였을 터인데, 이는 특히 다양한 축제와 제례 등의 종교 행사 및 새로운 통합 신화의 유포 등으로 나타났다. 같은 창건 신화, 축제, 달력 등을 공유하게 되면서 공통의 관행, 사회적, 문화적 정체성을 가지게 되는 것이다. 예컨대 플루타르코스나 투키디데스가 전하는 것처럼 아테네인들은 판 아테나이아 제전, 시노이키아 제전, 대 디오니시아 제전, 엘레우시스 미스테리아 등을 통해서 폴리스의 단합과 충성심을 다졌다. 집주 과정을 거쳐 하나의 폴리스로 커 간 아테네와는 달리, 뚜렷한 집주 현상 없이 성립된 스파르타의 경우 가장 성대한 축제가 강제로 집주된 아미클라이에서 거행되었다는 점은 시사하는 바가 크다. 즉 스파르타에서는 특기할만한 국가적 제전이 크게 보이지 않거나 강제로 병합된 부족 중심으로 이루어졌던 반면에, 집주 과정을 거치면서 주변 지역을 흡수하며 확장한 아테네에서는 끊임없이 단합과 충성심을 고취할 필요가 있었으므로 국가적 제전이나 축제 의례 등이 더욱 발달하였을 것이다.[18]

3. 전쟁과 폴리스 연맹

고대 그리스어로 국가를 뜻하는 단어를 딱히 발견하기 힘든데 비해서, 전쟁을 뜻하는 단어들은, 예컨대 폴레모스(polemos), 마케(mache), 에리스(eris), 네이코스(neikos) 등등 다양하게 발달한 것이 상징하듯이, 그리스의 폴리스들은 서로 끊임없이 경쟁하고 대립하는 구도 속에 있었다. 플라톤은 그리스 폴리스들은 만성적인 전쟁 상태에 있다고 하면서, 평화라는 것은 다만 '아직 전쟁이 선포되지 않는 상태'이며, 각 폴리스는 언제 일어날지 모르는 전쟁에 늘 대비하지 않으면 안된다고 말한바 있다. 핀리(M.I. Finley)는 그들이 왜 그렇게 끊임없이 전쟁하였던가를 간단하게 규명할 수는 없겠지만, 사람, 땅, 물자가 충분치 않는 상황에서 다른 국가나 다른 계층의 희생 위에서 '좋은 삶'을 누릴 수 있다고 생각하였으리라는 점을 한 배경으로 들었다.[19]

그런데 징집이 강제되지 않던 폴리스 구조에서 전쟁에 참여하는 것은 의무가 아니라

---

[18] 페리클레스는 그 유명한 추모연설에서 아테네에서는 일 년 내내 경기와 희생제사가 있다고 언급하는데, 실제로 아테네는 일 년에 120일 이상, 다른 도시들보다 훨씬 많은 축일을 갖고 있었다. 이는 내부적인 단합을 고취할 필요가 강하였음을 의미하며, 그 이외에도 다른 폴리스와의 교류, 외부에 미치는 영향력 정도나, 기원전 5세기 중엽부터 아테네로 유입된 다수의 이주민 동향 등이 다양하게 반영된 결과였을 것이다.

[19] M. I. Finley, "Politics", *The Legacy of Greece: A New Appraisal*, Oxford: Oxford University Press, 1981.

참정권과 시민권에 주어진 위엄과 특권을 의미하였다. 사실 전쟁은 고대 그리스에서 부의 중요한 획득 수단이기도 하였다. 볼케슈타인(H. Bolkestein)은 그리스 '국가'가 경제활동에 거의 간섭하지 않았던 대신, 전쟁이야말로 국가적 차원의 경제활동에 가까웠다고 주장하였다.[20] 플라톤은 전쟁을 일으키는 목적을 부를 얻는 것이라고 규정한 바 있었다.[21] 끊임없는 전쟁 속에서 폴리스가 사라지는 경우도 드물지 않았는데 그 경우는 다음과 같이 정리될 수 있을 것이다. 먼저 패전으로 모든 남자들이 죽고 여자와 아이는 노예로 팔리는 경우(andrapodismos), 전 인구가 추방되거나 다른 폴리스로 이동되는 경우(anastatos polis), 전 인구가 여러 곳으로 강제 분산되는 경우(dioikismos), 전쟁의 위협 속에서 미리 전 인구가 이주하여 다른 곳에 폴리스를 세우는 경우도 있었으며, 그 외에도 다른 폴리스와 시노이키스모스를 통해서 사라지는 경우, 폴리스에서 다른 폴리스의 주변부(kome)로 바뀌는 경우, 지진 등의 천재지변으로 사라지는 경우 등도 있었으며 없어졌다가 다시 그 자리에 재건되는 경우도 적지 않았다.[22]

치열한 전쟁의 상황 속에서 소멸을 면하기 위하여 각 폴리스는 최선을 다하였을 것이다. 예를 들어서 아테네 민주정 아래에서는 모든 관직이 투표로 선출되고 연임이 불가능하였지만, 전쟁을 맡은 장군직(strategos) 만은 능력에 따라서 뽑히고 연임이 가능하였다는 것도 전쟁만큼은 승리해야 한다는 절박한 계산에서 나온 것일 것이다. 폴리스의 소멸을 막기 위해서 폴리스들끼리 다양한 모양으로 이합집산하게 마련이었다. 국가 사이의 연맹이나 협력관계를 지칭하던 최초의 단어가 심마키아(symmachia) 즉 함께(syn) 전쟁(mache)을 치른다는 뜻이었던 것도 이를 잘 보여준다. 폴리스 동맹, 혹은 연맹의 형태로는 심마키아(symmachia) 혹은 에피마키아(epimachia), 암픽티오니아(amphyktyonia), 코이논(koinon) 등이 있었다.

먼저 암픽티오니아이다. 이웃 혹은 주변에 사는 사람들의 집합체라는 뜻인 암픽티오니아는 주로 국가 사이의 종교적 공동체를 뜻했다. 가장 유명했던 델포이 암픽티오니아

---

[20] H. Bolkestein, *Economic Life in Greece's Golden Age*, Leiden: E. J. Brill, 1958, pp. 140~141.

[21] Plato, *Phaedo*, 66c.

[22] M. H. Hansen (ed.), *A Comparative Study of Thirty City-State Cultures*, Copenhagen, 2000, pp. 150~152. cf. M. H. Hansen, "95 Theses about the Greek 'Polis' in the Archaic and Classical Periods. A Report on the Results Obtained by the Copenhagen Polis Centre in the Period 1993-2003", *Historia: Zeitschrift für Alte Geschichte*, Bd. 52, H. 3, 2003, p. 279.

는 12개의 주변 에트노스 집단으로 구성되어 있었다.[23]

군사 동맹의 대표적인 유형으로는 심마키아가 있었다. 심마키아는 함께 싸운다는 의미인데, 방어적이면서 공격도 함께 하는 동맹이 있는가 하면, 순수하게 방어적인 동맹도 있었는데, 전자는 심마키아, 후자는 에피마키아라 불렸다. 보통 2개 이상의 국가가 전쟁이나 정치적 목적으로 맹세를 교환함으로써 심마키아가 탄생했는데, 대부분의 군사 동맹은 단기적으로 이루어졌다. 기원전 5세기 아테네가 맹주로 있던 델로스 동맹의 공식 이름은 '아테네 심마키아'였다.[24] 아테네 심마키아, 즉 델로스 동맹은 헤게모논 잡은 아테네 아래 동맹국들은 공동시민권을 가지지 못했고, 경제적, 군사적, 정치적으로 강제당하는 형편이었다. 기원전 5세기 델로스 동맹이 아테네 제국(arche)으로 변했다면, 기원전 4세기 아테네가 중심이 되어 결성된 또 하나의 심마키아는 아테네와 다른 동맹국 사이의 자주권이 잘 규정된 것이었다.[25]

공동시민권을 가지는 연맹 체제로서는 코이논이 있었으며 시기적으로 가장 늦게 나타났다. 코이논에는 보이오티아의 10개 국가 동맹, 도리스의 헥사폴리스(6개 연맹), 아이올리아의 12대 국가 동맹, 이오니아의 12개 국가 동맹 등이 있었다. 보이오티아 코이논의 동맹국 시민은 각 폴리스의 시민이면서 보이오티아 코이논의 시민이라는 이중 시민권을 가졌다. 그러면서도 동맹의 헤게모논을 잡은 테베의 세력은 다른 나라들보다도 훨씬 강하여 일곱 명의 최고관리(보이오타르케스) 중 세 명이 테베인이었다. 그리스 북서부의 에피로스에서는 작은 에트노스 독립 국가들과 왕국들이 존재하다가 통합이 시작되면서 코이논이 형성되었다. 헬레니즘 시대 가장 큰 세력이었던 아카이아 코이논은 60개의 폴리스가 부족이나 지역적 응집의 차원을 떠나서 연합하여 강력한 정치적 권위의 동맹국으로 성장하였다. 코이논은 정치적, 군사적 성격의 중앙당국이 별도로 있었다는 점에서 암픽티오니아와 구별되고, 실제적인 연합체에 가까웠다는 점에서 심마키아와 구분되었다. 그렇지만 그 경계가 항상 분명하였던 것은 아니었다.

---

[23] "암픽티오니아 구성원에 속하는 땅을 없애지도, 전쟁기든 평화기든 막론하고 물을 끊지도 않을 것이며, 이를 어긴다면 멸망당할 것이다. 이 신의 소유물을 약탈하거나 보물을 훔치려 한다면 온갖 힘을 다해서 복수할 것이다(Aischines, 2, 115)"는 규정을 통해서도 종교적인 성격이 강하였음을 알 수 있다.

[24] IG. 1.9.

[25] A. E. R. Boak, "Greek Interstate Associations and the League of Nations," *The American Journal of International Law*, Vol. 15, No. 3, 1921, pp. 377 ff.

연맹의 결과로 나타난 시민권의 형태로서는 이소폴리테이아(isopoliteia: 동등한 시민권), 심폴리테이아(sympoliteia: 공동시민권) 등이 있었는데, 보통 이소폴리테이아에서 심폴리테이아로 발전해나갔다. 당시 절반 이상의 폴리스가 강한 폴리스에 기대는 의존적인 모습을 가지고 있었는데, 이 역시 다양한 형태로 나타났다.[26]

Ⅱ. 지중해 문명 교류

1. 지중해의 이주 혹은 식민활동

고대 그리스인들이 국가를 옮길 수 있는 집합체로 보았다는 점은 흥미롭다. 페르시아 전쟁이 한창이던 무렵, 아테네 장군 테미스토클레스는 살라미스 섬 연안에서 해전을 치르자는 자신의 주장을 코린토스가 반대하고 스파르타가 미온적 태도를 보이면서 살라미스만을 포기하고 펠로폰네소스반도 해협으로 물러나자는 쪽으로 흐르자, 우리 아테네인들은 모두 배에 올라서 다른 곳으로 거주지를 옮기면 그만이라고 하면서, 그 경우 아테네없이 싸워야 할 것이라고 경고함으로써 결국 살라미스에서 결전하게 된 이야기를 역사가 헤로도토스는 자세하게 전한다. 사실 이주(migration)나 식민(coloniaztion)은 인류 역사 전반에 걸쳐 나타나지만, 그리스를 비롯한 고대 지중해 지역에서는 매우 일상적인 일이었다.

오스본(Osborne)은 고대 지중해 주변 거주지들은 '바다를 통해 끊임없이 이동하는 세계의 산물'이었다고 보았으며, 갈랜드(Garland)는 이주, 재이주 등의 이동 생활은 그리스인의 일상생활이었으며, 고대 그리스 문화는 한마디로 '이주하는 사람들의 문화(a

---

[26] 1. 큰 폴리스의 영토 안에 있는 작은 폴리스, 2. 한 섬에 의하여 통제받는 지역의 폴리스, 혹은 반대로 본토 폴리스의 통제를 받은 섬 3. 큰 폴리스에 의존적인 폴리스로 만들어진 엠포리온(emporion, 상업지구), 4. 모시에 의존적인 자시, 5. 아테네의 클레루키아(klerouchia, 모시에 돌아갈 예정인 식민자들), 6. 라케다이몬의 페리오이코이(perioikoi, 주변인), 7. 연방 아래의 폴리스, 8. 제국(arche)으로 발전한 심마키아에 속한 폴리스, 9. 다른 폴리스와 sympoliteia 이후의 폴리스, 10. synoikismos 이후에도 존재하는 폴리스, 11. 다른 폴리스들과 연합하여 '부족 국가'를 만든 폴리스, 12. 외국 왕에 의하여 통제되는 폴리스, 13. 요새로 설립된 폴리스, 14. 내륙 폴리스의 주요 항구, 15. 한 폴리스의 시민인 동시에 다른 폴리스의 하부 시민에 속하는 폴리스. T. Heine Nielsen (ed.), "Yet More Studies in the Ancient Greek Polis," *Historia Einzelschriften* 117, 1997, pp. 29~37.

civilization of displaced persons)'였다고 규정하였다. 브래들리(Bradly)는 식민(colonization) 과 이주(migration)은 고대 그리스인의 기원과 정체성을 밝히는데 근원적인 열쇠가 된다고 보았는데,[27] 최근 학술 동향은 '그리스인이 누구이며 원래 어디에서 왔는가'를 묻기보다는 '어떻게 형성되었는가'를 묻는 경향이 강한데, 이주와 식민은 이에 중요한 단서를 제공해줄 수 있을 것임이 틀림없다.

실제로 기원전 500년에 이르기까지, 전 폴리스의 1/2~1/3에 달하는 500개 정도가 이주, 혹은 식민활동으로 형성된 것으로 추정된다. 물론 이는 그리스에만 해당되는 것이 아니라, 지중해 전 네트워크 안에서 빈번하게 이루어졌다. 플라톤은 지중해를 중심으로 살던 자신들을 '연못가에 살고 있는 개미들과 개구리들'에 비유하기도 하였으며, 지리학자 스트라본은 '옛날에는 그리스 전체가 이민족들의 정착지였다고 말할 수 있겠다'고 하였다.[28] 아시아 측 페니키아가 유럽과 아프리카 요지에 그들의 식민시를 세웠듯이, 그리스 쪽에서도 이탈리아는 물론이고, 흑해에서 아프리카에 이르기까지 식민지를 건설하였다. 참고로 고대 그리스의 식민활동은 근대의 식민활동과는 판이하게 다르다. 국경의 개념부터 다르고, 이주와 식민의 구별조차 모호하였다.[29] 그리스어로 식민지를 가르키는 아포오이키아(apoikia)라는 말은 apo(~로부터, 부터)+oikos(집)의 합성어로서 '집 밖의 집'이라는 의미이다. 즉 고대 그리스 식민지들은 근대 식민지와 같은 지배나 착취 대상이 아니었으며, 모시 혹은 모국과는 종교나 혈통을 공유하면서도 상당히 독립적이었으며, 이해관계에 따라서 다른 나라와 연합하여 모국을 공격하는 경우도 있었다.[30] 따라서 근

---

[27] R. Osborne, "Early Greek Colonisation? The nature of Greek settlement in the West," *Archaic Greece: New Approaches and New Evidence*, N. Fischer & Hans van Wees eds., London, 1998, p. 268; R. Garland, *Wandering Greeks: The Ancient Greek Diaspora from the Age of Homer to the Death of Alexander the Great*, Princeton, 2004. J.G. Bradly, *Greek and Roman Colonisation: Origins, Ideologies and Interactions*, Swansea: The Classical Press of Wales, 2006, xiii. 최혜영, 「고전기 아테네의 식민 활동과 트립톨레모스」, 『서양고전학연구』 55, 2016, 22~24쪽; 최혜영, 「고대 지중해 식민 활동과 여성」, 『서양고대사연구』 52, 2018, 108쪽.

[28] Plato, *Phaedo*, 109 b; Strabon, *Geographika*, 7.7.1.

[29] Finley는 그리스 식민지들은 거주지라고 불려야지 식민지로 불려서는 곤란한데, 그 자체가 바로 폴리스였기 때문이라고 하였다. M.I. Finley, "Colonies-an Attempt at a Typology," *Transactions of the Royal Historical Society*, 5th series 26, 1976, p. 174. 역사가 투키디데스는 트로이 전쟁 이후 그리스 도시가 불안정하였던 때는 유랑, 방랑, 이주가 끊임없이 이어지다가, 폴리스 사회로 정착되고 안정된 다음부터는 식민활동이 이루어졌다고 분석한 바 있다. Thucydides, 1.12.1-4.

[30] 코린토스와 그들이 세운 식민시 케르키라가 그 대표적인 예인데, 케르키라는 아테네와 연맹을 맺어서 코린토스에 대항하려 하였고, 이것인 그 유명한 펠로폰네소스 전쟁의 원인 가운데 하나가 되었다.

현대 제국주의적 식민의 경험을 고대 그리스에 투영해서는 곤란하다고 할 수 있겠다.

이주하는 이유는 다양하였는데, 한발과 기근으로 인한 식량난, 자연재해나 인구 증가로 인한 토지 부족 등의 이유, 전쟁 등으로 폴리스 전체를 옮기는 경우, 정치적 갈등으로 인한 추방이나 망명, 상업적 거래나 원료 물자 획득, 모험가나 탐험가, 용병이나 해적 등으로 돌아다니는 경우, 다시 고향으로 돌아오는 경우 등 다양하였을 것이다.[31] 이주나 침입이 적었던 곳은 상대적으로 척박한 곳, 자원이나 물자가 빈약하였던 곳으로 설명될 수 있을 법하다. 투키디데스는 "그리스는 ... 예부터 이주가 잦았으며 많은 사람들이 이주해 와서 살다가 떠날 수밖에 없을 때는 또 쉬 그들이 살던 곳을 떠나곤 했다. 주민이 항상 자주 바뀌었던 지역은 가장 비옥한 지역이었다... 그런데 아티카(아테네)는 토양이 척박했기 때문에 예부터 내부 분쟁으로부터 자유로웠고 이 때문에 같은 부족들이 죽 거주해왔다"고 말한다.[32] 그러다가 아테네가 라우리온 금광 발견으로 마련한 재원을 토대로 많은 선박을 보유하게 되고, 특히 이러한 해군력을 바탕으로 페르시아전쟁에서 승리한 다음 왕성한 해상활동을 편 결과, 기원전 478년에서 404년 사이에 만들어진 약 72개 정도의 식민 사례 가운데, 절반에 가까운 30개 정도의 식민시가 아테네에 의하여 세워졌다.[33]

식민시의 종류도 다양하여서 아포이키아(apoikia) 외에 에피오이키아(epioikia)라든가 클레루키아(kleruchia), 엠포리온(emporion) 등이 있었다. 아포이키아의 경우 모국과의 관계가 정치적으로나 군사적으로 독립적인 것에 가깝다면, 에피오이키아는 '다시' apoikia 하는 경우, 모국에서 이주자가 다시 보내져서 증강되는 경우를 뜻한다. 클레루키아는 할당지를 나누어가졌다는 뜻인데 모국과의 관련성이 가장 강하다고 할 수 있었다. 즉 아포이키아의 경우는 새로운 시민의 일원으로 정착한 데 비해서, 클레루키아는 모국의 시민권을 그대로 가지면서 식민시에 한시적으로 거주하는 경우에 가까웠다. 엠포리온

---

[31] 이주의 동기에 대해서 Anthony는 자연재해나 토지 부족처럼 이주해 나가게 강제하는 원인과 유인하는 원인(Push & Pull factor)으로 나누어 설명한다. 그 가운데는 개인적 희망, 사회적 환경적 동기, 경제적 사회적 사정 등이 있으며, 그 외 정착하고자 하는 지역의 정보나 지형, 적대감 비용 등의 장애 요소, 이를 해소할 기술 수준, 새로운 정착지가 줄 수 있는 이익 정도가 중요한 요소가 될 것으로 보았다. D. W. Anthony, "Migration in Archaeology," *American Anthropologist* 92, 1990, p. 899; Id. *Prehistoric Migrations as a Social Process*, Oxford, 1997, p. 22.

[32] Thucydides, *Historiai*, 1.2.1 ff.

[33] 아테네인의 식민시들은 그리스 동북쪽 트라케에서 이탈리아 남쪽 투리이에 이르기까지 넓게 분포되어 있었는데, 보낸 숫자는 안드로스 섬에 보낸 250명에서 할키스로 간 4,000명 정도까지 다양하였다.

은 상업적 목적으로 세워진 해외 거점이었지만 엠포리온이 보통의 식민시로 변화하기도 하고, 여느 폴리스와의 경계가 뚜렷한 것도 아니었다.[34] 이들 사이의 경계선은 분명하였다기보다는 시간이 흐름에 따라 바뀌는 경우도 얼마든지 있었다.

2. 지중해 문명 교류

고대 지중해 세계에서 빈번하게 일어났던 이동과 이주는 이주민과 본토민 사이의 상호관계, 그 결과 새로이 생겨난 혼종집단 및 그 문화를 낳게 마련이었을 것이다. 실제로 청동기시대 크레타 섬에서 발굴된 프레스코화 인물들은 유럽인, 아시아인, 아프리카인 어디 한군데 속하기보다는 모두 섞은 듯한 얼굴 모습을 보여주는 듯해서, 필자는 이들을 '지중해족'이라고 명명하고 있을 정도이다. 문화학자 그루엔(Gruen)이 인류역사상 고대 지중해 사회만큼의 다문화 사회는 드물었을 것이라 한 것이나, 돔멜른(Dommelen)이 서지중해 고고학은 '상호 영향의 복합적 상황과 창조적 전복'을 보여준다고 한 것도 이러한 맥락을 잘 보여준다.[35]

이민족 간 접촉 및 문화 접변 현상을 규명하기 위해 등장한 개념들로서는, "acculturation (문화변용, 순응)" "cultural assimilation(문화동화) 혹은 cultural antagonism(문화적 길항, 적대)" 같은 (다소 이원론적인) 전통적 관점에 더하여서, 최근에는 hybridity(혼성), multi-culturalism(다문화주의), trans-culturalism(트랜스문화주의), trans-nationalism(초민족, 초국가주의), creolisation(크리올화), entanglement(얽힘), contact zone(접촉지대)이나 middle ground(중간지대), connectivity(연결성), network(네트워크) 이론 등 많은데, 대부분 다중

---

[34] 엠포리온은 (1) 엠포리온이 있는 공동체와 (2) 엠포리온인 공동체를 구분하기도 하는데, (1)의 경우, 폴리스 내부의 상업 중심지였던 아고라와는 구별되는 대외 무역 중심지의 의미라고 할 수 있고, (2)의 경우 전통적인 관점에서는 엠포리온은 아포이키아와 구별되는 것으로, 즉 아포이키아는 폴리스로 만들어진 반면 엠포리온은 폴리스가 아닌 것으로 여겨졌다. 그러나 헤로도토스가 나우크라티스를 7세기의 엠포리온으로 분류한 것 외 한 경우를 제외하면 엠포리온은 모두 기원전 450년 이후의 문헌에 나타나며 '엠포리온이 있는 폴리스'를 의미하고 있다. 그 특징은 아포이키아이면서 그리스인과 이방인 사이의 무역 중심지였으며, 항구가 중심지 역할을 하였다는 점이다. T. H. Nielsen (ed.), "Yet More Studies in the Ancient Greek Polis", *Historia Einzelschriften* 117, 1997, pp. 83~105.

[35] E. S. Gruen, "Cultural Fictions and Cultural Identity," *Transactions of the American Philological Association*, 123, 1993; P. van Dommelen, "Colonial Constructs: Colonialism and Archaeology in the Mediterranean," *World Archaeology*, 28-3, 1997, p. 319.

—쌍방향적인 문화접변, 혹은 변용 및 "에이전시(agency)"의 개념이 강조되는 것이 보편적이다.[36]

이러한 이론들을 굳이 접목하지 않더라도, 여러 문화들은 서로 만나면서 합류, 분류, 확장, 융합, 변이, 보존 등등의 다양한 새로운 옷을 때때로 갈아입을 것임은 자명하다 하겠다. 즉 한 나라, 혹은 한 강력한 나라의 문화는 인근 지역이나 사람들에게 영향을 주는 한편, 그들로부터 영향을 되돌려 받는 형태로 다중 방향으로 진행되었을 것이며, 그런 과정에서 다른 여러 나라의 양식이나 기술, 기법 등을 자신의 전통과 섞어 새롭게 만들어내기도 했을 것이다. 강국은 하나만 있었던 것도, 그것이 계속 강성하였던 것도 아니며, 상호영향을 주고받으면서 성장, 변화, 쇠퇴 등 부침을 거듭하고 있었을 것이다. 지배체제에 있어서도 힘과 무기를 통한 물리적 힘을 행사하는 경우도, 통치적 지배체제가 아니라 공동체적 지배체제였을 수도, 장신구나 그릇 등 생활적인 것, 문화적인 것에 가까웠을 수도,[37] 그런 과정에서 자발적으로 피지배자가 되었을 수도, 이데올로기적 선전술이나 상징적 지배에 그치고 실제로는 독립을 향유하였을 경우 등 다양하였을 것이다. 즉 단선적, 일률적 형태의 지배체제보다는 다양하고 다차원적 유동적인 형태의 교

---

36) 예를 들어서 '미들그라운드' 이론이란 접촉의 결과가 문화를 수용하거나 배척하는 이원적으로 나타난다는 이론을 부정하고, 완전히 다른 문화들의 상호 이해가 시작되는 사회공간을 의미한다. 콘택트 존이란 불평등한 권력관계 아래서 만나고 충돌하고 접전하는 사회공간을 뜻한다. 콘택트 존이 보다 '공간적'이라면, 미들그라운드는 현재형으로 진행되는, 이루어져 가는 과정에 가깝다고 할 수 있다. 미들그라운드는 중심이면서 동시에 주변이기도 하다는 점에서 프론티어 이론과도 다르다. M. L. Pratt, "Arts of the Contact Zone," *Profession*, 1991, pp. 33~40; R. White, *The Middle Ground*, NY, 1991. 기타 이론들과 관련하여서 다음의 연구물들을 참고할만하다. S. Vetrovec, "Transnationalism and Identity," *Journal of Ethnic and Migration Studies*, 27-4, 2001, pp. 573~582; P. Levitt & B. Jaworsky, "Transnational Migration Studies: Past Developments and Future Trends," *Annual Review of Sociology*, 33, 2007, pp. 129~156; S. Hall, "Créolité and the Process of Creolization," *The Creolization Reader: Studies in Mixed Identities and Cultures*, R. Cohan & P. Toninato eds., London, 2010, pp. 26~38; I. Hodder, "Human-Thing Entanglement," *Journal of the Royal Anthropological Institutes*, 17, 2011, pp. 154~177; P. W. Stockhammer, "From Hybridity to Entanglement, From Essentialism to Practice," *Archeological Review from Cambridge*, 28-1, 2013, pp. 11~28; cf. 최혜영, 「고대 지중해 식민활동과 여성」, 『서양고대사 연구』 52, 2018, pp. 109~111쪽; 최혜영, 「에트루리아 기원 문제에 대한 새로운 검토」, 『서양고대사연구』 60, 2021, 112~114쪽.

37) 고대사회에서는 이국에서 수입되는 수준 높은 물품들이 초자연적이고 경이로운 가치와 힘을 가진 것으로 간주되어졌으며, 이를 가진다는 것은 그 힘을 나누어 가진다는 것, 자기 권력을 유지하기 위한 새로운 도구가 될 수 있다는 것, 즉 이를 가진 자의 권력 형성과 유지 등의 정치 이데올로기에 큰 도움을 주었다고 여겨진다. 나아가서 서로의 물질적, 문화적 교류는 양자의 공동체의 관계를 공고히 하는 계기가 되었을 가능성도 있다. 우리나라 '위세품'에 해당이 된다.

류적 지배였을 가능성이 있다. 또 중앙 지배층 주도의 군사적 지배에 국한되지 않는 다양한 관계들, 지방 유지나 특히 상인들의 세력 및 무역망과 재분배 메카니즘, 나아가서 '해적'의 활동에도 관심을 기울일 필요도 있을 것이다.

그리하여 최근에는 고대 지중해 사회를 큰 문화적 복합체(complexity)로, 통전적으로 보려는 경향이 강하다. 예컨대 카틀리지(P. Cartledge)나 프리맨(Freeman) 등은 기원전 5세기 이전에는 그리스인들은 하나의 구별된 민족이나 문화로 존재하지 않았다고 본다. '그리스다움(Greekness)'이라는 관념은 페르시아전쟁 이후에 '이방인'에 대한 구별이 생김으로써 나타난 산물이었으며, 그나마도 잠재적으로 적대적인 집단들 사이의 유동적이며 모호하며 인위적인 개념이었다고 보는 것이다.

그런 맥락에서 토착문화인가 이주문화인가를 이분법적으로 나누고 그 구분에 집착하는 것은 실제의 역사적 사실을 오히려 왜곡할 가능성이 있다고 할 수 있다. 이주민이 토착 문명 건설에 중요한 역할을 담당하였다 하더라도 이러한 이주나 문화 교류는 여러 집단 사이에 복합적, 다원적, 파상적으로 이루어졌을 가능성이 클 것이기 때문이다. 이주민과 토착민 사이의 상호관계는 물론이며, 같은 지역 안에서도 다양한 부족과 종족이 함께 살며 언어, 풍속 등이 복합적으로 섞여 있으면서, 또 각각 다른 지역들과 복합적이고 중층적으로 교류하고 있었을 가능성도 있었을 것이다.[38] 그런 상황에서 한 부족이나 종족이라는 것은 한 집단의 여러 정체성 가운데 하나에 불과할 수 있으며, 혈연성에 기반한다기보다 '문화적 구성물'에 가까울 수 있다. '국가 의식'이란 것이 존재하였다고 해도 정형적인 것이 아니라 여러 상황의 유동적 변화의 산물에 가까운 것, 그 사이 경계도 자연스럽게 변화하며, 필요하다면 관련된 새로운 신화나 전승, 전통도 만들어지거나 사라지고 고안될 수 있었을 것이다. 그런 상황에서 시대착오적으로, 오늘날의 국가, 민족, 국경의 개념으로 고대를 바라보지 말아야 한다는 점은 자명하다. 이는 시기와 거리, 문화권의 차이에도 불구하고, '동아 지중해'라 불리는 우리나라 고대사에도 적용되는 면이 있지 않을까 한다.

그런데 우리나라 고대사에는 중앙집권적 고대 국가로 간 것을 선진한 것, 발전적인 것으로 보는 경향이 있는 듯한데, 이를 그리스 고대사에 적용하기는 힘들다. 국가의 여

---

[38] 예를 들어서 크레타 섬에는 에테오크레테스이라는 최초의 토착민이 있었고, 이어서 펠라스고이, 도리스 족 및 온갖 부류의 바르바로이가 들어왔다고 한다. Diodoros, 5.80.1-3.

러 유형을 과일로 비유한다면 중앙집권적 국가는 사과로, 그리스의 폴리스들을 포도로 비유할 수도 있겠다. 그런데 여기서 사과가 더 좋다든가 포도가 더 좋다라고 말할 수는 없을 것이 각자의 맛과 향과 의미가 다를 것이기 때문이다. 그리스 폴리스들은 치열한 전쟁 가운데서 때에 따라 여러 종류의 횡적, 종적 연맹을 맺으면서 각기 나름대로의 엘레우테리아(자유)를 추구해 나가던 중 거대 제국 페르시아의 침입을 막아내기도 하고, 오늘날 인류 문명에 큰 족적을 남긴 문학, 철학, 신화, 조각과 건축술 등등도 낳았다. 이는 마치 가야의 김유신, 우륵, 강수 등의 가야계 인물들이 신라의 군사와 정치, 음악, 문학 등에 큰 영향을 끼친 것을 연상시킨다. 오히려 아테네가 포도알이 아니라 사과알이 되려고 이웃 폴리스들을 강제하였던 것이 그리스 문명 몰락의 시발점이 되었다고 볼 수 있을 것이다.

Ⅲ. 가야를 중심으로 본 동아 지중해 및 동서 문명 교류

1. 문명의 용광로(melting pot) 혹은 샐러드 볼(salad bowl)로서의 가야

그리스와 우리나라는 닮은 점이 많은 것 같다. 삼면이 바다라는 점, 수많은 섬들이 있다는 점, 인성적 특성, 외세 강점기가 있었다는 점 등이다. 플라톤이 자신들을 지중해라는 연못가에 사는 개구리들로 표현하였듯이, 실제로 수많은 '지중해 족'들이 아시아와 유럽과 아프리카를 오고 갔는데, 고대 한반도와 주변 국가들 역시 마찬가지였을 듯하다. 강이나 바다를 끼고 심심치 않게 오고 가던 그 때의 가야는 특히 그러했을 것이다. 이 발표문을 준비하며 가야사에 대한 사료나 연구물들을 조금씩 읽는 가운데 느꼈던 점은 고대 가야야말로 토착문화와 북방문화와 남방문화 등 여러 문화가 교류하고 교차하던, 그러면서 조화를 이룬 문명의 용광로(melting pot), 혹은 샐러드 볼(salad bowl)로서의 역할을 톡톡하게 하던 곳이 아니었을까 하는 생각이 들었다. 고대 지중해사 전공인 필자로서는 '동아 지중해사'를 좀 더 '넓게' 살펴볼 수 있는 위치에 있는지도 모른다. 허황옥, 석탈해, 素戔嗚尊(스사노오노미코토), 우륵의 가야금, 김유신 여동생 문희의 오줌꿈, 연오랑과 세오녀, 천일창 등은 이러한 교류를 상징적으로 보여주는 대표 존재들일

수 있을 것이다. 고대사 사료 대부분이 소실되고 파편적으로 극소수만 전해진 상황에서, 또 가까스로 남은 사료들도 후대의 왜곡이나 윤색 등의 가능성이 짙은 상황에서 이를 확증한다는 것은 불가능하며, 여러 이견이 존재하리라는 점은 자명할 것이다. 그럼에도 불구하고 그런 이야기들이 후대에까지 전해지게 된 배경은 그것이 당시의 문화적 토양에서 어떤 의미를 지녔던 것이 아니었을까 하는 점, 후대의 가필을 최대한 벗겨내려는 노력과 더불어서 그 원형 덩어리를 잘 찾아내면 우회적으로라도 당시의 역사적 상황에 조금이라도 다가갈 가능성도 무시할 수 없다고 생각된다. 또 앞으로의 새로운 문헌 발굴이나 고고학적 발굴에 의하여 그 논의가 더 확장될 가능성도 있을 것이다.

고대 지중해 세계의 이주나 식민, 전쟁의 원인과 관련된 가장 흔한 주제는 공주 납치 사건이다. 납치된 그녀를 데려와야 한다는 명분 아래 전쟁이 일어난다든가, 새로운 식민지를 세우게 되었다는 것이다.[39] 물론 여성 납치에 대한 응징이라는 명분 뒤에는 군사적 정복이나 상업적인 이익 추구라는 강한 동기가 들어있었다. 스파르타 왕비 헬레네 납치 사건으로 촉발되었다는 트로이 전쟁은 부유한 트로이 왕국에 대한 정복과 이에 수반되는 수많은 식민 및 이주 활동과 연계되었다. 실종된 에우로페공주를 찾아나선 페니키아의 오라버니왕자들은 그리스 곳곳에 국가를 세웠는데, 그들이 나라를 세운 곳이 금광 등의 자원이 풍부한 지역이었다는 점은 우연이 아니었을 것이다.

그런데 고대 가야에는 가야공주가 납치되거나 사라진 것이 아니라 먼 이방의 공주가 많은 선물을 가지고 수행원들과 함께 찾아온 것으로 나오니 정반대의 전개라고 할 수 있겠다. 여성이 아니기는 하지만 석탈해도 마찬가지이다. 석탈해는 처음에는 가야에 정착하려 하였으나 이주민과 토착민이 연합한 듯한 가야의 강력한 대항으로 뜻을 이루지 못하고 신라로 넘어간 것으로 보인다. 김수로의 등장이나 허황옥, 석탈해 등의 이야기는 그만큼 가야지역이 여럿의 관심을 끄는 풍요한 지역이었기 때문이 아닌가 생각된다. 낙동강 이동이나 이서 및 하류 삼각주 지대 및 남해, 동해를 낀 해양강국으로서의 천혜의 입지를 가진 곳, 비옥하고 교통도 편리하며 금은도 풍부하면서 철산지이기도 해서 일찍부터 제철술 등의 기술도 발달한 선진지역이었던 가야는 자체의 해상활동도 활발

---

[39] 아르고스의 이오공주, 페니키아의 에우로페공주, 콜키스 왕국의 메데이아공주, 스파르타의 헬레나왕비 등이 그 대표적 여성들이다. 헤로도토스는 페르시아 전쟁사를 다루면서 그리스와 오리엔트가 싸우게 되었던 최초의 원인은 바로 이들 여성들의 납치 사건 때문이었다고 한다. Herodotos, *Historiai*, 1.1.1 ff.

했음과 동시에[40] 여러 지역에서 여러 유형의 사람들, 정치적 외교적 목적으로서만 아니라 특히 모험 상인들도 끌어들였다고 보는 것은 자연스러울 듯하다.

허황옥이 실존 인물을 반영하였을지, 그렇다면 어디에서 왔는가에 대해서는 여러 뜨거운 논의들이 있다. 인도 북쪽의 갠지즈강 중류 아요디아 왕국이라는 설, 남인도 첸나이의 아요디아 꾸팜(Kuppam)이라는 설(인도에서 아요디아란 지명은 여러 곳), 후대의 가필이므로 그대로 받아들이기 힘들다는 의견 등등이 그것인데, 여기서 이를 자세하게 논할 수는 없겠다. 다만 후대의 가필의 요소를 충분히 인정하면서, 또 진지하고 성실한 학자라면 사료에 입각한 준엄한 잣대를 들이대는 것이 필수적이라는 점을 명심하는 가운데서도, 직접적, 혹은 간접적 교류가 있었을 일말의 가능성이라도 살펴보는 시도는 나쁘지 않을 듯하다. '허황옥'으로 대변된 존재가 실제로 왔다면, 인도에서 바로 왔는지, 중국 혹은 일본을 통해서 왔는지, 아니면 인도가 아닌 '다른 어디에선가' 왔는지의 여부, 및 오게 된 이유는 무엇이었는지, 정치, 외교적 이유였는지, 불교 전파의 목적이었는지, 아니면 다른 어떤 이유가 있었는지 등의 여부와 가능성을 살펴보는 것은 사료의 한계에 갇힐 수 있는 한국 고대사 연구에 좀 더 넓은 지평을 열어줄 수도 있을 것 같기 때문이다. 필자는 일단 인도에서 왔다는 기사가 후대에 전해지게 된 것은 그것이 갖는 원래의 의미 다발이 있었을 가능성이 있으며, 특히 허황옥이 가지고 온 수많은 '위세품'은 물론이고 그녀가 데리고 온 뱃사람들이 돌아갈 때 가야 측에서 실어준 물품에 대한 언급을 볼 때 이들이 일종의 모험상인단이었을 가능성을 진지하게 고려해보는 것도 흥미로울 것 같다는 생각을 가지고 있다.[41]

---

[40] 예를 들어 처음에는 낙동강 하류 금관가야를 중심한 일원적인 교역체계에 가까웠다면, 5세기 중엽 이후는 다원화되어서 함안을 비롯하여 보다 내륙에 존재한 정치체들도 개별적인 교역망을 형성하였던 것으로 보인다. 백승옥, 「포상팔국 전쟁과 지역연맹체」, 『가야의 포구와 해상활동』, 인제대학교 가야문화연구소, 2012, 150쪽.

[41] 고대의 문필가 플리니우스는 상인들을 '온갖 상업 거래품을 찾아서 이국의 바위 구석구석과 숲을 누비는 사람들'이라고 표현한 바 있는데(Plinius, *Historia Naturalis*, 5. 12), 위험을 감수하고 멀리서 오는 만큼 더 많은 이윤을 남길 가능성도 컸을 것이다. 기원전 4세기의 그리스의 연설가 데모스테네스의 연설문을 읽어보면 당시 선박을 통한 상인들의 상업 및 무역 활동이 매우 왕성하였으며, 놀랄만큼의 체계적 시스템 아래서 운영되었음을 알 수 있다. 또 기원전 1세기, 율리우스 카이사르의 『갈리아 전기』 등에서도 상인들의 활약은 놀라울 정도였으며, 그들의 선박수송 체계 또한 매우 효율적으로 때로는 군대를 능가하는 것으로도 나타난다. 상인들은 미지의 세계에 대한 정보도 많이 가지고 있었으므로 카이사르는 그들을 정보원, 길의 안내자, 외교사절로도 활용하였다. Caesar, *Comentarii de Bello Gallico*, 1.39; 4. 20; 1.46-47. 카이사르가 상인들이 많이 들어간 곳일수록 '문명화'나 인간화(humanitas)', 혹은 '유약함'이 진전된 곳으로 규정하였다는 점은 흥미롭다. Caesar, *Comentarii de Bello Gallico*,

그런데 만약 허황옥으로 대변되는 인도계 세력이 가야에까지 올 수 있었다면, 그것이 1회적 사건이 되라는 법은 없을 것이다. 만약 인도의 북부에서 왔다면, 남부에서도 오지 않을 이유도 없는 것, 한번 길이 트이면 다음은 더 쉬워질 항해길이었을 것이다. 여러 경로, 여러 모습으로 오고 갔지만, 사료에 남아있게 된 것은 허황옥의 경우였다고 볼 수 있을 것이다.[42] 우리나라에 야생으로 자라는 인도계통의 인디카 벼가 옛 가야 문명 지역에 일부러 꽂아놓은 듯 발견된다는 연구보고서[43]와 인도계와 유사성을 보이는 것으로 나타났다는 가야계 고분 유골들의 DNA 조사 보고서,[44] 남인도 타밀어와 우리나라 단어 사이에서 우연으로 보기 힘든 유사성,[45] 파사석탑의 돌 성분이 우리나라에 없는 종류라는 분석이나 제철 제련법[46] 등이 보이는 가능성을 모두 열어놓고 계속 연구하면

1.1.3; 4.3 ; 4.2.1; 2.15.3. 당시 상인들은 자신도 모르는 새에 일종의 '문명의 교사' 역할까지 수행하고 있었던 셈이다. 최혜영, 「카이사르의 〈갈리아 전기〉에 나타난 전시 경제와 상업 활동」, 『서양고대사연구』 64, 2022, 41~78쪽 참고. 고대 상인 집단은 일종의 '침묵 집단'에 가까워서 그들 스스로 남긴 기록은 거의 전해지지 않지만, 데모스테네스나 카이사르의 글을 통해서도 그런 내용을 읽어낼 수 있다면, 실제 상인들의 활동은 어마어마했을 것으로 추정된다. 이는 우리 고대사에도 그대로 적용될 수 있을 것이다.

[42] 가야 쪽에서도 일본 외에 더 멀리 동남아 쪽으로도 가지 못했을 이유도 없을 듯하다. 김해 봉황동 119-9번지 유적에서 출토된 가야시대 선박 무역선은 구조선(構造船)의 격벽으로 추정되는 선체 일부와 노(櫓)와 닻으로 추정되는 돌도 각 1점 출토되었다. 또한 비봉리유적 배 유물은 신석기시대로 확인되어 이들이 일찍부터 바다 활동에 나섰음을 알 수 있다. 아래에서 다시 언급이 되겠지만, 「先代舊事本紀, 권제 4. 地神本紀」에 의하면, 일본의 천신족에 속하는 스사노오노미코토는 한국에서 일본으로 건너가는데, 그가 일본을 위해서 한 가장 중요한 일은 각종 나무를 준 것이다. 그런데 나무의 용도 가운데 가장 먼저 언급된 것은 "배를 만드는" 것이다. 배 만드는 것이 궁궐을 짓는 것이나 장례식에 쓰이는 것보다 더 먼저 언급된다는 점은 의미심장하다. 즉 궁궐이 의미하는 왕권이나, 장례가 의미하는 사제적 권력보다도 '배 만드는 것'이 더 중요하였다는 의미로도 읽히며, 그들에게 중요하였던 만큼, 그 기술도 상당히 발전하여있었을 것으로 추정해본다.

[43] 이화선, 「가야문화권역 인디카(Indica)형 야생벼 분포 양상과 고고유적 속 벼 식물유체 분석을 통한 삼국유사 속 '허황옥 설화' 재조명」, 『문화와 융합』 제43권 11호(통권87집), 2021, 63~87쪽.

[44] 2004년 8월 서울대 의대 서정선 교수와 한림대 의대 김종일 교수는 한국 유전체 학회에서 "약 2,000년 전 예안리 고분 등의 가야시대 왕족의 것으로 추정되는 유골 1구의 미토콘드리아 DNA를 분석한 결과 인도 등 남방계와 비슷한 유전정보를 갖고 있었으며 나머지 3구의 유골을 더 연구하면 정확한 결과를 알 수 있을 것"이라는 연구결과를 밝혔다.

[45] 우리나라 어휘, 그것도 가족, 성기, 의성어 등 가장 원초적인 언어 가운데 남인도계 타밀 언어와 매우 유사한 어휘가 많다는 점도 특기할만하다. 강길운, 『고대사의 비교언어학적 연구』, 새문사, 1990; 양기문, 『타밀어입문』, 한국문명교류연구소 교양총서 2, 한국외국어대학교출판부 지식출판원, 2014; 원혜영, 「타밀나두에서 가야제국까지 허황옥 전설을 토대로 한 어휘적 근거와 문화를 추적하며」, 『동서비교문학저널』 57, 2021, 199~224쪽.

[46] 『삼국유사』 卷 第三 塔像第四 「금관성 파사석탑」조. 2017년 김해시에서 지질학 전문가인 박맹언 교수에 의뢰하여 진행된 실험 결과, 우리나라 남부지방에서는 없는 돌(전국적으로도 같은 성분의 돌을 찾기 힘듦)이라는 의견이 나왔으며, 2019년 말 국립중앙박물관과 김해시가 고려대학교 산학 협력단

좋을 것으로 보인다. 석탈해가 대변하는 지역이나 세력도 마찬가지이다.

　알렉산드로스대왕은 그리스 북쪽 마케도니아에서 인더스강 유역까지 3년에 걸쳐서 도달하였다. 그냥 말을 타고 온 것도 아니고 4만 명 가까운 중장보병단 및 기타 많은 수행원들과 함께 온갖 험난한 전투를 치루면서 왔는데도 수년 안에 도달할 수 있었다면, 선박을 이용한 사람들은 더욱 쉽게, 자주 왕래할 수 있었을 것이다. 그리고 알렉산드로스대왕 이후에 수립된 박트리아왕국 및 간다라미술이 상징하듯이, 그리스 문화는 페르시아 등의 오리엔트 지역에까지 스며들었다. 그런 배경에서 고대 가야가 허황옥으로 대변되는 인도계와 직접적이든, 간접적으로 교류하였다면 페르시아 문화적 요소, 나아가서 그리스·로마적 요소 역시 우리나라에 들어왔다고 해서 그리 이상할 것은 없을 것이다. 필자는 오래전부터 신화소를 통한 유라시아 문명 교류에 대해서 흥미를 가지고 있었는데, 여기서 자세하게 설명할 수는 없겠지만 서쪽 끝에 그리스, 로마가 있었다면 동쪽 끝에는 우리나라, 그리고 일본도 해당이 된다고 본다. 그리고 그 중계적 위치로 인도와 페르시아 및 스키타이 족을 주목하고 싶다. 인도는 페르시아와 서로 인접한 지역에 인종적으로 같은 인도아리아계, 언어도 인도페르시아파로 분류된다. 스키타이족은 유라시아 대표적인 유목민으로 한때 오리엔트 지역을 휩쓸었으며, 그 가운데 페르시아의 전신이 되었던 나라인 메디아와의 접촉이 강렬하였던 것으로 기록에 나온다. 다시 동쪽으로는 고대 가야 및 신라와 큐슈나 이즈모 같은 일본의 일부 지역이 연계되어 있었다고 생각되는 것이다. 우리나라 어휘와 드라비다어의 유사성은 앞서 언급되었거니와, 일본어와 드라비다어 사이의 유전적 관계를 주장하는 일본 언어학자들도 있다.[47]

에 의뢰하여 행한 결과에서도 한반도에는 없는 돌로 판명되었다. 또한 가야의 탄소를 주입하는 덩이쇠 제련법은 중국과는 다른 반면 인도와 닮았다는 전문가의 말도 귀담아 들을만하다.

[47] O. Susumu, *Nihongo to Tamirugo*, Tokyo, 1981; F. Akira, *Nihongo wo doko kara kitaka?*, Tokyo, 1981. 원혜영, 「타밀나두에서 가야제국까지 허황옥 전설을 토대로 한 어휘적 근거와 문화를 추적하며」, 203쪽에서 재인용. 드라비다어나 일본어와 한국어는 문장구성 순서에서 같은 구조를 가지고 있다는 점에서도 함께 연구해보아도 흥미로울 듯하다. 나아가서 Caldwell은 스키타이족의 언어와 드라비다족의 언어의 밀접성을 주장한 바 있다. R. Caldwell, *A Comparative Grammar of the Dravidian or South-Indian Family of Language*, Madras: University of Madras, 1956(rep.). https://ignca.gov.in/Asi_data/6696.pdf; 원혜영, 「타밀나두에서 가야제국까지 허황옥 전설을 토대로 한 어휘적 근거와 문화를 추적하며」, 205쪽. cf. M. E. Clippinger, "Korean and Dravidian: Lexical Evidence for an Old Theory," *Korean Studies University of Hawai'i Press*, Vol. 8, 1984, pp. 1~57. 「삼한삼국의 일본열도 분국설」의 북한학자 김석형은 허황후 출신국에 대해서 '허왕후가 남해로부터 왔으니 북 규슈를 거쳐 왔거나, 일본 규수 동북방에 있는 가락분국에서 온 것'이라고 일본과 연계시켜 보았다. 김석형, 『초기조일관계사연구』, 북한 사회과학원출판사, 1966.

최근에도 합천 옥전고분군 M1호분과 김해 대성동고분군 91호분에 이어 2021년 말이산 75호분 주변에서 '로만글라스'라 칭하는 둥글게 말린 장식이 달린 감청색 유리 조각이 발견되었으며, 2022년 말이산 고분군 북쪽지역 시굴조사에서도 비슷한 유리 조각 1점이 출토됐다는 뉴스가 있었다. 비슷한 출토품들이 경주의 금관총과 사천왕사지에서도 발굴된 바 있다. 과학적 분석 결과 이들 말이산 출토 유리 제품은 로만글라스라 부르는 소다-라임 유리이나 기존 출토품과는 성분이 조금 다른 것으로 확인되어서, 제작지와 제작 원료가 다양한 로만글라스가 고대에 한반도 남부지역을 중심으로 유통되었을 것으로 판단된다는 감식결과도 나왔다. 가야 혹은 신라 지역에서 발견된 여러 뿔잔이나 다양한 형태의 토기나 펠트제 모자나 튜닉 차림의 토우 등을 보면서 그리스 박물관들에서 자주 만나던 리톤이라든가 굽다리 접시 등등 비슷한 유물 등등을 떠올리지 않을 수 없었다. 여기서 이를 구체적으로 논하는 것은 불가능하겠지만, 로만글라스나 뿔잔 등이 우리나라에서 출토되기까지는 여러 경로나 시간대를 통해서 전해졌을 것이다.

2. 신화를 통해, 거시적으로 더듬어본 문명 교류 가능성

이에 대한 여러 연구들이 이제까지 다각도로 행해졌으며 앞으로도 계속되리라 생각되는데, 여기서는 유라시아 유목민 계통의 태양과 관련된 새 관련 신화소 및 가야계 인물이었던 김유신의 여동생 문희 오줌꿈 등을 통하여 페르시아 및 스키타이 문화를 통한 동서 문화 교류의 '가능성'을 살짝 엿본다면 다음과 같다.[48]

『일본서기(日本書紀)』 신무천황기(神武天皇紀)에 의하면 신무천황이 원정하던 당시 지방 토호세력이 큰 곰으로 화하여 나타나는 등 저항하였다. 어려움에 처해있을 때, 아마데라스 오오미카미(천조대신) 등이 나타나 '이 나라를 내 자손에게 물려주려 하는데 저항이 심하니 까마귀 팔지오를 보내주겠으니 까마귀가 인도하는 대로 따라갈 것을 말하였고, 황금빛 찬란한 솔개가 나타나 신무왕의 활 끝에 날아와 내려앉은 후에 승리하였다는 이야기가 나온다. 저항 토호세력이 곰으로 상징된데 비해 신무천황 측은 까마귀

---

48) 미리 양해를 구해야 할 것은 이 글 자체가 현재의 정황상 이루어진, 하나의 거시적 가설에 불과하다는 점, 학술적으로 제대로 정리되기 위해서는 문헌 및 고고학적 사료에 철저하게 입각하여서 촘촘하게, 미시적으로 연구되어야할 것임을 분명하게 하고 싶다.

혹은 금빛 새가 그 상징이었는데, 까마귀, 독수리, 매, 삼족오 등은 모두 태양과 관련된 새로 유라시아 유목민들 사이에 널리 퍼져 있던 왕권의 정통성을 보여주는 신화소였다. 로마에서 헝가리, 흉노, 돌궐, 몽골족 및 우리나라에 이르기까지 유라시아 유목민 사이에서 널리 발견되는 늑대-사슴 및 태양과 관련된 새(독수리, 매, 까마귀-삼족오) 신화소를 핵심어로만 소개하자면, 독수리로 조점을 쳐서 왕의 자격을 심사한 로물루스 레무스 늑대 형제, 창세신화, 건국신화 등에서 왕됨을 점지하는 헝가리의 새 투룰(독수리나 매, 혹은 까마귀 형상),[49] 특히 헝가리의 전성기 후녀드왕조를 세운 마차시에게도 부리에 반지를 문 까마귀가 나타났다(부리에 반지를 물고 있는 까마귀는 후녀드왕조의 문장이다).[50] 몽골족의 지도자 테무친이 칭기스칸으로 이름을 바꾼 유래 역시 상서로운 금빛 새 신화와 연관된다.[51] 고대 한국에서도 해모수가 까마귀 날개관을 썼다든가, 까마귀 오자가 들어가는 이름의 연오랑이 일본에서 왕이 되었다든가, 고구려 고분 벽화 태양 속에 세 발 달린 까마귀가 들어있었다. 특히 삼국사기에 나오는 부여의 금와왕과 고구려의 대무신왕 사이에 일어났던 '머리 하나에 몸이 둘인 붉은 까마귀(赤烏一頭二身)' 이야기는 이를 잘 보여준다.[52] 이러한 대열에 일본인의 최고 조상신으로 여겨지는 신무대왕도 들어가 있는 것이다.[53]

---

49) cf, *Gesta Hungarorum*, 3.

50) 최혜영, 「유라시아 유목민의 신화적 유사성-헝가리의 세 신화 요소를 중심으로」, 『세계역사와 문화연구』 61, 2021, 283~315쪽.

51) 칭기스의 유래에 대해서는 몽골어에서 나왔다는 설과 상서로운 새 울음소리라는 견해가 있다. 먼저 몽골어 '成'은 '강건하다'는 뜻인데 '칭기스(成吉思)'는 '成'의 복수라는 설 등으로 본다. 『史集 · 部族志』, 『通史簡編』. 다음으로 상서로운 새 울음소리 때문이라는 견해가 있다. 태화(泰和) 원년에 테무진 나이 28세, 즉위를 앞두고 새벽마다 5색조가 '칭기스(成吉思)' '칭기스(成吉思)'라고 우는데, 상서로운 징조 같았다. 칭기스칸(成吉思汗)의 이름은 여기에서 유래한다. 『蒙古源流』 혹은 '칭기스(成吉思)'가 새 울음과 '바다'라는 몽골어에서 동시에 유래했다는 민간고사도 있다. 금빛 날개의 큰 새가 "칭기스"의 칭호를 칸에게 바치다.(金翅大鳥送尊號成吉思汗) https://www.ximalaya.com/guangbojv/50680815/428223598.

52) 어떤 사람이 부여왕 대소에게 머리 하나에 몸이 둘인 붉은 까마귀를 바쳤다. 대소왕은 이를 고구려가 부여로 통합될 것을 의미한다고 해석하며 이 까마귀를 고구려 대무신왕에게 보냈다. 대무신왕은 두 나라가 통합된다는 것은 맞지만, 붉은 색은 남쪽을 의미하므로 부여가 아니라 고구려로 통합될 것, 현재 고구려가 이 까마귀를 갖고 있다는 것이 그 증거라고 답변하였다. 『삼국사기』 권 14. 이에 대한 보다 자세한 이야기는 최혜영, 「고대 로마와 동북아시아의 신화분석」, 『지중해지역연구』 7-1, 2005, 83~108쪽 참조.

53) 일본 인류학자 사이에서는 이중구조이론(dual structure theory, dual structure-hybridization theory)이 있다. 이것은 일본인은 선주 종족인 조몬인과 대륙에서 이주해온 야요이인이라는 두 계통의 결합으로 탄생했다는 것으로, 큐슈 의대 교수로 해부학 및 체질인류학의 권위자였던 가나세키 다케오(1897~1983)에 의해서 처음 주장된 것이다. 그는 야마구치현 도이가하마 발굴을 지휘하기도 하였다. 이후

일본 천손족의 인솔자 素戔嗚尊(스사노오노미코토)은 고대 한반도로부터의 이주자처럼 보이는 인물인데, 신수 숭배와 특히 연관이 된다. 「先代舊事本紀, 권제 4. 地神本紀」에 의하면 스사노오노미코토는 그의 아들과 더불어서 한국의 땅보다는 일본 땅을 선호하여 일본을 위하여 각종 나무를 만들어 이를 가지고 배도 만들고 궁궐도 짓고 장례도 치루게 한다. 또 그와 그의 아들에 의하여서 제공된 먹을거리를 주는 80여 종의 나무들도 일본을 푸르게 만들었다. 이 사료가 의미하는 바는 스사노오노미코토와 그 아들이 이끄는 무리가 일본 열도로 이주하기 전에 거주하던 모국은 한반도, 아마도 가야였다는 점, 또한 일종의 신수 숭배 사상이 강하게 드러난다는 점인데, 이 생명의 나무는 유라시아 유목민의 공통적인 신수 숭배 사상[54]과 더불어서 특히 페르시아 신화에 나오는 온갖 씨앗이 들어있었다는 나무를 연상시킨다. 페르시아의 국교였던 조로아스터교의 경전 야스나(12.17)에는 마법의 우주수 가오케레나(Gaokerena, Gokard, Gokerena, 황소 뿔이라는 뜻)에 대한 언급이 나온다. 이 나무는 강력한 치료의 힘을 가지고 있었으며 모든 식물의 씨앗이 깃들어 있는 나무로 넓은 바다 한 가운데 진흙 속에 있었다.[55] 그리

로 이를 둘러싼 여러 논란이 있었지만, 1990년대 이후에 DNA 분석 기법이 발전하여 이중구조 이론을 증명하는 연구가 여럿 나오게 되면서 널리 받아들여지고 있다고 한다.

[54] 유라시아 유목민의 신수 숭배에 대해서는 최혜영, 「버드나무 신화소를 통해 본 유라시아 지역의 문명 교류의 가능성 혹은 그 接點」, 『동북아역사논총』 22, 2008, 185~217쪽 참조. 유라시아 유목민들의 신화에는 새, 생명나무, 늑대(혹은 사슴)라는 세 가지 신화 요소가 공통적으로, 뚜렷하게 나타나는 것처럼 보인다.

[55] *Vidēvdād*, Fargard 19. 가오케레나 나무는 영생이 흘러나오는 하오마를 의미한다. 하오마는 대개 두라오사, 즉 '죽음이 달아나는'이라는 형용사를 가지는데, 지혜, 용기, 성공, 건강, 풍요, 위대함의 수여자의 속성을 가진다.(*Yasna* 9.17). 창시자 짜라투스트라는 惡의 신 아리만의 공격을 물리친 다음 善의 힘에 대해서 찬양하면서 깊은 바다 밑에 사는 물고기 카라를 불러낸다. 이 물고기의 임무는 우주를 새롭게 하는 생산력을 가진 가오케레나 나무를 지키는 것이다. 악의 신이 도마뱀을 만들어 나무를 해롭게 하려하자 선의 신 아후라마즈다가 10마리 카라 물고기를 만들어서 이를 보호하게 한 것이다. cf. *Bundahishn* IX. cf. W. F. Albright, "The Mouth of the Rivers," *The American Journal of Semitic Languages and Literatures*, Vol. 35, No. 4, 1919, pp. 161~195, 특히 194; D. M. Knipe, "The Heroic Theft: Myths from Ṛgveda IV and the Ancient near East," *History of Religions*, Vol. 6, No. 4, 1967, pp. 328~360. 여기서 카라 물고기는 수로왕릉 정문과 안향각에 남아있는 쌍어문을 생각나게도 한다. 이에 대해서는 허황옥과 마찬가지로 역시 여러 관점의 설명이나 해석, 첨예한 비판이 시도된 바 있다. 가장 기본적인 논쟁점은 수로왕릉 쌍어문이 가야시대로부터 전해졌는가, 아니면 그 이후 처음 만들어졌는가 하는 것이며, 가야시대부터라면 무엇에서 연유되었는가 하는 것이 될 것이다. cf. 이거룡, 「가락국(駕洛國)과 고대 남인도(南印度)의 문화적 접촉에 관한 고찰: 물고기숭배를 중심으로」, 『인도연구』 22권 1호, 2017. 여러 논쟁을 뒤로 하고, 필자는 이를 궁극적으로 페르시아의 영향을 받은 인도의 영향에서 나왔을 가능성은 없을지를 생각해 보게 된다. 이 경전이 쓰여진 중세 페르시아어인 팔레비어는 인도이란어파로 분류되며, 리그베다는 앞서 팔레비어로 쓰여진 경전 〈벤디다〉의 아리아 어의 한 버

고 이 나무의 가지에는 독수리(시무르그)가 살고 있었다. 신수 숭배와 태양을 바라보는 새인 독수리의 결합이다.

다른 한편, 『삼국유사』기이 태종춘추공조에는 문무왕의 비는 문명황후 문희, 곧 김유신의 누이가, 서악(西岳)에 올라가 오줌을 누었는데 경성(京城)에 (오줌이) 가득 넘치는 꿈을 꾼 언니 보희의 꿈을 비단치마로 사고 결국 신라의 왕비가 되었다는 기사가 전하는데, 그의 남편 문무왕은 삼국을 통일하였다. 이것은 후삼국을 통일한 왕건 가문에서도 일어났던 일이다. 『고려사』에 인용된 『편년통록』에 의하면 작제건의 아버지 보육은 자신의 오줌으로 산과 땅이 바다로 변하는 꿈을 꾸었다. 이를 들은 형은 자신의 딸 덕주를 그와 혼인하게 하였는데, 그들 사이에 태어난 둘째 딸 진의는 산꼭대기에서 오줌을 누자 천하에 흘러 넘쳤다는 언니의 꿈을 산 뒤 작제건을 낳았다는 것이다. 작제건은 후삼국을 통일한 왕건의 할아버지이다. 약간씩 다른 버전이고 후자의 경우 전자를 흉내낸 것으로 보이지만, 여튼 삼국, 혹은 후삼국을 통일한 이들의 가계에 오줌꿈이 있었음을 알 수 있다.

그런데 이것은 페르시아를 세우고 오리엔트를 통일한 왕 키루스왕의 어머니 만다네의 오줌 꿈 이야기와 매우 흡사하다. 메디아의 아스티아게스왕은 자신의 딸 만다네의 오줌이 온 아시아를 덮는 꿈을 꾼바 있었으며, 결국 만다네가 낳은 아들이 키루스대왕으로 오리엔트 통일이라는 대업을 닦았다는 이야기를 그리스 역사가 헤로도토스는 전한다.[56] 메디아왕의 꿈속에서 만다네는 오줌 외에도 그녀의 음부에서 나온 포도가지가 온 아시아를 덮은 것으로 나오는데, 우리나라에서 포도가 재배되는 것은 대체로 고려 이후라고 하니 오줌 꿈만 남아 전했을 가능성이 있는 듯하다. 그런데 문희는 오라버니

전으로 알려져 있으므로 인도에서 이와 비슷한 이야기가 발견된다고 해도 무리가 아닐 것이라는 것도 한 이유이다. 이와는 별도로, 신라에 투항한 대가야의 음악가 우륵의 가야금과 이 물고기를 연관시켜보는 것도 흥미로울 듯하다. 가야금의 외형을 보여주는 자료로 신라토우의 현악기 및 관련 유물들이 주목되는데, 악기 구조가 양쪽이 대칭이며, 한쪽이 물고기 꼬리 형태의 모습을 보이고 있다. 이처럼 양쪽이 대칭적인 악기는 현악기의 구조로 존재하기 어려운 모습인데, 이진원, 「북한에서의 가야금과 우륵에 대한 인식」, 『대가야의 악-가야금과 우륵 12곡-』, 고령군 대가야박물관, 2020, 114쪽; cf. 이용식, 「악기 장식 동물 문양의 상징성-가야금을 중심으로」, 『한국음악사학보』 61, 2018, 191~207쪽. 이러한 형태로 남아있는 데에는 무슨 연유가 있었을 것으로 보인다. 그런데 9간이 수로왕을 노래와 춤으로 환영하였듯이, 고대는 악기와 노래, 춤은 인간끼리 즐기는 것이라기보다 천지신명을 높이고 그들의 도움을 간구하는 중요한 도구였으므로, 가야금에 '생명을 지키는 물고기' 꼬리가 붙었던 것은 아닌가 하는 생각도 해보게 되는 것이다.

56) Herodotos, *Historiai*, 1, 108.

김유신과 더불어서 가야 출신이었다.[57] 공통된 신화라는 것이 꼭 전파나 교류를 통해서가 아니라 그 문화권에서 자생하여 나타날 가능성도 있지만, 일찍부터 페르시아 쪽의 문명 교류에 앞서 있던 가야에서부터 이런 설화가 시작되어 후대에 전해졌을 가능성은 없는 것일까? 필자가 아는 한, 그리고 중국 문헌 연구가에게 부탁하여서 알아본 바로도, 무수한 중국 신화나 설화에서 이런 류의 오줌꿈은 아직까지 발견된 적이 없다는 점에서 이것이 만국 공통의 신화소는 아니라는 생각이 든다.[58]

동서 문화 교류가 가능하였다면, 하나의 중요한 중간 매개자로서는 스키타이족이 주목된다. 일찍이 스키타이 족은 오리엔트의 아시리아 지역까지 자신들의 세력권 안에 두고 활동하다가 페르시아의 전신인 메디아의 아스티아게스왕에게 축출되어 이동하는 것으로 나온다. 스키타이족의 종족성이나 기원에 대해서는 학설이 분분하지만 그들의 금속 주조 기술은 고대 그리스인들부터 특기된 바 있었다.[59] 그리스·로마 측 문헌 기록

---

[57] 김유신의 증조부는 532년 법흥왕 때, 신라에 투항한 금관가야의 구해왕(仇亥王)이었고, 백제와의 전쟁에서 혁혁한 군공을 세웠던 조부 무력(武力)에 이어서 친부 서현(舒玄)과 신라 여인 만명(萬明)과의 사이에 태어났던 자녀들이 바로 이들이었다.

[58] 기원전 2천 년경 아시리아 문헌인 『꿈의 책』에서 '어떤 사람이 꿈에서 오줌을 강으로 누면 풍성한 수확을 얻을 것이고… 하늘을 향해서 누면 중요한 아들을 낳을 것이고…' 등등의 오줌 꿈에 대한 해석이 쓰여 있는데 이것이 메디아의 아스티아게스왕이 꾼 꿈의 원형이 될지 모른다. A. L. Oppenheim, *The Interpretation of Dreams in the Ancient Near East*, Philadelphia, 1956, p. 265. cf. https://www.cais-soas.com/CAIS/History/madha/astyages_dreams.htm. 또 하나의 흥미로운 것은 "임금님 귀는 당나귀 귀" 이야기이다. 이에 관한 첫 기록은 그리스의 희극작가 아리스토파네스의 프리기아 왕국의 미다스왕 이야기(Aristophanes, *Plutus*, 287)이며, 로마시인 오비디우스의 〈변신〉에서 자세하게 나온다(Ovidius, *Metamorphoses*, 9. 146~193). 이러한 유형의 이야기들은 페르시아, 인도, 돌궐에서 신라 경문왕에 이르기까지 여러 사례가 발견되지만, 중국이나 일본에서는 아직 발견되지 않는 것으로 알고 있다. 그런데 미다스왕의 프리기아 왕국(현재 튀르키예 중부)은, 고깔모자를 프리기아 모자라고도 하듯이, 고깔모자의 나라로 알려져 있다. 후일 프리기아라는 지명은 리디아와 같이 쓰이기도 하는데, 리디아왕국에 의하여 병합되었기 때문이다. 리디아의 일리아테스왕 분묘는 가장 전형적이자 대표적 tumulus (복수형 tumuli)로 알려져 있는데, 더 잘 보전된 비슷한 양식의 고분군은 이탈리아의 에트루리아 도시국가들에서 발견할 수 있다. 그런데 에트루리아의 고분들은 그 뿌리가 리디아로 보인다. 리디아인들이 기근으로 자기나라를 떠나 이탈리아로 건너가 에트루리아 도시국가들을 세웠다고 전하기 때문이다. 이에 대한 논란과 관련해서는 최혜영, 「에트루리아 기원 문제에 대한 새로운 검토」, 『서양고대사연구』 60, 2021, 81~124쪽 참조. 가야 고분의 공식 영어 이름은 Gaya tumuli인데, 실제로 가야고분과 에트루리아 고분 및 두 문명의 공통점이 상당하다는 점은 특기할만하다. 에트루리아 문명은 12개의 도시국가로 구성되어 각기 바닷가나 근처 내륙에 자리 잡아서 서로 연맹 관계이면서도 독립적으로 살다가 하나씩 로마에 병합되어 갔다는 점, 그러면서 '로마 문명의 유모'라 불릴 정도로 선진 문명을 로마에 전해주면서 큰 영향을 끼쳤다는 점, 프리기아 모자라 불리는 고깔모자가 토기나 벽화에서 발견된다는 점(에트루리아의 고깔모자는 제사장이 점을 치거나 종교적 의례를 행사할 때 썼다), 화려하고 세련된 생활 수준을 가졌다는 점, 악기가 발달하였다는 점(악기 연주 모습은 에트루리아 고분에서 특징적으로 그려져 있다), 여성이 남편과 비슷한 높은 지위를 누렸다는 점 등을 들 수 있겠다.

이나 그리스—스키타이식 항아리 등에 묘사되어 있는 스키타이 문화나 일반적인 생활
방식이 중국의 사가나 예술가들이 흉노, 돌궐, 몽골에 대해서 기록하거나 묘사한 것과
유사한 점이 많다는 것은 흥미롭다. 스키타이나 흉노 모두 화살과 허리띠를 가장 신성
한 유물로 간주하였으며, 승마용 바지나 장화의 이용, 등자의 이용, 순장 등의 습속을
가지고 있었다. 특히 흉노식 구리 솥, 동복은 헝가리인이 정주하여 살던 판노니아 평원
에서도, 가야의 고분에서도 광범위하게 분포되었던 것으로 밝혀지고 있다. 특히 스키타
이족의 고깔모자는 변진의 고깔 弁자를 연상시키며,[60] 적석목곽분 형태, 그 안에서 발

---

[59] 스키타이족에 대해서 상세하게 전하는 이는 기원전 5세기 헤로도토스이다. 헤로도토스가 스키타이
족에 대해서 전하는 신화를 통해서는 유목민 특유의 말자상속제, 황금 등 금속제품에 대한 갈망, 무
기로서 선호되는 활이나 도끼 등의 요소들을 읽을 수 있다. 나아가서 헤로도토스는 스키타이족을 농
경 스키타이, 농민 스키타이, 유목 스키타이, 왕령 스키타이라는 네 가지 유형의 스키타이, 즉 농업을
하면서 교역을 함께 하였던 이들, 순수 농업을 하는 사람들, 유목을 주로 하였던 이들, 제국을 세웠
던 이들 등으로 나누었다. Herodotos, *Historiai*, 4.5 ff. 이러한 분류는 스키타이족의 다양성을 대변해
주는 서술이라 보인다. 흥미로운 점은 로마 제정 말기 문필가 클라우디아누스가 훈족과 스키타이족
을 동일시하여, 훈족을 돈강 넘어 북 스키티아 동쪽 경계에 살고 있는 이들로 묘사하였다는 점이다.
비잔티움제국의 역사가 프로코피우스 역시 아틸라가 이끄는 훈족에 대해 언급하던 가운데, 고트족
과 훈족은 모두 스키타이에서 왔다고 하였다. Claudianus, *In Rufinum*, 1.310~331; Procopius, *De Bellis*,
3.4.20~28. 대체로 스키타이인들은 기원전 9세기 이래 목동, 사냥꾼, 전사, 대표적인 유목 기마민족으
로 훈족과 깊은 연관성을 가진 것으로 묘사되는 가운데, 고대 아테네에서 궁수로 고용되기도 하고,
Legio IV Scythica라 불린 로마군단도 있었다. 스키타이아인들은 한때 시리아 쪽 지역을 점령하는 등, 그
리스 · 로마 세계와도 상당한 관계를 맺으면서 결과적으로 동서문화를 이어주는 역할을 하였다고 볼
수 있을 것 같다. 스키타이나 흉노의 인종적 특성은 어떠하였는지는 아직 명확하지 않는 가운데 최
근 고고학적 발굴에서는 코커서스형 및 몽골로이드형까지 다양하게 나타났다. 스키타이와 흉노를
같거나 혹은 다른 종족이나 민족의 개념으로 분류하기보다는 시기적으로 구분하는 것도 한 가지 방
법일 듯하다. 보다 오래전에 아시아를 중심으로 유럽에까지 출몰하였던 유목민들은 스키타이로, 그
후에 중앙아시아를 중심으로 중국에까지 출몰하였던 유목민들은 흉노로 보는 것이다. 그런데 지리
적으로는 스키타이 혹은 흉노라는 단어 자체가, 그들을 관찰한 타자의 관점에서 남긴 기록의 부산물
임을 염두에 둘 필요가 있을 것이다. 스키타이 혹은 훈족은 유럽 쪽에 가깝게, 흉노는 중국 언저리
가깝게 느껴지는 이유는, 그들에 대한 기록을 남긴 사람들이 바로 유럽인들 및 중국인들이었기 때문
이 아닌가 한다. 즉 오늘날의 민족이나 종족의 개념과 관점으로 그들을 분류한다든가 논하는 것은
큰 의미가 없는 가운데, 현재로서는 유목적, 수렵적 생산 양식을 위주로 하며 이주가 일상적이었으
며, 인종적으로는 혼혈적이었던 이들이었던 것으로 정리하면 어떨까 한다. 물론 그 가장자리에서는
유목적, 수렵적 경제 체제와 농업적 경제 체제가 뚜렷하게 구분되었다기보다는 경계가 모호하였다
고 할 것이다. 이는 앞서 살펴본 헤로도토스의 언급에서도 엿볼 수 있다. cf. 최혜영, 「유라시아 유목
민의 신화적 유사성」, 『세계역사와 문화연구』 61, 2021, 283~315쪽.

[60] 『일본서기』 권6 수인천황 2년조에 이마에 뿔이 달린 사람이 배를 타고 고시국의 계히의 포구에 정박
하였는데, 그는 소개하기를 오오가라국의 왕자로서 '쯔누가아라시또'라고 자신을 소개하였으며, 그
연유로 그 곳의 이름이 각록이 되었다고 한다. 여기서 쯔누가는 뿔이난 고깔+ 아라시 또는 아라사람
으로 즉 뿔달린 갓을 쓴 아라사람이라는 뜻인데 가야의 관이나 두건이 특기되고 있음을 알 수 있다.
가야의 국호는 갓에서 유래했다는 설을 전하는 정약용의 『아방강역고』 권2 변진조에 의하면, '변은

굴된 말 관련 유적이나 유물, 여러 황금장식품, 특히 늑대 관식, 사슴뿔 모양의 왕관, 로만글라스, 상감옥, 구슬, 기타 등등 하나하나 모두 문화접점의 역사적 배경 및 의미를 가진다고 할 것이다.

마지막으로, 이상과 같은 다양한 문화의 접점지이던 가야가 한반도에 있던 나라들을 제외하고 가장 직접적으로, 빈번하게 교류하였던 곳은 동쪽 일본이었을 것이다. 그런데, 고대 두 나라 사이에 일어났던 중층적이며 복합적인 이주나 식민 현상을 근현대적 민족, 국가, 국경의 개념으로 보아서는 곤란할 터, 특히 이들은 바다를 사이에 두고 '동아 지중해족'으로서 연못가의 개구리들처럼 서로 왕래하였을 것, 즉 일종의 그리스의 식민시 apoikia의 개념으로 볼 수도 있을 것 같다. 앞에서 살펴본 스사노오노미코토 관련 기사에서 읽을 수 있듯이 일본 측 기록에 나오는 천신족 무리부터 한국에서 일본으로 이주한 집단들이라고 볼 수 있겠다. 연오랑 세오녀 설화도 마찬가지이다. 그들이 자랑하는 천무신황도 곰족이라는 토착 세력을 제압한 태양에서 내려온 새(이와 밀접한 관련을 가지는 늑대 및 사슴)를 숭배한 유라시아 유목민 계열에 속하는 것으로도 해석할 수 있을 것 같다는 이야기를 했지만, 우리나라 역시 곰과 호랑이, 까마귀, 사슴, 늑대 등의 신화소들이 뒤섞여 내려왔음을 신화나 유물 등을 통해서 알 수 있다. 결론적으로, 고대 한반도 및 이웃한 여러 지역에서는 북방 유라시아 유목계, 인도-남방 해양계, 이들이 섞인 문화 등 여러 문화적 조류와 이주 세력과 토착 세력이 서로 뒤엉키고 녹아지면서 혼종적으로 발달해나갔던 것이 아닌가 하며, 그 가장 한가운데, '미들그라운드'에 있었던 나라가 바로 가야가 아니었던가 한다.

가락이다. 가락은 가야이다. 무릇 우리나라 풍속에 관책의 꼭대기에 삐죽하게 나온 것을 변이라고 하며, 또 가나라고 한다.'

【참고문헌】

『삼국유사』
『삼국사기』
『일본서기』
Herodotos, *Historiai*.
Plato, *Phaedo*.
Plutarchos, *Theseus*.
Thucydides, *Historiai*.

강길운, 『고대사의 비교언어학적 연구』, 새문사, 1990.
김석형, 『초기조일관계사연구』, 북한 사회과학원출판사, 1966.

백승옥, 「포상팔국 전쟁과 지역연맹체」, 『가야의 포구와 해상활동』, 인제대학교 가야문화연구소, 2012.
원혜영, 「타밀나두에서 가야제국까지 허황옥 전설을 토대로 한 어휘적 근거와 문화를 추적하며」, 『동서비교문학저널』 57, 2021.
이화선, 「가야문화권역 인디카(Indica)형 야생벼 분포 양상과 고고유적 속 벼 식물유체 분석을 통한 삼국유사 속 '허황옥 설화' 재조명」, 『문화와 융합』 제43권 11호(통권87집), 2021.
최혜영, 「고대 로마와 동북아시아의 신화분석」, 『지중해지역연구』 7-1, 2005.
최혜영, 「버드나무 신화소를 통해 본 유라시아 지역의 문명 교류의 가능성 혹은 그 接點」, 『동북아역사논총』 22, 2008.
최혜영, 「고전기 아테네의 식민 활동과 트립톨레모스」, 『서양고전학연구』 55, 2016.
최혜영, 「고대 지중해 식민 활동과 여성」, 『서양고대사연구』 52, 2018.
최혜영, 「에트루리아 기원 문제에 대한 새로운 검토」, 『서양고대사연구』 60, 2021.
최혜영, 「유라시아 유목민의 신화적 유사성 – 헝가리의 세 신화 요소를 중심으로」, 『세계역사와 문화연구』 61, 2021.
최혜영, 「카이사르의 〈갈리아 전기〉에 나타난 전시 경제와 상업 활동」, 『서양고대사연구』 64, 2022.

G. Anderson, "The Personality of the Greek State," *The Journal of Hellenic Studies*, Vol. 129, 2009.

D. W. Anthony, "Migration in Archaeology," *American Anthropologist* 92, 1990.

M. Berent, "Anthropology and the Classics: War, Violence, and the Stateless Polis," *The Classical Quarterly*, Vol.50, No.1, 2000.

A. E. R. Boak, "Greek Interstate Associations and the League of Nations," *The American Journal of International Law*, Vol. 15, No. 3, 1921.

H. Bolkestein, *Economic Life in Greece's Golden Age*, Leiden: E. J. Brill, 1958.

J. G. Bradly, *Greek and Roman Colonisation: Origins, Ideologies and Interactions*, Swansea: The Classical Press of Wales, 2006.

V. Ehrenberg, "When Did the Polis Rise?," *The Journal of Hellenic Studies*, Vol.57, 1937.

M. I. Finley, "Colonies-an Attempt at a Typology," *Transactions of the Royal Historical Society*, 5th series 26, 1976.

M. I. Finley, "Politics", *The Legacy of Greece: A New Appraisal*, Oxford: Oxford University Press, 1981.

M. I. Finley, *Politics in the Ancient World*, Cambridge: Cambridge University Press, 1983.

M. H. Hansen, "95 Theses about the Greek 'Polis' in the Archaic and Classical Periods. A Report on the Results Obtained by the Copenhagen Polis Centre in the Period 1993-2003," *Historia: Zeitschrift für Alte Geschichte*, Bd.52, H.3, 2003.

A. Lintott, *Violence, Civil Strife and Revolution in the Classical City. 750-330 B.C.*, London and Canberra: Croom Helm, 1982.

J. Morgan, "Myths, expectations and the divine between disciplines in the study of classical Greece", *Archeology and Ancient History*. ed. E.W. Sauer, London: Routledge, 2004.

M. B. Sakellariou, The Polis-State. Definition and Origin, Athens: ΚΕΝΤΡΟΝ ΕΛΛΗΝΙΚΗΣ ΚΑΙ ΡΩΜΑΪΚΗΣ ΑΡΧΑΙΟΤΗΤΟΣ ΕΘΝΙΚΟΝ ΙΔΡΥΜΑ ΕΡΕΥΝΩΝ, 1989.
https://core.ac.uk/download/pdf/61193442.pdf.

고대인도 데칸(Deccan) 지역의 교역과 도시의 고고학

김용준 | 고려대학교 문화유산융합연구소

Ⅰ. 머리말

인도 고대사 및 고고학계는 인더스 및 가가르－하끄라(Ghaggar-Hakra) 대평원 그리고 서부해안 지역에서 개화했던 소위 청동기시대 '인더스문명'은 '1차 도시화(First Urbanization)' 로, 고대영역국가 및 불교 등의 고전종교가 발전했던 갠지스 대평원의 철기시대 고전문 명을 '2차 도시화(Second Urbanization)'로 구분하여 부르고 있다.[1] 편년과 관련해서 이견 이 없지 않으나 전자는 대체로 기원전 2600~1900년, 후자는 기원전 1000년경[2]에서 마우 리아 제국(기원전 322~184년) 이전까지이다. 인더스문명은 하루 아침에 멸망하였다기보다 서서히 점진적으로 쇠퇴(Decline)하였다. 또한 갠지스 대평원 고전시대의 도시사회들은 하루아침에 부흥한 것도 아니었다. 그럼에도 1, 2차 도시화시대 사이에는 최소 4~5세기

---

1) Singh, Upinder, *History of Ancient and Early Medieval India: From the Stone Age to the 12th Century*, Delhi: Pearson, 2009, pp. 132~181, pp. 256~319; Coningham, Robin and Young, Ruth, *The Archaeology of South Asia: From the Indus to Asoka, c.6500BCE-200CE*, Cambridge University Press, 2015, pp. 177~ 249, pp. 354~405.

2) 2차도시화 시대를 기원전 6세기 불교출현 시대부터로 서술하는 경우가 많으나 발표자는 최초 도시 복합사회 출현을 기준으로 기원전 1,000년경으로 제시하였다.

이상 비도시화 시대의 공백이 존재한다.

이후 인도아대륙의 다른 지역에서도 대략 기원전 2세기 이후 각 지역 최초 도시복합사회(Urban Complex Society)가 곳곳에서 발전하였는데 많은 연구자들이 이를 '3차 도시화(Third Urbanization)'로 구분하여 부르고 있다. 2, 3차 도시화시대의 간격은 거의 없는데 이는 다른 지역으로 광범위하게 확산되지 않았던 1차 도시화와 달리 2차 도시화의 정치-경제 및 문화요소들은 철기기술의 빠른 확산 및 정치의 광역화와 더불어 갠지스 대평원 및 인접한 여러 지역의 거대부족 혹은 연맹사회를 국가 단계(16대국 시대)로 도약시키는 데 큰 영향력을 발휘했으며 특히 마우리아 제국의 영향 하에 갠지스 2차 도시화의 패러다임이 먼 지역까지 확산되었기 때문이다. 도시화 세대(Generation) 개념은 특정 지역 최초 도시복합사회들을 인도고대사 이해의 편의를 위해 시대 순으로 구분하고 이들 사이의 관계를 제시하는 장점이 있다고 할 수 있다.

도시복합사회 세대 개념은 자칫 혼란을 초래할 수 있다. 예를 들어 인더스문명의 경우 세계문명사 저술에서 주로 인류 최초의 1세대 문명(도시복합사회) 중 하나로 소개되지만 수메르(메소포타미아 남부) 및 나일강 유역의 1세대에 비해 최소 5백 년 이상 늦기 때문에 종종 2세대 문명으로 소개되기도 한다.[3] 인도아대륙에서는 의심의 여지없이 1세대 문명이지만 유라시아대륙의 관점에서는 2세대 문명으로 평가할 수도 있다는 이야기가 된다. 도시화 세대 개념은 우월론 및 전파론의 위험도 적지 않다. 인더스문명을 유라시아대륙 2세대 문명으로 평가하는 기저에는 1세대 수메르의 아류, 즉 고대 개발도상문명으로 여기는 인식이 잠재되어 있기 때문이다. 약 100여 년 전 영국고고학자에 의해 처음 발견된 후 꽤 오랫동안 이러한 인식이 인더스문명 기원의 정설로 받아들여지고 있었다.

그럼에도 불구하고 '도시복합사회 세대론'은 세계 전체를 배경으로 세계 각 지역 최초 도시복합사회 출현의 시대를 따져 왜 특정 지역에서 도시복합사회의 출현이 이르고 다른 지역은 늦었었는지, 복합사회 성장의 배경과 전개양상 등을 비교해 볼 수 있는 유용한 개념이라 할 수 있다. 그간 고고학계는 대하유역 뿐만 아니라 해안 및 도서, 산지, 초원 등 지구 곳곳에서 자생적으로 혹은 주변 지역의 영향 하에 성장한 각 지역 1세대

---

3) 쑨룽지(저), 이유진(역), 「재차 기초를 다진 고대 인도 문명」, 『신세계사 1-새롭게 밝혀진 문명사: 문명의 출현에서 로마의 등장까지』, 흐름출판, 2020, 103~142쪽.

도시복합사회에 대한 방대한 정보를 제공해 왔으며 이들에 대한 비교연구를 활발하게 진행해 왔다. 도시화 세대 개념은 비교연구에 매우 유용한 틀을 제공해 준다 할 수 있다. 예를 들면 인더스와 수메르 지역, 혹은 인더스와 갠지스 지역 등 특정 지역 도시복합사회 출현의 배경과 양상을 비교해서 파악해 볼 수 있는 유용한 틀을 제공해 준다는 것이다.

본 논문은 인도 데칸(Deccan) 지역 최초 도시화와 관련된 것으로 대략 기원전 2세기에서 굽타시대(4,5세기~) 이전까지를 다루고 있다. 이 시대 데칸 지역에서는 그 이전 시기와 비교할 수 없을 정도로 광역화된 교역 네트워크의 발전 속에서 지역 최초의 도시복합사회 및 거대 고대왕국 사타바하나(Satavahana) 왕조가 성장하였다. 가야 시대는 한반도 최초 도시복합사회 시대는 아니었으나 교역(해양 및 내륙)의 발전과 더불어 한반도 남부지역에서 성장했던 최초 도시복합사회로 평가할 수 있다. 결국 고대데칸 및 고대가야는 인도아대륙/한반도 1차 도시화 세대는 아니었지만, 교역 네트워크의 발전과 더불어 성장했던 인도중부/한반도남부 최초의 도시복합사회였다는 공통점이 있다고 할 수 있다. 그럼 '인도중부/한반도남부에서는 왜 인도아대륙/한반도 최초 도시화가 이루어지지 않았었나? 인도중부/한반도남부 최초 도시복합사회는 그 이전 선배 도시복합사회와는 어떤 역사적 관계를 가지고 있나? 인도중부/한반도남부 최초 도시복합사회 성장의 배경과 전개는 어떤 공통점과 차이점을 가지고 있나?'와 같은 질문을 던지고 이를 비교해 볼 수 있을 것이다.[4]

본 논문은 인도아대륙 도시복합사회의 역사를 살펴보고, 데칸 지역(인도중부)에서는 왜 인도아대륙 최초의 도시복합사회가 성장하지 않았었는지, 데칸 지역 최초 도시복합사회 성장의 배경과 전개양상 및 그 이전 선배 세대와의 관계는 어떠했는지에 대해 고찰하였다. 고대가야 연구자 및 역사애호가에게 유용한 비교자료를 제공하는 것을 주목적으로 하였고 고대가야와의 심층적 비교연구는 본 논문에서 시도되지 않았다.

---

[4] 고대가야와 마찬가지로 고대데칸 연구에 도움이 되는 역사자료는 턱없이 부족하다는 공통점이 있다. 그런데 현존하는 고대가야의 대표적 고고학경관이 고분이라면, 고대데칸은 불교석굴이라는 큰 차이점은 주목할 만하다. 즉 부족한 역사자료 속에서 고고학 연구에 크게 의지할 수밖에 없는 공통점이 있는 두 지역의 고고학 연구경향을 비교해 보는 것도 흥미로운 주제라고 할 수 있다.

II. 고대인도의 도시복합사회

인도아대륙은 빈드야(Vindhyas) 및 사트뿌라(Satpuras)산맥 사이를 흐르는 나르마다 (Narmada)강을 기준으로 크게 대륙부(북부인도)와 반도부(남부인도)로 구분한다. 대륙부(북부인도)에는 인더스 및 갠지스 대평원이 위치하고 반도부(남부인도)에는 해안을 따라 길게 뻗은 동·서고츠산맥(Eastern · Western Ghats) 사이에 위치한 데칸고원지역과 해안지역이 핵심 자연환경이라 할 수 있다. 두 지역은 고대로부터 현재까지 두드러지는 문화다양성을 간직하고 있는데 두 지역민의 언어가 서로 다른 어족(Language Family, 인도·유럽어족과 드라비디안어족)에 속해있다는 것이 이를 상징한다(그림 1).[5]

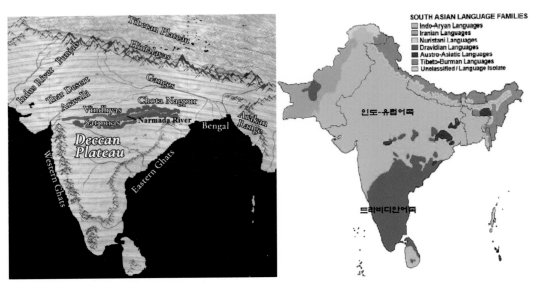

〈그림 1〉 인도아대륙의 자연환경(왼쪽) 및 어족분포(오른쪽) 지도

거대한 인도아대륙의 남-북/동-서 위·경도 차이는 각각 약 30° 정도이다. 이로 인해 인도아대륙 내에는 건조한 사막(타르 사막)부터 최다우 지역(아삼 지역), 열대우림 지역(남인도 해안지역)부터 만년설 지역(히말라야 지역)까지 다양한 기후환경을 가진

---

5) 이들 두 어족 이외에도 동남아시아 및 서아시아에서 기원한 다양한 어족이 함께 분포하고 있고, 현재 북부인도의 인도·유럽어족은 나르마다강을 넘어 많이 남하한 상황인데 이는 후술하게 될 갠지스 대평원의 2차 도시화 문화가 남하한 것과 깊은 관련이 있다.

지역이 존재한다. 다양한 기후환경은 인간
삶에 필수적인 의식주 자원의 다양성에 큰
영향을 주었고 이는 구석기 시대이래 현재까
지도 인도문화의 다양성에 지대한 영향을 끼
쳐왔다. 약 10,000여 년 전부터 인도아대륙
곳곳에서 기존의 사냥·채집 활동과 더불어
원시적인 농·목축을 시도한 소규모 집단들
이 등장했고 수천 년 후 농·목축 마을들이
곳곳에서 성장했다. 북부인도의 인더스 대평
원 지역에는 밀(wheat), 갠지스 대평원에는
쌀(rice)을 주식으로 하는 신석기문화권이, 반

〈그림 2〉 인도아대륙 신석기 문화권

도지역에는 조, 수수 등의 잡곡(millet)을 주식으로 하는 인도아대륙 신석기문화권이 형
성되었다(그림 2). 인도아대륙의 대표적 가축인 인도혹소(zebu 혹은 humped bull)는 곡
식에 비해 환경적응성이 뛰어나 신석기 주식문화 경계를 쉽게 넘을 수 있어 인도아대륙
서북부지역에서 최초 가축화 된 이후 비교적 빠른 속도로 다른 지역으로 전파되었다.
남부인도(반도) 지역은 후기 신석기~ 초기 철기시대에는 쌀 경작기술을 도입하여 쌀 주

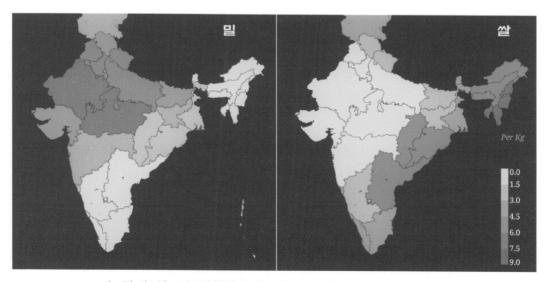

〈그림 3〉 인도의 밀(왼쪽)과 쌀(오른쪽) 소비 분포도(2018년 통계)

식문화권으로 전환되었다. 이렇게 형성되었던 밀과 쌀 주식문화권은 21세기 현재까지도 유지되고 있다(그림 3).

신석기 농 · 목축 마을사회를 넘어선 도시복합사회는 밀 문화권이었던 인더스 대평원 지역에서 처음 발전하였고 이 시대는 통상적으로 인더스문명(기원전 2600~1900년)이라고 부르는 시대이다. 약 100여 년 전 영국고고학자에 의해 처음 알려졌을 때부터 꽤 오랫동안 수메르 도시엘리트의 이주 등에 의해 건설된 비자생적 도시복합사회로 알려져 왔다.[6] 물론 수메르 도시사회의 영향력이 비옥한 초승달 지역 및 이란 고원 곳곳으로 확장되었던 시기 도시사회의 여러 아이디어들이 전해졌을 가능성도 높다. 그러나 현대 남아시아 고고학계의 확고한 정설은 이 지역 농−목축사회로부터 점진적으로 발전했던 자생적 도시복합사회였다는 것이다.[7] 무토기 신석기에서 청동기 도시사회 시대까지 이어지는 문화적 연속성을 보여주는 확고한 고고학적 증거들에 근거한 것이다. 뉴욕 시민이 아마존 밀림에 도시가 어떤 곳이라는 것을 알려주었으나 그 밀림에 도시를 건립한 것은 오랫동안 그 지역에서 살아온 지역민의 필요와 상황에 의해 주도되었다는 뜻이다.

인더스/가가르−하끄라 대평원 및 서부해안은 수자원이 충분한 수많은 지류들을 낀 비옥한 토지가 광범위하게 펼쳐져 있어서 다른 초기 복합사회들에 비해 광범위한 분포 양상(이집트+메소포타미아)을 보여준다. 이 광대한 영역에 약 500km 정도의 간격을 둔 지역중심 5개 도시(인더스 대평원의 Harappa, Mohenjodaro, 가가르−하끄라 대평원의 Ganeriwala, Rakhigarhi 및 서부해안의 Dholavira)가 성장하였으며 곳곳에 크고 작은 마을들이 존재했었다(그림 4). 이들 각 지역 도시와 주변 시골은 빈번한 이주와 교류 속에서 약 500여 년 이상 번성했었고, 실용적인 도시문화로 대변되는 인더스문화가 광범위하게 공유되고 있었다.

그런데 인더스 대평원 지역의 도시문화는 인도아대륙 다른 지역(갠지스 대평원 및 반도부)에는 공유되지 않았었던 것으로 파악되었다. 저 멀리 이집트 및 메소포타미아와도 교역관계를 유지했었던 점을 고려하면 다소 의아할 수 있다. 하지만 위에서 소개한 다양한 기후환경이 초래한 주식환경의 다양성을 고려하면 이 부분이 일면 이해가 된다.

---

[6] Wheeler, R. E. M, *The Indus Civilization*, Cambridge University Press, 1968, 3rd Edition, pp. 17~26.

[7] Coningham, Robin and Young, Ruth, *The Archaeology of South Asia: From the Indus to Asoka, c.6500BCE-200CE*, Cambridge University Press, 2015, pp. 141~145.

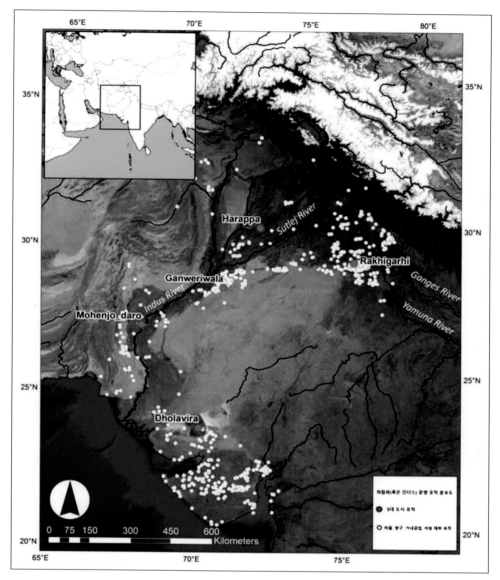

〈그림 4〉 인더스문명 도시 및 비도시 분포도(빨간색 - 도시/하얀색 - 비도시)

즉 인더스인들은 주식환경이 유사했던 밀문화권 도시복합사회와는 수만 km가 넘는 지역과도 교류를 하였었지만 수백, 수천 km 정도 거리에 있었던 인도아대륙 내 농·목축사회와의 교류에는 특별한 관심이 없었다. 주식환경을 극복해가면서까지 교역을 했었어야 할 특별한 이유가 없었던 것이다. 결국 인도아대륙 '1차 도시화'는 인도아대륙 서

북부의 지역적 현상에 머물렀다고 평가할 수 있다.

인더스인들이 주변 지역에 영향을 미쳤던 시기는 역설적이게도 도시문화가 쇠퇴하고 수많은 인더스인들이 주변 지역으로 이주했던 시기였다. 아직 명확한 배경을 파악하고 있지 못하고 있지만 특정한 위기로 기원전 1900년경부터 인더스 도시문화가 지역 곳곳에서 쇠퇴한 흔적들이 확인되었다. 심지어 도시 뿐만 아니라 적지 않은 시골 마을에서도 탈주민이 점점 증가했던 것으로 파악되었다. 이들이 인도아대륙 서북부의 구릉 지역 및 동/남 지역으로 발길을 옮겼던 것으로 보아 인더스 대평원 및 서부해안 지역에 적지 않은 곤란이 발생했었던 것으로 추정되고 있다.[8] 이들 탈주민 중 갠지스 대평원 지역으로 이동했던 인구는 도시문화를 재건하지 못하였던 것으로 파악되고 있다. 이들이 남긴 일부 물질문화의 스타일(토기제작기술 및 장신구 양식 등)에는 인더스문화의 요소가 갠지스 시대로 이어지는 면모가 파악되고 있어 인더스와 갠지스 시대의 연속성을 주장하는 연구자도 적지 않으나 인더스 도시문화의 아이디어는 갠지스 지역에서 수 십 세대 이상의 오랜 시골생활을 거치면서 잊혀 버렸다고 보는 것이 합리적이다. 즉 저력이 이미 쇠퇴했던 '1차 도시화' 지역 탈주민에 의한 주변 농 · 목축 사회에 대한 문화적 영향력은 매우 미비했다고 평가할 수 있다.

쌀을 주식으로 하는 갠지스 대평원 농 · 목축사회가 도시복합사회로 전환하게 된 인도아대륙 '2차 도시화'는 꽤 오랫동안 북방에서 남하한 소위 아리아인이 소개한 철기 덕분에 농지개간 및 도시화의 장애였던 무성한 산림들이 제거될 수 있었기 때문에 가능했다는 고대사학계의 가설이 정설처럼 여겨지고 있었다.[9] 당시 유행했던 소위 사회진화론/사적유물론에 기초했던 고대사학자의 가설은 다소 가혹하게 비평하자면 허무맹랑한 가설이라 할 수 있다. 우선 갠지스 대평원에는 굳이 산림을 제거하지 않아도 농지로 개발하고 도시를 건립하기에 적절했던 곳이 무수했었으며 알려진 대부분의 고대도시유적과 산림제거는 아무런 연관성이 없다. 만약 산림제거가 필요했었다면 불을 활용하면 될

---

8) 기후위기(홍수 및 가뭄), 강의 수로변경, 사막화, 해수면 변동으로 인한 무역위기, 침략의 영향 등 많은 가설들이 제안되어 왔으나 인더스 고고학계는 정확한 디테일 파악에 아직 만족스러운 수준에 도달하지 못하였다. 인더스문명 쇠퇴와 관련한 다양한 논의는 Lahiri, N(ed), *The Decline and Fall of the Indus Civilization*(New Delhi: Sangam Books Ltd, 2002) 참고.

9) Kosambi, D. D., *The Culture and Civilization of Ancient India in Historical Outline*, London: Routledge and Kegan Paul, 1965, pp. 89~91; Sharma, R. S., *Material Culture and Social Formations in Ancient India*, Delhi: MacMillan, 1983, pp. 162~166.

일이다. 인도에는 아직도 곳곳에 화전민들이 존재하는 데 이들에 의해 필요한 산림제거는 굳이 철기 없이도 가능한 일이다. 다만 철기의 도입으로 지역 농업생산력이 증대되어 이것이 도시복합사회의 출현에 중요한 밑거름이 되었었다는 것에는 동의할 수 있다. 현재 대한민국 세계사교과서 및 적지 않은 인도전공자들의 서술에도 등장하는 소위 아리아인 도래[10]와 도시복합사회의 출현도 마찬가지로 허무맹랑하다. 우선 베다에 묘사된 소위 아리아인들은 기마/철기에 기초한 부족연맹사회이다. 그들은 도시 출신들이 아니었다. 오히려 도시화에 저해되는 사회재화 낭비(희생제) 등을 기초로 하는 문화를 가진 집단이었다. 다만 이들의 유입과 기마 및 철기의 도입으로 목동의 피리소리만이 들리던 갠지스 지역에 새로운 사회적 긴장감이 형성된 것은 분명해 보인다. 이러한 사회적 긴장감 속에서 소위 거대집단 나아가 국가 건국이라는 '정치'의 출현에 이들이 간접적인 영향력을 미친 것으로 파악해야한다. 사료에 의해 16대국(16 Maha-janapada)이 갠지스 대평원을 중심으로 (서)북인도 곳곳에 존재했었던 것으로 알려져 있다. 철기는 분명 거대집단 형성에 큰 영향력을 미쳤던 것으로 보이며 이 정치의 파급력은 위에서 소개한 것처럼 1차 도시화 시대와는 비교할 수 없는 양상으로 빠르게 확산되었다(그림 5). 2차 도시화 시대 도시의 가장 중요한 특징은 바로 이 '정치의 도시'였다는 점이며 대부분 도시들은 강력한 군사방어 시스템(성곽과 해자)을 갖추고 있었다는 점에서 인더스시대의 도시와 구분된다(그림 6). 2차 도시화는 철기를 손에 든 사람의 정치가 이끈 비교적 빠른 속도의 도시화였다는 점에서 인더스시대 점진적 도시화와 구분된다고 정리할 수 있다.[11]

---

[10] 소위 '아리아인 논쟁'으로 불리는 인도 고고학/고대사학계 최대 논쟁은 아리아인 침략설(Aryan Invasion Theory), 인도·유럽어족 기원논쟁, 인더스문명과 아리아인 논쟁 등 다양한 주제와 연관된 뜨거운 감자이다. 이 중 서구학자에 의해 20세기 초반에 제안된 아리아인 침략설은 최소한 학계 전반에 걸쳐 부정되고 있음에도 여전히 세계사교과서 및 일부 인도사 관련 저서에는 아직 아리아인 침략설이 반영되어 있다. 아리아인 논쟁과 관련한 다양한 논의는 Trautmann, Thomas R.(ed), *The Aryan Debate: Debates in Indian History and Society*, Oxford University Press, 2008 및 이광수, 「인더스문명과 갠지스문명의 정체에 관한 논쟁: 힌두뜨와(Hindutva) 역사 서술에 대한 비판을 중심으로」, 『숭실사학』 50, 2023, 125~147쪽 참조.

[11] 인더스 시대의 모헨조다로(Mohenjodaro)의 경우는 소위 계획도시로서 비교적 빠른 속도로 형성된 도시라 할 수 있고, 2차도시화 시대의 도시 중에도 수천 년 이상의 점진적 인구증가를 통해 성장했던 도시들(예를 들면 아히차트라, Ahicchatra)도 없진 않았다.

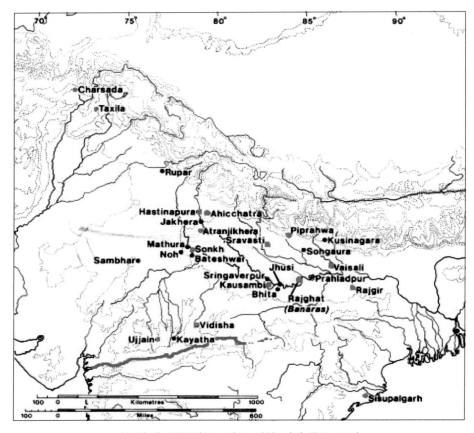

〈그림 5〉 북부인도 2차 도시화 시대 주요 도시

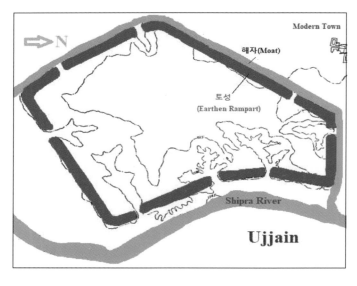

〈그림 6〉 우제인(Ujjain)
고대도시유적 도면
(갈색−토성/파란색−강 및 해자)

 청동기술이 인더스 대평원 지역 내에 한정되었던 것과 달리 철기기술은 대략 기원전 1000년 이후 수백 년 이내에 인도아대륙 전 지역에 빠르게 확산되었다. 풍부한 철광석 산지의 전국적 분포와 북방에서 전해진 기마문화가 이 확산을 도왔던 것으로 보인다. 다만 나르마다강을 기준으로 북부인도 지역, 특히 갠지스 대평원 및 주변 지역이 도시복합사회 및 영역국가 발전의 단계에 진입했던 것과 달리 남부인도(반도부)는 철기에 기초한 거대부족(연맹)세력이 성장하였으나 아직 도시복합사회는 성장하지 못하고 있었다. 남부인도(반도부)의 철기시대 거대부족사회를 상징하는 대표적 고고학 자료는 한반도 청동기시대 거석무덤 수에 육박하는 무수한 거석무덤 유적이다(그림 7).

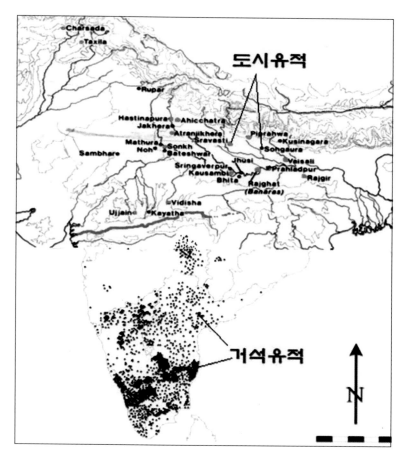

〈그림 7〉 철기시대 인도아대륙

갠지스 대평원의 철기와 기마, 그리고 국교(State Religion)로 무장된 정치는 마우리아 제국(Mauryan Empire, 기원전 320~185년)의 영향하에 인도아대륙 구석구석까지 확산되어 갔다(그림 8). 본 논문의 핵심주제인 데칸 지역(중인도)을 포함 멀리 남인도 지역까지 정치와 도시화의 바람이 확산되었다(그림 9). 데칸 및 남인도 지역의 철기시대 거대부족사회(거석문화사회)는 북부인도 지역에서 불어온 정치의 바람을 타고 여러 지역이 영역국가 발전단계에 진입했다. 인도아대륙 전체 맥락에서 '3차 도시화'로 묶을 수 있는 이 시대 도시복합사회 발전의 특징을 꼽자면 자생적이었다기보다는 주변 정세(특히 마우리아 제국)의 영향을 강하게 받았던 시대라고 평가할 수 있다.[12]

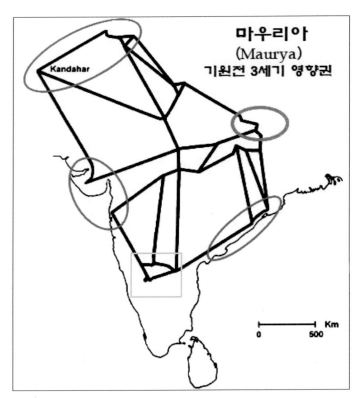

〈그림 8〉 마우리아(아쇼카 시대) 제국의 인도아대륙 진출
(빨간색 – 마가다:마우리아 본거지 / 파란색 – 교역중심지 / 노란색 – 철광석산지)

---

[12] 최근 남인도 고고학자들을 중심으로 도시복합사회 자생설을 주장하고 있으나, 아직 만족스러운 고고학적 근거에 기초했다고 평가하기 힘들다. 다만 다음 장에서 다루겠지만 인더스 및 갠지스 대평원의 영향과 관계없이 이들 지역에 선사시대부터 형성되었던 교류의 네트워크와 점진적 정치의 거대화는 지역적 현상이었다고 평가하는 것이 합리적이다.

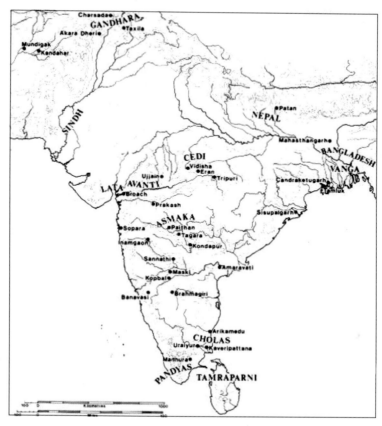

〈그림 9〉 3차 도시화 시대 대표 도시유적

'2~3차 도시화' 시대는 인도아대륙이 본격적으로 역사시대에 접어든 시대이기에 사료에 근거한 정보가 현존하는 시대이다. 그런데 기록은 있으나 물질적(고고학적) 흔적이 부재한 사례가 환경적/인문적 영향으로 인도에는 많은 실정이다. 사실 전 세계 다른 지역의 고대도시들도 당시의 흔적을 남기는 사례가 드물다. 대체로 현재까지 계속 사람이 북적이는 도시이기 때문이다. 탈주민에 의해 버려진 후 재점유된 적이 거의 없었던 인더스시대의 도시유적은 매우 특별한 사례라 할 수 있다. 다만 2차 도시화 시대 갠지스 대평원의 고대도성 흔적 사례처럼 군사적 목적과 더불어 홍수 방지 등을 위해 축성한 도성들은 고고학적으로 비교적 잘 남아있는 사례(풍납토성)가 전 세계적으로 적지 않다. 그런데 적지 않은 도성의 흔적이 발견된 2차 도시화 시대와 달리 3차 도시화 시대의 도시고고학은 상당한 곤란을 겪고 있다. 1차적인 이유는 인더스 및 갠지스 대평원은 활발한 충적활동 덕에 많은 유구가 충적토 아래 매장되어 있었던 반면 데칸 및 남인도의 경우 대하유역이 아닌 소하 근방에 입지한 유적들이 많고 이들 지역의 토양입자가 크고 무거워서 극소수의 유적을 제외하면 충적활동이 미비하여 충적토에 의한 유적보존상태가 좋지 않은 유적형성작용(Site Formation Process) 때문이다. 그래서 데칸 및 남인도 고대유적은 대부분 석재가 활용된 유구들로 구성되어 있으며 거석무덤을 제외하면 이들 대부분은 종교유적이다. 즉 죽음과 의례의 흔적은 남아있어도 삶의 흔적은 고

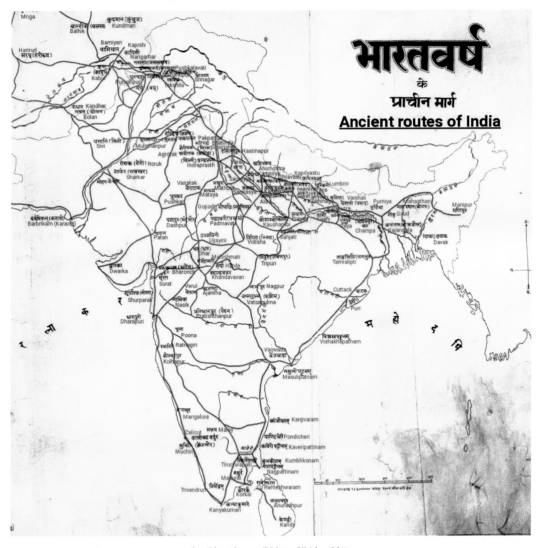

〈그림 10〉 고대인도 핵심교역로

고학적으로 잘 남아있지 않은 실정이다. 여기에 '1~2차 도시화 시대' 고고학에 대한 인
도고고학계의 편향[13]도 데칸 및 남인도 지역 고고학연구 발전을 저해하고 있다.

　위에서 간략하게 살펴본 인도아대륙 도시복합사회 형성과 발전의 역사를 통해 각 시
대 도시화의 시대(청동기~철기~영역국가), 환경조건(밀~쌀~잡곡) 및 정치·경제학적 배
경이 달랐음을 확인할 수 있었다. 그럼에도 이들 모든 도시화시대는 공통된 특징(아마
전 세계 모든 고대도시들이 공유했던 세계사적 보편성)을 가지고 있었는데, '도시=거대
생산 및 소비의 공간'이었다는 점이다. 다만 '3차 도시화' 시대는 마우리아 제국이 개척
한 교통로가 확대, 발전되어 형성된 '교역의 전국화 및 국제화' 시대였다는 점에서 그 이
전 시대와 구분되는 시대였다(그림 10).

Ⅲ. 데칸(Deccan) 지역의 교역과 도시의 고고학

　위에서 인도아대륙은 나르마다강을 기준으로 크게 대륙부(북부인도)와 반도부(남부
인도)로 나뉘고, 1~2차 도시문화는 나르마다강 이북 대륙부 내의 도시복합사회 간의 교
류에 한정되어 있었던 것도 살펴보았었다. 그런데 철기, 기마 및 국교로 무장한 중앙집
권화된 정치(마우리아 제국)의 영향하에 갠지스의 도시문화는 나르마다강을 건너기 시
작하였음도 살펴보았다. 그럼 무엇이 나르마다강을 건너게 하였을까? 물론 정치 자체의
욕망도 배제할 수는 없지만 많은 인도고대사 및 고고학 연구자들은 인도아대륙 각지의
희귀자원 및 특산품들을 향한 욕망이 인도아대륙 내 무수한 교역의 장벽을 넘게 한 원
동력으로 보고 있다. 인도아대륙 각지의 금속자원(금, 은, 철, 동 등), 특산향신료(후추,
강황, 사프론 등), 특산약재, 특산음료, (준)보석(청금석, 홍옥수 등), 상아, 희귀조개류,
진주, 유리, 특산원단(면직, 모직, 실크, 린넨 등), 사탕수수, 소금(히말라야 및 해안) 그

---

[13] 인도고고학 연구는 정부기관(고고학조사국. Archaeological Survey of India) 및 대학 고고학과에 의해
　　주로 수행되고 있는데 고고학조사국은 수도 델리에 본국을 두고 있어 대부분의 발굴조사가 북부인
　　도 지역에서 실시되어 왔다. 인도 내 거의 모든 대학에 설립된 역사학과와 달리 인도 국토의 면적을
　　고려했을 때 발굴조사가 가능한 대학 고고학과 수는 매우 적은 데 그나마 대부분이 북부 및 서인도
　　지역에 설립되어 있어 남부인도(반도부) 지역 고고학연구는 지역 역사학과 소속 고고학자들에 의해
　　소규모로 진행되고 있다.

리고 인력자원(노예 및 용병)에 대한 정치, 종교 및 도시엘리트의 욕망은 험준한 산과 강을 건너고 있었다.

인도아대륙의 대륙부는 히말라야에서 발원한 두 개의 거대한 대하유역(인더스 및 갠 지스)을 핵심으로 하는 지역인 반면, 반도부는 동 · 서 각각에 길게 뻗은 동 · 서고츠산맥 과 해안평야가 핵심인 자연환경을 가지고 있다. 동 · 서고츠산맥이 남북으로 길게 형성 되어 있다는 것은 거시적인 관점에서 교류는 동-서보다는 북-남이 상대적으로 용이 하다고 할 수 있다. 북-남의 교류는 무엇보다 길게 뻗은 해안을 따라 우선 발달하였다. 동 · 서고츠산맥에서 발원한 강들이 해안과 만나는 지점에 무수한 교역항이 발달하였다. 북-남 내륙 교역로는 대륙부와 반도부의 지리적 경계가 되는 빈드야산맥 · 나르마다강 을 지날 수 있는 곳이어야 했다. 대부분 험준한 산간 지역과 거친 물살을 가진 곳이지 만 나룻배를 통해 혹은 건기 동안에는 바지를 걷어 건널 수 있는 일부 구간을 따라 교 역로가 개척되었다. 유명한 산치(Sanchi) 불교 대승원 근방의 고대도시 비디샤(Vidisha) 는 이 북-남 교역로 상에 위치했던 대표 교역도시 중 하나였다.

동-서 교류는 핵심 교역로인 동 · 서 해안교역로를 연결하는 측면에서 매우 중요하 였다. 그런데 동-서 교류를 위해서는 동 · 서고츠산맥을 관통해야 했다. 단층선을 따라 발달하거나 습곡작용을 받아 낮아진 곳, 또는 암석의 차별침식으로 인해 낮아진 구간에 발달했던 한반도 산맥지역의 령(嶺)처럼 동 · 서고츠산맥에도 유사한 지리적 조건을 가 진 곳에 적지 않은 산간교역로(가트, ghat)가 개척되었다.

결국 중학교 지리 상식으로 대륙부와 반도부의 지리적 경계선인 빈드야산맥 · 나르마 다강을 가로지르는 '북-남 교역로'와 동 · 서고츠 산간교역로를 통과한 '동-서 교역로' 가 만나는 욕망의 교차지역인 인도중부(데칸)지역은 중계무역으로 막대한 부를 축적할 수 있을 것이라는 예측이 쉽게 가능하다. 2차 도시화 시대 갠지스 대평원에서 탄생한 불교는 이 교역로를 통해 인도 곳곳에 전파되었었다. 대형불교승원들이 도시 및 핵심교 역로 상에 위치했었다는 것은 인도고대사 상식으로 잘 알려져 있다.[14] 반도부의 기존 거석문화 중심지에도 거대불탑을 중심으로 하는 불교승원들이 설립되었다. 석가모니의 거대불탑은 바위가 거의 없는 갠지스 대평원에서 대량의 벽돌로 쌓은 거전(巨塼)무덤이

---

14) 3차 도시화 시대 불교전파와 관련한 상세한 내용은, 이광수, 「인도 데칸 지역 도시화 속에서 불교 사 원에 대한 기부 : 기원전 2세기-기원후 3세기」, 『대구사학』 100, 2010, 283~305쪽 참조.

었으나 바위가 흔한 반도부에서는 거석(巨石)무덤으로 변모하였다. 적지 않은 불탑이 기존 거석무덤의 석재를 활용하여 세워지기도 하였다.

데칸(Deccan)은 원래 북인도인의 입장에서 남부인도를 통칭하는 단어였다. 현대 지리학계는 현무암 지형을 대표적 특징으로 하는 데칸고원(Deccan Plateau) 지역에 대한 세세한 지리적 정의와 범위를 정하고 있지만 본 논문에서는 인도를 크게 북/중/남부로 나누었을 때 중부지역 혹은 고대 사타바하나 왕국(Satavahana, 기원전 2세기에서 3~4세기경)의 영역권(그림 11)에 해당하는 지역을 칭한다. 데칸고원(중부인도)의 사타바하나 왕국은 북-남/동-서 교역을 통한 막대한 부에 기반을 둔 국가였다. 현무암계 토질 때문에 기초 주식 생산보다는 상업적 작물(면화 및 사탕수수 등)에 유리한 환경도 데칸 지역민들이 적극적으로 상업 활동에 참여하게 만든 배경이 되었다.

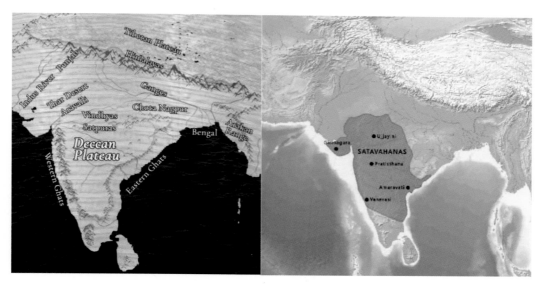

〈그림 11〉 인도 데칸고원(왼쪽) 및 사타바하나 왕국(오른쪽) 지도

사타바하나 시대 데칸 지역은 전국적 북-남/동-서 내륙교역로가 교차하는 지역으로서의 이점과 더불어 해안을 끼고 있는 이점 덕분에 국제교역 상의 이점도 가지고 있었다. 인도 고대사학계에서 일반적으로 '인도-로마 무역(Indo-Roman Trade) 시대'로 부르는, 혹은 세계사적으로 '실크로드(Silk Road) 시대'로 부르는 때가 이때였다.[15] 인도의

---

15) Singh, Upinder, *History of Ancient and Early Medieval India: From the Stone Age to the 12th Century*,

향신료 무역으로 대표되는 당시 국제교역상에서의 이점도 데칸 지역이 누릴 수 있었다는 이야기가 된다. 그런데 서부해안의 항구도시(Sopara, Kalyan, Chaul 등)에 도착한 수입품들이 인도 내에 유통되기 위해서는 서고츠산맥을 넘어 북−남/동−서 교역로를 타야했고, 인도아대륙 곳곳의 수출품들이 서부해안의 항구도시에 도착하기 위해서도 마찬가지로 서고츠산맥을 넘어야했다. 서고츠산맥은 오늘날에도 맹수들의 피해가 종종

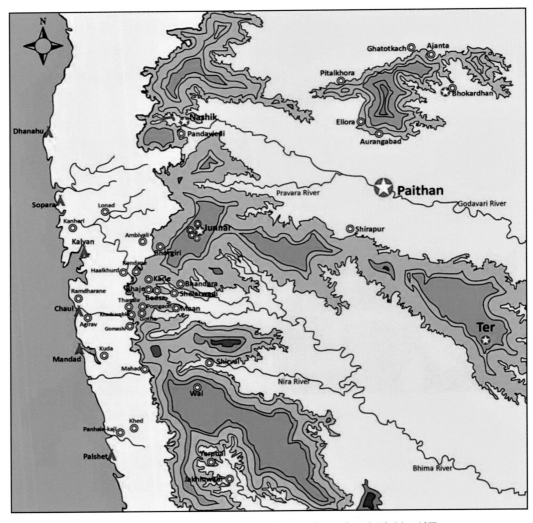

〈그림 12〉 서부데칸 지역 대표적 항구도시, 고대도시 및 불교석굴

Delhi: Pearson, 2009, pp. 132~181, pp. 256~319.

지역신문에 보도될 정도로 깊고 험준한 현무암 산악 지역이다. 그런데 서고츠산맥 일부 구간에 과거 단층작용 혹은 차별침식에 의해 형성된 협곡로들(ghat)이 존재하는데 이들 이 해안과 내륙을 연결하는 핵심 교역로로 활용되었고 이들 교역로를 따라 몇몇 거대도 시들(Nasik, Junnar 등)이 성장하였다. 이 교역로와 도시들을 거쳐 북－남/동－서 교차로의 한 가운데 위치했던 당시 사타바하나 왕조의 수도였던 파이탄(Paithan, 혹은 Pratisthana) 이 대형도시로 성장하였었고 이곳으로부터 북－남/동－서 교역로를 따라 인도 전국으 로 인적, 물적 자원들이 이동하였었다(그림 12).

당시의 도시 및 교역로에 대한 정보는 당시 국제무역에 종사했던 외국인들의 기록에 크게 의지하고 있다. 아울러 평지에 위치했었던 불교승원에 비해 상대적으로 유실이 적 은 산간 지역에 위치했다는 점과 석굴건축이라는 특징 덕분에 서고츠산맥의 불교석굴 승원들은 현재까지 잘 남아있다. 이곳에 새겨진 기부자들의 석각비문은 당시 정치, 경 제상황 및 불교문화를 간접적으로나마 파악하는데 큰 도움을 주고 있다.[16)]

서부데칸 해안항구는 서고츠산맥에서 발원한 작은 강이 해안과 만나는 곳에 주로 발 달하였다. 당시 최대 항구는 현 뭄바이(Mumbai) 근교의 소파라(Sopara)였으며, 최소한 마우리아 제국의 아쇼카 대제 때부터 주요 무역항으로 성장한 것으로 알려져 있다(그림 13). 소파라 항구에 도착한 상인들은 주로 당시 사타바하나 왕국의 수도였던 파이탄(Paithan) 으로 긴 여정을 떠났다. 비교적 경사가 완만한 탈 가트(Thal-ghat)를 넘어 고다바리 (Godavari) 강 발원지에 발전했던 나식(Nashik)에 우선 도착한 후 이곳에서 강을 따라 파 이탄에 도착할 수 있었다. 그런데 나식(Nashik)과 파이탄(Paithan)은 고대 이후 현재까지 거대한 지역 중심도시로 남아 있어 고대도시의 면모를 확인할 수 있는 고고학적 흔적을 찾기란 쉽지 않다. 다만 일부 구역에서 당시 도시민들이 쓰고 버린 각종 물품들을 확인 하는 정도의 고고학 발굴조사가 이루어져 당시 토기 및 장신구 양식 등에 대한 정보만 이 확보된 상태다. 소파라－나식－파이탄으로 이어지는 교역로의 중요성과 도시의 발 전상에 대해서는 위에서 언급한 외국인의 기록과 더불어 소파라 근교의 깐헤리 (Kanheri) 및 나식 근교에 위치한 판다브레니(Pandav-leni) 불교석굴의 석각문을 통해 그 면모를 파악할 수 있다(그림 14).

파이탄(Paithan)에서 더 북상하고자 했던 상인들은 유명한 피탈코라(Pitalkora), 아잔타

---

16) Ray, Himanshu P., *Monastery and Guild*, Delhi: Oxford University Press, 1986, pp. 18~34.

(Ajanta), 엘로라(Ellora) 석굴 등이 위치한 사야드리(Sahyadri) 산맥 구간을 통과했어야 했
는데 산맥 근방에는 보카르단(Bhokardan)과 같은 중형 정유도시들이 발전하기도 하였다.

〈그림 13〉 아쇼카 황제 불탑 및 칙령비(소파라 항구도시)

〈그림 14〉 나식 근교의 판다브레니 불교석굴

현 거대도시 뭄바이(Mumbai)와 뿌네(Pune)를 잇는 고속도로 및 기찻길은 기존 보르-가트(Bhor-ghat) 위에 조성되었다. 보르-가트를 따라 수많은 초기불교석굴승원(기원전 2세기~기원후 2세기), 바자(Bhaja), 까를레(Karle), 콘다네(Kondane), 베드사(Bedsa) 등 수십 개의 석굴승원이 조성되었었다. 이 중 까를레 불교석굴 등에는 당대 제법 큰 규모의 상업도시로 추정되는 '데누까까타(Dhenukakata)'라는 도시가 언급되고 있지만 아직 그 위치가 비정되지 않았다.[17] 위에서 소개한 해안항구도시와 수도 파이탄을 연결했던 나식의 사례처럼 해안항구 도시와 테르(Ter)라는 고대상업도시를 연결하는 교역로상에 위치하였을 가능성이 높고, 연구자들도 거의 찾지 않는 세라르와디(Shelarwadi)라는 소형 불교석굴(그림 15)에도 데누까까타 출신의 기부자가 언급되고 있어 까를레와 이 소형불교석굴 유적 사이의 교역로 상에 과거 도시유적이 위치하였을 가능성이 매우 높다고 판단되어 필자는 인도유학 당시(2009~2017년) 수차례 이 구간 지표조사 연구를 수행하였지만 마땅한 성과를 내지 못하였었다. 과거 대형도시였다 이후 도시의 규모가 축소된

〈그림 15〉 소형 불교석굴승원 세라르와디(Shelarwadi)

---

17) Kosambi, D. D., "Dhenukakata", *D. D. Kosambi on History and Society: Problems of Interpretation*, A.J.

테르(Ter)의 경우는 고고학적 조사의 성과가 매우 높은 고대도시유적 중 하나이지만 농지 및 건설현장 등에서 수습되는 무수한 고대유물 수집 이외 아직 만족할 만한 연구 성과가 부족한 실정이다. 서부해안과 고원을 연결했던 보르-가트를 따라 데누까까타 및 테르라는 핵심도시가 발달하였고 상인들과 더불어 이들 도시민의 후원하에 많은 불교석굴들이 조성되었지만 여전히 도시고고학 연구 성과는 미비하다고 정리할 수 있겠다.

해안항구도시와 내륙을 연결하는 또 다른 중요한 서고츠산맥 교역로는 나네-가트(Nane-ghat)로 강한 현무암 절리(節理)에 의해 마치 인위적으로 조성한 것 같은 계단형 교역로이다(사진 16). 서고츠산맥 대부분의 가트는 한반도의 령처럼 곡선 등반로이나, 나네-가트만은 거의 직선 등반로에 가까워 서고츠산맥의 고대 고속도로라는 별칭을 가지고 있고 현재에도 고원에서 재배된 각종 농산물들이 거대도시 뭄바이 채소시장으로 운송되는 주요 교역로로 활용되고 있다. 해안 저지대에서 이 가트를 등반하여 서고츠산맥 고원에 도달하는 입구에는 사타바하나 왕조가 조성한 매우 독특한 석굴이 위치

〈그림 16〉 나네-가트(Nane-ghat) 전경(왼쪽-과거 / 오른쪽-현재)

Syed (ed.), Bombay: University of Bombay Publication, 1985, pp. 208~216.

해있는데, 내부 벽면에는 장문의 비문과 왕가의 초상이 새겨져 있다(사진 17). 비문의 내용은 사타바하나 왕가의 성품과 업적, 특히 종교의례에 대한 관대한 기부에 대한 내용이 주를 이루는데 당시 이 교역로가 가지는 국가차원의 경제, 군사적 중요성을 알려주는 중요한 유적이라 할 수 있다.

〈그림 17〉 사타바하나 왕조의 나네가트 석굴비문

준나르(Junnar) 도시유적은 서부해안의 핵심 항구도시와 수도 파이탄(Paithan) 및 테르(Ter) 등 주요 상업도시를 연결하는 교역로 상 고원 위에 발전했었던 고대 도시유적이다(그림 18). 북부인도 및 남부인도에서 운송된 수출품들이 준나르에 집결한 뒤 나네-가트를 통해 해안항구로 운송되었고, 역으로 해안항구에 도착한 수입품들이 준나르를 거쳐 북부인도 및 남부인도 도시시장으로 유통되었다. 사타바하나 왕조는 관세 혹은 통행세를 부과하였고 그 흔적이 남아있다(그림 19). 나네-가트의 '나네'는 동전이라는 뜻으로 지역민들에 의해 그간 무수한 고대동전들이 심심찮게 발견되었기 때문에 이러한 이름으로 불리어 왔다.

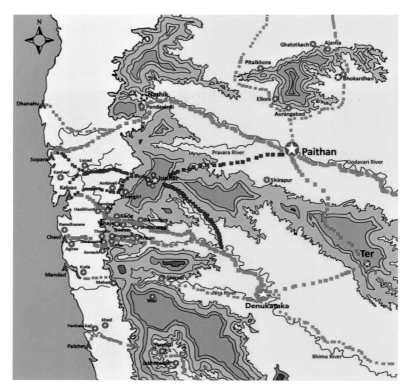

〈그림 18〉 준나르(Junnar) 고대도시 및 핵심교역로

〈그림 19〉 나네 – 가트 관세/통행세 수거함

〈그림 20〉 준나라 고대도시(검은색 원) 및 주변 불교석굴(빨간색 점)

〈그림 21〉 준나르 지역 대표 불교석굴 가네샤레나(Ganesha-lena) 유적

나네-가트를 통해 서부해안과 연결되었던 고원 평탄면에 발전했었던 준나르 도시 주변 높고 낮은 현무암 구릉에는 서부데칸 지역에서 가장 높은 밀집도로 불교석굴들이

조성되었었다(그림 20, 21). 그간 아잔타 및 엘로라 등의 유명 석굴유적의 명성에 가려 방문하는 연구자가 드문 석굴 유적들이나, 고대 도시/교역로와 불교승원과의 사회종교 학적 관계를 파악하고 나아가 경관고고학적 이해를 돕는 데 있어서 중부인도의 비디샤 (Vidisha) 도시 및 산치(Sanchi) 대승원 지역[18]과 더불어 최적의 유적 중 하나이다.

준나르는 필자가 참여한 도시유적 구역 발굴조사(데칸대학 고고학과 2005~2008년)를 통해 그나마 서부인도 고대도시의 대략적인 전모에 대해 이야기할 수 있는 유적이기도 하다(그림 22). 발굴은 고대 준나르 주거구역을 중심으로 진행되었다. 당시 도시 거주민 의 의·식·주와 관련된 기초정보 및 당시 상업 활동과 관련된 몇 점의 고대동전 및 수 입 토기편들이 발굴되었다.[19] 동시대 인도아대륙 내 다른 지역 고대도시 발굴과 비교해 특별히 주목할 만한 유구나 유물이 출토되지는 않았다고 정리할 수 있다. 다만 서부데 칸 지역 고대도시 유적의 유적형성작용(Site Formation Process) 이해에 도움이 되는 환경 고고학 전공자들의 연구를 통해 향후 지표조사 및 발굴조사 전략 수립에 약간의 도움이 되었다.[20] 그런데 주변 불교석굴승원 및 비문을 통해 알려진 도시 내 평지승원의 수를 감안할 때 불교와 관련된 유물이 한 점도 출토되지 않은 점은 주목할 만하다. 불교가 융성했던 이 시대 다른 지역 고대도시 유적 발굴에서도 도시거주민이 불교도임을 뒷받 침할 고고학 자료가 출토되지 않는 점은 분명 흥미로운 점이다. 물론 '증거의 부재 (Absence of Evidence)'에 기초해 당시 도시민 대부분이 비불교도였다고 판단하는 것은 무리가 있을 것이다. 그런데 인도고대문학을 분석한 연구[21]에 따르면 소설에 묘사된 도 시 속에 이상하리만치 불교의 존재감이 낮았었던 것까지 감안하면 고대 도시엘리트 및 상인 외 도시 기층민의 사회종교사적 측면은 향후 고대인도 도시고고학의 진지한 고찰

---

[18] 이 지역 경관고고학 연구는 다음 논문 참고. Shaw, Julia & Sutcliffe, John, "Ancient Dams and Buddhist Landscapes in the Sanchi area: New evidence on Irrigation, Land use and Monasticism in Central India", *South Asian Studies*, Volume 21-Issue 1, 2003과 동일 저자의 "Water Management, Patronage Networks and Religious Change: New evidence from the Sanchi dam complex and counterparts in Gujarat and Sri Lanka", *South Asian Studies*, Volume 19- Issue 1, 2003.

[19] Shinde, Vasant., "Early Historic Junnar", *Living Rock: Buddhist, Hindu and Jain Cave Temples in the Western Deccan*, edited by Pia Brancaccio, Mumbai: The Marg Foundation, 2013.

[20] 관련 연구는 데칸대학 고고학과 환경고고학부 담당 연구자들이 진행하였였는데 현재 연구 보고서 및 논문이 출판되지 않아 필자와 연구자들 간의 사적인 토론을 통해 관련 정보에 대해 파악하고 있 는 실정이다.

[21] Kaul, Shonaleeka., "Urban Characters and Their World II; Ascetic, Brahmana, King and the Social Order", *Imagining the Urban: Sanskrit and the City in Early India*, New Delhi: Permanent Black, 2010, pp. 161~208.

이 필요한 내용임은 분명하다.

〈그림 22〉 준나르 도시유적 발굴전경 및 벽돌유구 출토모습

Ⅳ. 맺음말

주지하다시피 인도아대륙은 가장 이른 도시복합사회가 발전했었던 곳 중 하나이다. 서북부지역에서 기원전 2,600년경 발전했던 1차 도시화(인더스문명) 이후 시간을 두고 다른 여러 지역에서 각 지역 최초의 도시복합사회들이 발전했었고 그 양상과 특징은 지역 환경 및 정세의 차이 속에서 구별되는 특징을 보인다. 1·2차 도시화가 개화했던 대륙부 인도의 대평원 너머 반도부의 최초 도시들(3차 도시화)은 대략 기원전 2세기부터 전국적·국제적 교역의 시대 속에서 성장했었다. 한국의 고대사 및 고고학 연구자들에게 여전히 생소한 인도고대사 속에서 그나마 유명한 지중해─남아시아─동아시아 국제무역 및 유명 불교석굴유적과 관련된 시대이고, 국제교역 및 불교의 흥성을 잘 보여주는 대표 지역이 대규모 교역의 시대 최대 이점을 가졌던 중부 데칸 지역이다. 이 지역 최초 도시들은 무역의 시대 여러 이점 속에서 성장하였는데, 당시 도시에 대한 연구는 주로 외국상인들이 남긴 문헌과 불교유적에 남겨진 비문 등을 통해 파악되어 왔다는 한계를 가지고 있다. 다행히 여러 난관에도 불구하고 일부 고고학자들에 의해 몇몇 고대도시유적에 대한 고고학 연구가 진행되었고 대표적 유적이 준나르 유적이다. 해안항구도시─교역로─고대도시의 발전과 불교석굴의 경관고고학적 이해를 돕는 최적의 유적이기도 하다.

고대 국제무역 전성기 시절의 데칸 지역 최초 도시화 시대는 가야 및 한반도 고대국가의 유라시아 교류사에 관심이 많은 연구자들이 관심을 기울일 만한 시대이다. 유리 등 특정유물을 중심으로 하는 교류사 연구 및 불교문화사 관련 연구가 심도 있게 진행되어 왔지만 유리와 불도를 발전시켰던 당대 인도의 역사 및 고고학에 대해서는 여전히 한국학계의 관심이 부족한 실정이 아닌가 한다. 문헌이 부족하고 대형고분군/불교석굴 중심의 고고학 자료의 한계로 인해 고대 도시고고학 연구에 큰 곤란을 겪고 있는 양국 고고학자 간의 애로사항 및 그간 도전 과정을 공유하는 것도 의미 있는 학술교류가 될 것으로 기대된다. 주지하다시피 최근 북방아시아/동남아시아 지역을 중심으로 한국연구자들의 적지 않은 해외지역 고고학 연구가 진행되고 있으나, 남아시아 지역에는 아직 그 첫 삽을 뜨지 못하고 있는 실정이다. 가야 및 동시대 고대국가의 유라시아 교류사 연구의 진척을 위해 인도에서의 한 · 인 공동 고고학 조사가 이루어질 수 있는 날을 기대해보면서 본 논문을 마무리하고자 한다.

【참고문헌】

이광수, 「인도 데칸 지역 도시화 속에서 불교 사원에 대한 기부 : 기원전 2세기~기원후 3세기」, 『대구사학』 100, 대구사학회, 2010.

이광수, 「인더스문명과 갠지스문명의 정체에 관한 논쟁: 힌두뜨와(Hindutva) 역사 서술에 대한 비판을 중심으로」, 『숭실사학』 50, 숭실사학회, 2023.

쑨룽지(저), 이유진(역), 「재차 기초를 다진 고대 인도 문명」, 『신세계사 1－새롭게 밝혀진 문명사: 문명의 출현에서 로마의 등장까지』, 흐름출판, 2020.

Coningham, Robin and Young, Ruth, *The Archaeology of South Asia: From the Indus to Asoka, c.6500BCE-200CE*, Cambridge University Press, 2015.

Shaw, Julia & Sutcliffe, John, "Ancient Dams and Buddhist Landscapes in the Sanchi area: New evidence on Irrigation, Land use and Monasticism in Central India", *South Asian Studies*, Volume21-Issue1, 2003.

Shaw, Julia & Sutcliffe, John, "Water Management, Patronage Networks and Religious Change: New evidence from the Sanchi dam complex and counterparts in Gujarat and Sri Lanka", *South Asian Studies*, Volume19- Issue1, 2003.

Kosambi, D. D., *The Culture and Civilization of Ancient India in Historical Outline*, London: Routledge and Kegan Pau, 1965.

Kosambi, D. D., "Dhenukakata", *D. D. Kosambi on History and Society: Problems of Interpretation*, A.J. Syed (ed.), Bombay: University of Bombay Publication, 1985.

Kaul, Shonaleeka., "Urban Characters and Their World II; Ascetic, Brahmana, King and the Social Order", *Imagining the Urban: Sanskrit and the City in Early India*, New Delhi: Permanent Black, 2010.

Lahiri, N(ed), *The Decline and Fall of the Indus Civilization*, New Delhi: Sangam Books Ltd, 2002.

Ray, Himanshu P., *Monastery and Guild*, Delhi: Oxford University Press, 1986.

Sharma, R. S., *Material Culture and Social Formations in Ancient India*, Delhi: MacMillan, 1983.

Singh, Upinder, *History of Ancient and Early Medieval India: From the Stone Age to the 12th Century*, Delhi: Pearson, 2009.

Shinde, Vasant., "Early Historic Junnar", *Living Rock: Buddhist, Hindu and Jain Cave Temples in the Western Deccan*, edited by Pia Brancaccio, Mumbai: The Marg Foundation, 2013.

Trautmann, Thomas R.(ed), *The Aryan Debate: Debates in Indian History and Society*, Oxford
        University Press, 2008.

Wheeler, R. E. M., *The Indus Civilization*, Cambridge University Press(3rd Edition), 1968.

중국 남조 出海重鎭 番禺의 해상교통

조윤재 | 고려대학교 고고미술사학과

Ⅰ. 고대 중국 해항도시 番禺

'해항도시' 혹은 '항시'는 고대 중국에서 보이지 않는 용어이다. '해항도시((Port City)' 혹은 '항시' 용어는 1970년대 후반 해역사 및 해역네트워크라는 새로운 역사학 모멘텀을 제기하면서 설정되기 시작한 신조어이다.[1] 이러한 도시들은 도시연구에서 지리·환경적 요소를 기준으로 해양과 지속 가능한 기능성을 갖춘 도시로 보고 있다. 즉, 해양을 매개로 한 교역으로 성장한 도시, 해양을 이용해 연안 지역과의 번영을 추구하는 도시 등을 지칭하고 있다. "사람, 사상, 물자가 교류하는 역사성을 담고 있고 해양을 향해 열려 있는 개방성으로 인하여 해양을 매개로 해항과 해항을 연결하는 결절점"[2]으로 설명하고 있으며, 이질적인 域外의 다양한 문화들이 혼용을 거쳐 혼종을 만들어내는 공간이라는 정의에 대부분 동의하고 있다.[3]

海域史 및 해항도시의 상호 비교연구는 이미 성황을 이루며 확장되고 있다. 특히 근

---

[1] 桃木至朗, 「海域史アジアポテンシャル」, 『海域アジア史研究入門』, 岩波書店, 2011, 1쪽.
[2] 최은순 등, 『해항도시의 세계박람회』, 한국해양대학교·국제해양문제연구소, 2009, 13쪽.
[3] 안미정, 「도시 분류를 통해 본 해항도시의 개념적 특징」, 『해항도시문화교섭학』 9, 2013, 298쪽.

현대 세계 해항도시의 재발견과 비교문화사적 접근 및 논의는 지속적으로 생성되고 있다.[4] 본문은 이러한 용어의 경위와 수용 여부에 대한 더 이상의 논의는 진행하지 않도록 한다. 다만 현재 중국 광주시 일대로 비정되는 고대의 番禺가 도시·지리적 분류에서 해항도시의 유형으로 귀속될 수 있다는 전제[5]를 설정하고자 특정 용어의 범용성을 서술하였다. 이미 중국 광주의 역사성과 해양성을 인정한 학계의 해항도시 설정도 이루어진 바 있다.[6]

Ⅱ. 番禺의 도시·지리적 배경

진한시기 해상교류의 출해 항구 중 한 곳[7]이었던 番禺는 광주 지역의 고대 명칭이다.[8] "番禺"는 『山海經·海內南經』의 기록에서 가장 먼저 확인되는데 番禺와는 다른 "賁禺"라는 지명으로 기재하고 있다. 중국 3대 수계인 주강 입해구에 형성된 산곡형 대지에 위치하고 있으며 주강의 북안에 해당한다. 수륙교통이 편리한 입지와 주변 지형을 갖추고 있어 근현대 동아시아 대표적 해항도시로 손꼽힌다.(도 1)

기원전 214년 진시황은 영남지역을 통일한 후 계림, 상군 및 남해의 3군을 설치한다. 이후 기원전 203년 趙佗는 남월국을 세우고 번우를 도성으로 정한다. 남월국은 진말 남해군 용천현령으로 파견된 邯鄲 출신의 조타가 현지의 월족을 포섭하여 건립한 국가로서 番禺를 중심으로 성장하였다. 번우는 삼국시기 이전 영남의 산악형 지형으로 인해 중원과의 교통과 교류에 일정한 제약을 받았다. 진대 趙佗의 자립과 암약이 상당 부분 가능했던 근본적 배경도 지정학적 위치와 중원과의 지형적 이격이 존재했기에 가능하

---

4) 하네다 마사시, 현재열·김나영 옮김, 『17~18세기 아시아 해항도시의 문화교섭』, 선인, 2012, 13~17쪽.

5) César Ducruet, "The Port City in Multidisciplinary Analysis", *The port city in the XXIst century: New challenges in the relationship between port and city*, Joan Alemany and Rinio Bruttomesso(Ed.), RETE, 2011, pp. 32~48(2011, halshs-00551208, version 1-3). "항구도시는 그 자체로서 하나의 시스템으로 고려되는데, 이 도시는 항구와 해양 활동이 지역경제에 강력한 영향을 미쳐 도시가 항구에 의존해 존재한다."는 정의에 부합한다.

6) 川口洋平·村尾 進, 「巷市社會論－長崎と廣州」, 『海域アジア史研究入門』, 岩波書店, 2011, 172~179쪽; 한국해양대학교 국제해양문제연구소, 『세계의 해항도시Ⅰ－아시아편』, 선인, 2019, 55~70쪽.

7) 王元林, 「秦漢時期番禺等嶺南港口與內地海上交通的關係」, 『中國古都研究』 第23輯, 2007, 151~152쪽.

8) 何科根, 「番禺考辨」, 『嶺南文化研究』 9期, 2001.

였다. 진한 시기 번우의 인구와 사회생산량은 중원 및 장강 유역 중진 거점과의 지리적 장애로 인해 내륙과의 연계로 발생하는 경제개발과 상품경제가 빈약한 처지에 있었다. 반면에 광주 지역 진한 시기 고분에서는 기원 전후 시기의 서역계 기물들이 출토되고 있어 일찍부터 해양을 통한 교류와 무역이 행해졌던 것으로 보인다. 광동성과 광서성은 兩廣으로 불리며 월족이 활동했던 지역이자 남월국의 통치영역이었다. 이 시기부터 번우는 바다를 통한 원거리 교역의 出海 重鎭으로 해항성과 상업적 기반을 갖추기 시작하였다.

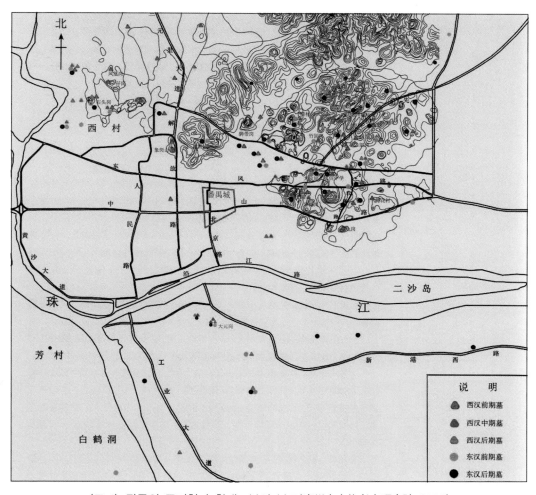

〈도 1〉 광주의 구지형과 한대고분의 분포(廣州市文物考古研究院 2020)

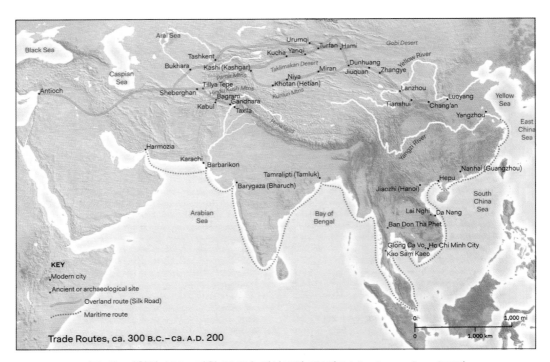

〈도 2〉 기원전 300~기원 200년 해상교역 루트(Zhixin Jason Sun 2007)

　　진의 멸망으로 남월국은 서한과 다시 대립하면서 여전히 양광 지역을 기반으로 확장을 모색하였다. 그러나 결국 元鼎六年(B.C.111년) 한무제는 남월국을 정벌하고 새로운 행정 편제를 통해 9군을 설치한다. 이후 한 중앙은 동남아, 남아시아의 여러 지역과 빈번한 교류를 진행한다. 관방 해상무역의 주요 목적은 역외지역의 희귀품 혹은 "明珠, 璧流離, 奇石異物, 齎黃金, 雜繒" 등을 구하기 위해서였다. 서한 초기 번우는 전국에서 중요한 도시 중 한 곳으로 알려졌으며 중원이나 관중의 여타 지역에서 볼 수 없는 희귀 아이템을 구할 수 있는 곳으로 묘사되고 있다.[9] 기원 1세기경 이집트계 희랍인이 저술한 『에리트라이海 항해기』[10]와 『漢書』의 기록[11]을 살펴보면 해상무역로는 이집트의 홍해

---

[9] 『史記』 卷129·貨殖列傳: "番禺亦其一都會也. 珠璣·犀·瑇瑁·果·布之湊."

[10] 작자미상, 이석호 옮김, 『에리트라이 해 항해기(The Periplus of Erythraean Sea)』, 아프리카문명교류선 1, 아프리카, 2017; Lionel Casson, *The Periplus Maris Erythraei: Text with Introduction, Translation, and Commentary*, Princeton University Press, 1989.

[11] 『漢書』 卷28·地理志: "自日南障塞·徐聞·合浦船行可五月, 有都元國, 又船行可四月, 有邑盧沒國, 又船行可二十餘日, 有諶離國, 步行可十餘日, 有夫甘都盧國. 自夫甘都盧國船行可二月餘, 有黃支國, 民俗略與珠厓相類. 其州廣大, 戶口多, 多異物, 自武帝以來皆獻見. 有譯長, 屬黃門, 與應募者俱入海市明

에서 아라비아해를 횡단하여 인도의 마라발 해안에 도착하여 코로만델 해안, 다시 뱅갈만을 거쳐 말레이반도에 기착한다. 좁고 긴 말레이반도의 지형으로 인해 반도의 중간쯤에 해당하는 말라카에 기착하여 육로로 동안의 항구까지 화물을 옮긴 후 다시 출항하여 베트남 남부의 부남을 거쳐 서문, 합포 혹은 번우에 도착하는 항로가 가능하다.[12](도 2)

Ⅲ. 번우 지역의 대외교류와 관련 고고자료

유라시아 대륙의 동단과 서단은 초원로와 비단길이라 일컬어지는 육로뿐 아니라 해로로도 이어졌다. 로마에서 출발하여 이라크를 거쳐 다시 페르시아만(혹은 로마−홍해−아랍해), 그리고 인도의 서안, 실론, 인도 동안, 말라카 해협, 수마트라, 캄보디아 프놈펜, 베트남 중부, 하노이 등의 지역을 거쳐 廣州로 이어지는 해상 교통로는 기원전부터 사용되었다. 페르시아만과 인도를 잇는 항로는 기원전 6~7세기에 이미 열려 있었으며, 기원전 3세기 중국도 광저우 지역과 베트남 중부 지역을 거쳐 바닷길을 통한 교역에 참여하고 있었던 것으로 보인다.[13] 광주지역의 대외교류 및 그와 관련된 고고 자료의 정황은 다수 확인되고 있다. 다만 이들 자료 중 해석과 관점에 따라 교류라는 의미와 연동하여 볼 수 있는지는 정도의 차이가 실재한다. 특히 진한 교체기 및 양한 시기 이루어진 대외교류의 관련 물질자료는 다양한 기종과 재질의 기물로 확인되고 있다.[14]

1. 진한 시기 대외교류

진한 시기 남월국 혹은 서한의 고분 및 생활유적에서 확인된 역외 기물은 관방 무역이 아직 성립되지 못했던 상황이라 상인집단에 의해 산발적으로 유입되었을 가능성이

珠·璧流離·奇石異物·齎黃金雜繪而往. 所至國皆稟食爲耦, 蠻夷賈船, 轉送致之. 亦利交易, 剽殺人. 又苦逢風波溺死, 不者數年來還. 大珠至圍二寸以下. 平帝元始中, 王莽輔政, 欲燿威德, 厚遺黃支王, 令遣使獻生犀牛. 自黃支船行可八月, 到皮宗, 船行可二月, 到日南·象林界云. 黃支之南, 有已程不國, 漢之譯使自此還矣."

12) 周連寬, 「漢使航程問題−評岑韓二氏的論文」, 『中山大學學報』 3期, 1964, 98~99쪽.
13) 邵兆穎, 「從文獻記載看漢唐時期嶺南與伊朗的海上交流」, 『廣州大典研究』 第1輯, 2020.
14) 西漢南越王博物館, 『西漢南越王博物館珍品圖錄』, 文物出版社, 2007.

크다. 이들 기물의 원산지는 이란고원,[15] 동남아시아 열도, 인도 연안 등지로 추정하고 있다. 은제 합의 경우 전국시기부터 확인되고 있으며 은합을 수입하여 청동으로 그릇받침을 따로 제작하여 부착하였다.[16] 유리 용기 및 각종 구슬류는 완제품이 박래되었거나 재료를 수입하여 재가공한 기물도 확인된다.[17](도 3, 4)

〈도 3〉 남월왕묘 출토 은합(西漢南越王博物館 2007), 이란고원 은합(Zhxin Jason Sun 2017), 강소성 대운산 한묘(呂章申 2017)

동한 말~삼국 초기 번우, 합포, 서문 등 이전 시기 전통적인 출해 항구는 교지군의 교통기능이 강화되면서[18] 잠시 저조하였으나 육조시기로 들어서며 번우는 전국 최대의

---

15) Zhixin Jason Sun, *AGE OF EMPIRES-ART OF THE QIN HAN DYNASTIES*, The Metropolitan Museum of Art, New York, 2007.

16) 呂章申, 『秦漢文明』, 中國國家博物館國內交流系列叢書, 北京時代華文書局, 2017, 330쪽.

17) 廣州市文物考古研究院, 『廣州出土漢代珠飾』, 科學出版社, 2020.

대외무역 중심지로 성장한다. 영남지역의 정치경제 중심이 동쪽 연안으로 이동하였고
이는 주강 삼각주 지역의 비교적 안정적인 성장과 개발을 추동하는 기제로 작용하였다.
동오시기 交州의 치소를 蒼梧 廣信에서 번우로 다시 옮기고 원래의 남월도성을 보수하
였다. 남북조의 분열과 대립으로 빈발했던 전란에서 이격되어 상대적으로 안온했던 주
강 삼각주 지역은 수공업의 발달과 해상무역의 번성으로 인구와 물산이 집중되었다. 이
러한 여건은 번우가 해항도시로 성장하는 중요한 요인으로 작용하였다.

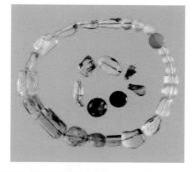

18) 『梁書』卷54・諸夷・海南諸夷: "漢桓帝延熹九年, 大秦王安敦(Marcus Aurelius Antoninus)遣使自日南徼
外來獻, 漢世唯一通焉. 其國人行賈, 往往至扶南・日南・交趾, 其南徼 諸國人少有到大秦者. 孫權黃武
五年, 有大秦賈人字秦論來到交趾, 交趾太守吳邈遣送詣權, 權問方土諸俗, 論具以事對. 時諸葛恪討丹
陽, 獲黝・歙短人, 論見之曰: '大秦希見此人.' 權以男女各十人, 差吏會稽劉咸送論, 咸於道物故, 論乃徑
還本國." 孫權 黃武五年(226년), 로마 상인 秦論이 교지군(광서성 남부 및 베트남 하노이 일대)에 도
달하여, 당시 交趾太守 吳邈이 동오의 수도 무창(현재 호북성 무한)까지 호송하여 손권을 알현하게
하였다. 손권은 진론에게 로마와 중국까지 오는 과정에서 거쳤던 여러 국가들의 풍속과 상황을 물어
보았다. 신하 유함과 남녀 각 10인을 시중으로 딸려 진론을 본국까지 호송하도록 하였다. 다만 유함
이 여행 중도에 사망하는 바람에 진론은 홀로 로마로 돌아갔다. 이 기록은 역외인이 교지군을 통해
장강유역으로 이동한 대표적 사례이다.

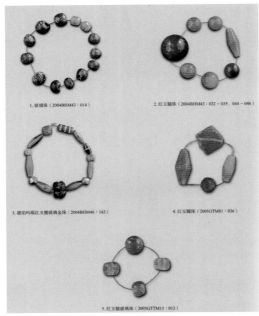

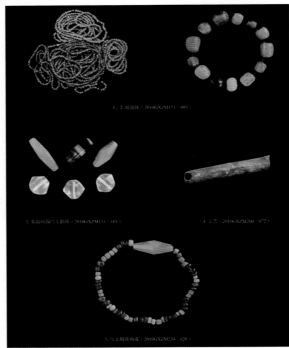

〈도 4〉 광동, 광서 지역 한대 고분 출토 역외 기물(Zhxin Jason Sun 2017)
광서 합포 문창탑M70 유리기, 합포 황니강M1 수정녹주석 목걸이, 합포 황니강M1 자색수정 목걸이, 합포 당배M2 홍옥수 목걸이, 광주시문물고고연구원 소장 서한 및 동한시기 구슬

2. 남조 시기 대외교류

　남조 시기 조선기술의 발달과 원해항선의 개발은 번우를 중심으로 하는 해상무역 및 교류를 더욱 강화하는 계기가 되었다.[19] 동진 시기 장강 유역에서 대형선박이 건조되는 데 용적량이 만곡(10만말)에 달하여 이를 적재하고 운행이 가능했던 것으로 보인다.[20] 장강 중류 형주와 동정호 지역은 동진의 주요 선박제조 기지였으며 이러한 선박제조 기술과 경험은 남조로 전승되었다. 남조 시기 대외 교류와 왕래는 두 가지 특징으로 나누어 살펴볼 필요가 있다.[21]

1) 동남 해안 항로를 통한 서역과의 직·간접적 교류

　고대 中國과 서역 각국의 해상교통은 주로 南海와 印度洋 항로를 통해 진행되었다.[22] 印度洋을 연접하여 다시 지중해를 경유하여 유럽에 도달하는 항로가 가장 설득력 있는 교통로로 알려져 있다.[23] 이러한 항해루트를 "해상실크로드"라 부르고 있다. 中國이 서남 해안 항로를 통해 비교적 이른 시기부터 대외적 交涉을 실행한 기록은 『漢書』에서 찾을 수 있다. 그러나 기원전 222년 秦帝國의 통일 후 南越地域에 대한 정복활동이 본격적으로 시작되면서 남해연안에 閩中郡, 南海郡, 桂林郡, 象郡 등의 정치적 실체를 확보하면서 西南海 연안의 정권들과 해상을 통한 교류가 이미 상당 부분 진행되었을 것이다.

　漢代에 접어들며 西南海에 대한 교류의 빈도수와 규모는 더욱 증가하게 된다.[24] 전시기의 이러한 대외교류의 현상은 이후 강남과 영남지역을 점거한 육조정권의 대외활동에 매우 유리한 환경이 조성되었다. 특히 南朝시기에 와서도 漢武帝 이후 활발히 이루어졌던 南洋지역과의 교류가 여전히 지속되었으며 로마와 페르시아의 무역상들도 해상

[19] 鄧端本, 「兩晉南北朝時期廣州外貿考略」, 『廣州研究』 2期, 1985, 56~57쪽.
[20] 『太平御覽·荊州土地記』: "湘州七郡, 大艑之所出, 皆受萬斛".
[21] Cho Yunjae, "Relations between the Southern Dynasties (Nanchao) and the Xiyu(西域)", *International Journal of Korean History* 18, 2013.
[22] 周成, 『中國古代交通圖典』, 中國世界語出版社, 1995, 9~10쪽.
[23] 石雲濤, 『早期中西交通與交流史稿』, 學苑出版社, 2003.
[24] 陳炎, 『海上絲綢之路與中外文化交流』, 北京大學出版社, 1996.

항로를 통해 南洋지역의 국가들은 물론 中國 내륙에까지 활동 범위를 확장하였다. 이 과정에서 남조정권과 서역의 직접적인 교섭이 이루어진 것은 당연한 일이다. 강남으로 천이한 晉室을 모태로 파생된 남조정권은 대외교류에 있어 북방초원 및 내륙 교통로를 통한 서역과의 교류에 치명적인 한계가 실재하였다. 그러나 광동 연안의 번우 및 전통적 출해 항구가 통치권역에 속해 있었기 때문에 해양 진출과 역외 교류는 오히려 활성화되는 계기를 얻게 되었다.(도 5)

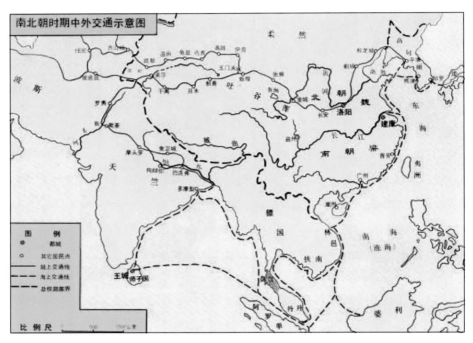

〈도 5〉 남북조시기 대외 교통로(周成 1995)

2) 불교 승려의 출경 및 내입

이러한 일반적 성격의 교섭 정황 외에 비교적 주목해야 할 대목은 남북조 시기 서역 지역에서 내입한 외래 승려들과 반대로 남조에서 서역 지역으로 출경한 승려들의 往來 이다. 사실 이 시기 불교의 전파 루트와 승려들의 取經路線은 중고시기 中國의 대외교통 및 문화적 점입과 매우 밀접한 연동성을 보여주고 있다.[25] 관련 기사의 일람표를 참

---

25) 嚴耕望, 『魏晉南北朝佛敎地理稿』, 上海古籍出版社, 2007.

고하면 교류의 빈도수, 교통루트, 사절의 규모 및 貢物 등에 관한 일별이 가능하다. 대표적인 예로 구법승 법현은 後秦 弘始元年(東晉 隆安三年, 399년) 長安을 출발하여 412년 귀국함으로써 약 13년간 출행을 하고 돌아왔다. 그는 귀국 후 建康城에 정착하여 佛經 飜譯 작업에 몰두하는데 이 시기『佛國記』를 편찬하게 된다. 법현의 귀국 루트에 번우는 당연히 포함된다. 임읍, 부남, 사자국으로 이어지는 초기 항로를 활용하여 통킹만으로 북상하여 다시 최종에는 번우에 기착하게 된다.(도 6)

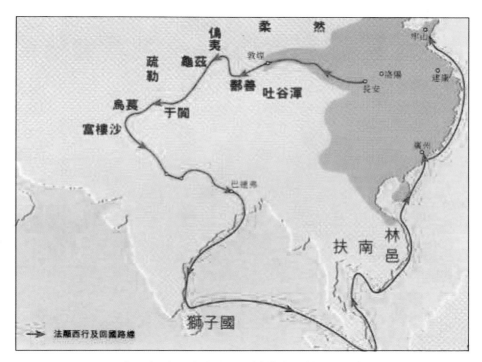

〈도 6〉 法顯의 求法 루트(中華文明傳眞, 2002)

소그드 지역과의 거리로 인해 그동안 남방 연안 지역과의 교류를 거의 언급하지 않았으나 소그드상인의 입장에서 이문이 막대한 동남 연안 지역의 중요성을 모르지는 않았을 것이다. 이들의 남조 입경은 康僧 會의 행적에서 일부 확인할 수 있는데 그의 世家는 사마르칸트 출신이며 그의 부친은 소그드 상인으로 인도를 거쳐 교지군에 정착한다.[26] 강승회는 양친의 임종을 보살피고 결국 출가하여 274년 건업에 도착하여 손권의

26)『高僧傳』卷1: "康僧會, 期先康居人, 世居天竺, 其父因商賈移於交趾. (康僧)會年十餘歲, 二親並終, 至

후원으로 建初寺를 창건하였다. 이로 보아 전통 항로를 활용하여 교지군 혹은 번우로 입경한 서역인들이 더 존재했을 가능성이 있다. 광동 遂溪에서 발견된 소그드어 명문 완, 동전 등의 발견이 이와 무관하지 않을 것이다.[27]

〈표 1〉 관련 문헌기재 일람표

紀年	僧侶 및 路線	出典
420년 永初元年	釋曇無竭/ 高昌, 龜玆, 沙勒, 疎勒, 西아시아	『大藏經』 2059 『高僧傳』 卷三
423년 景平元年	佛馱什(北印度)/ 楊洲	『大藏經』 2059 『高僧傳』 卷三
424년 元嘉元年	曇摩密多(北印度)/ 龜玆, 涼州, 江左, 蜀, 荊州, 京師(建康)	『大藏經』 2059 『高僧傳』 卷三
424년 元嘉元年 442년 元嘉十九年	畺良耶舍/ 沙河, 京師, 岷蜀, 江陵	『大藏經』 2059 『高僧傳』 卷三
424~437년 元嘉年間	釋智猛(京兆新豊)/ 天竺, 蜀, 成都	『大藏經』 2059 『高僧傳』 卷三
433년 元嘉十年	僧伽跋摩(天竺)/ 流沙, 京邑(建康)	『大藏經』 2059 『高僧傳』 卷三
436~452년 元嘉末年	釋慧覽(酒泉)/ 최초로 河南道 全路程을 종주	『大藏經』 2059 『高僧傳』 卷十一
439년 元嘉六年	沮渠安陽/ 姑藏, 建康	『大藏經』 2059 『高僧傳』 卷二
연대불명	釋僧隱/ 하남도를 통해 巴蜀, 江陵에 도착	『大藏經』 2059 『高僧傳』 卷十一
475년, 元徽三年	釋法獻/ 巴蜀, 茹茹, 于闐, 葱嶺	『大藏經』 2059 『高僧傳』 卷十一
479년 升明三年	釋玄暢/ 岷江支道 沿線, 南朝西北邊界地域	『大藏經』 2059 『高僧傳』 卷七
518년 神鬼元年	惠生 및 宋雲/ 流沙, 吐谷渾, 鄯善, 且末城, 于闐	『洛陽伽藍記』 卷五·城北
502년 天監初年	釋明達(康國, 사마르칸드)/ 吐谷渾, 益州	『大藏經』 2060 『續高僧傳』 卷二十九
559년 武成初年	闍那堀多(간다라)/ 迦畢試國(Bactria), 渴盤陀, 于闐, 吐谷渾, 㤄達, 和田	『大藏經』 2060 『續高僧傳』 卷二

3. 고고자료로 본 남조 번우의 역외문화

中國 경내에서 발견된 魏晉南北朝時期 中央아시아계 및 서아시아계 유물은 주로 貨幣, 金銀器, 織物, 琉璃器物 등이 대종을 이루고 있다.[28] 유물의 대다수가 북조 지역의 유적 혹은 유구에서 검출되고 있으나 남조 지역에서도 유리를 포함한 역외 유물의 출토

孝服畢出家.'
[27] 遂溪縣博物館, 「廣東遂溪縣發現南朝窖藏金銀器」, 『考古』 3期, 1986.
[28] 宿白, 「中國境內發現的中亞與西亞遺物」, 『中國大百科全書·考古學』, 大百科全書出版社, 1986.

가 점점 증가하는 추세이다. 개별 기물 외에도 건축양식, 지면 석각물 및 불상 양식에서도 서역 혹은 남아시아의 영향이 포착된다.(도 7)

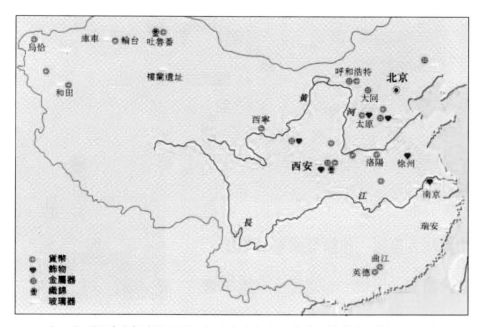

〈도 7〉 魏晉南北朝時期 중앙 및 서아시아 유물의 출토(中華文明傳眞, 2002)

1) 琉璃容器

남방지역 출토 유리 기물의 경우 대부분 동진시기의 고분에서 출토되고 있다. 지금까지 확인된 수량은 15기의 육조 고분에서 모두 18점의 유리 기물이 발견되었다.(표 2) 이 중 南朝시기에 해당하는 고분은 단 1기로 유리 기물의 사용에 있어 시대적 특수성을 보여주고 있다. 유리 기물의 유입과 단계성을 설명하기 위해서는 육조시기 전체의 상황을 언급해야 하기에 南朝 以前時期의 출토품도 함께 고찰해야 할 것이다. 과거 육조시기 고분에서 출토된 대부분의 유리 기물에 대한 산지 분석 결과 대부분 로마계통의 소위 "Roman glass"로 추정하였으나 최근 분석결과 페르시아 혹은 중앙아시아계(Kushan 혹은 Bactria)의 제품일 가능성을 지적하고 있다.[29] 특히 유리 기물의 원산지 분석은 원료의

---

[29] James W. Lankton(Honorary Senior Research FellowUCL Institute of Archaeology, LondonWith), *Silk Road Glass in Korea: Archaeology and Scientific Analysis*, 제11회 고분문화연구회 학술발표문, 부산박물관,

원산지와 제품의 생산지를 구분해서 언급할 필요가 있다. 이는 기술의 전파, 무역 및 외래계 인구의 이주라는 측면에서 반드시 구체적으로 탐색해야만 그 실체를 가늠할 수 있다.(도 9)

유리기의 유입경로는 북조를 통해 일부가 중계되었을 수 있으나 대부분의 유리기는 남동 연안의 항구인 번우 혹은 교지를 경유하여 건강 및 주변 지역으로 유통되었을 것이다. 2001년 廣東 肇慶坪 石崗 東晉太寧三年(325년)墓에서 유리완 1점이 출토되었는데 기벽의 두께가 매우 얇은 것이 특징이다.(도 8) 고분의 연대는 紀年墓로서 下葬年代가 325년이다. 유리 용기의 고분 부장 하한 시점은 건강성 지역과 궤를 같이하고 있어 대체재인 청자의 대량 생산과 관련이 있을 것이다.

〈표 2〉 六朝古墳 출토 琉璃容器

	출토고분	고분연대	수량, 기종	기물특징(단위:cm)
1	湖北 鄂城 鄂鋼飲料廠	동오	1	무색투명
2	湖北 鄂州 五里墩	서진말－동진초	2, 완	무색투명, 담황록색, 기고:9.4
3	南京 象山	동진초	2, 통형배	무색투명, 담황록색, 기고:10.4
4	南京 仙鶴觀	동진초	1, 완	투명담청색, 기고:7
5	南京 富貴山	동진초	1, 완	투명담남색, 기고:7.8
6	南京大學 北園	동진초	1, 완	무색투명
7	南京 上坊 李村	동진초	1, 직구배	남색투명
8	南京 石門坎	동진초	1, 완	청록색
9	安徽 當塗 來隴村	동진초	1, 완	담록색
10	廣州 獅帶崗	동진초	1, 완	남색
11	廣東 肇慶 坪石崗	325년, 東晉太寧三年	1, 완	담록색투명, 기고:6
12	湖北 漢陽 蔡甸	동진초	1, 병(?)	담황록색투명
13	南京 汽輪電機廠	동진중기	2, 통형배	담청색투명, 남색
14	南京 郭家山	동진말	殘片	남색, 무색투명, 녹색
15	江蘇 句容 春城	439년, 劉宋元嘉六年	1, 완	담청색투명, 기고:6.5

2010; 王志高, 『六朝墓葬出土玻璃容器漫談－兼論朝鮮半島三國時代玻璃容器的來源』, 제13회 고분
화연구회 학술발표, 경기도립박물관, 2011.

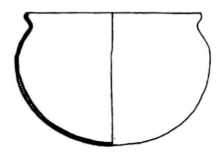

〈도 8〉廣東省 肇慶坪 石崗 東晋墓 출토 유리편(王志高, 2011)

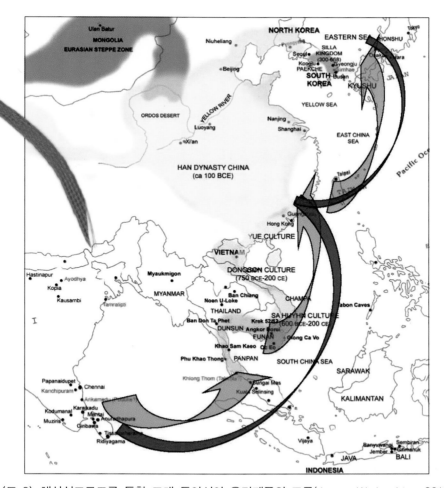

〈도 9〉해상실크로드를 통한 고대 동아시아 유리제품의 교류(James W. Lankton 2010)

2) 화폐

중국 경내 출토 사산페르시아 화폐의 대다수는 高昌, 투루판, 兩京(洛陽, 西安)지역에 분포하고 있다. 현재까지 남조 지역에서 출토된 사산 화폐는 광동 지역의 남조 고분에서 출토된 24점과 남경에서 출토된 1점이 학계에 보고된 바 있다.[30](표 3, 4)

광동 지역에서 출토된 사산 화폐의 교류 경로는 페르시아灣 연안에서 해상루트를 통해 광동으로 유입되었을 것이다. 한편 남경에서 출토된 사산왕조 피루즈(Piruz)왕 재위 기간의 은제 동전은 현재까지 가장 東端에서 발견된 사산왕조의 화폐이다. 관련 문헌에서 보이는 것과 같이 당시 남조의 수도인 건강성에서는 동남아 일대의 국가들의 상단 및 사절이 往來하거나 상주하였으며 남방정권의 중심지로서 대외교섭의 가장 유력한 창구였던 것이 이러한 사산왕조 화폐의 발견으로 실증되고 있다.(도 10, 11, 12, 13, 14, 15) 다만 이러한 기물의 제1기착은 번우에서 이루어졌을 것이며 이후 내륙 혹은 동남 연안을 거슬러 올라가 建康으로 중계되었을 것이다.

〈표 3〉 남조고분 출토 사산페르시아 화폐

기년	출토지	출토화폐 및 출토상황	자료출전
497년	廣東英德南齊墓	Piruz A형; Piruz B형, 주사목합내부	『考古』61.3
5세기말	廣東曲江南華寺墓	Piruz	『考古』83.7
5세기말	廣東逐溪南朝窖藏	Shapur Ⅲ세(383~388); Yazdgerd Ⅱ(438~457) Piruz A형; Piruz B형, 有盖罐 내부, 동전은 모두 천공되어 있음	『考古』86.3
6세기초	南京東八府塘國稅大廈	Piruz C형, 梁의 鐵五銖錢과 공반 출토	『中國錢幣』04.1

---

30) 孫莉, 「薩珊銀幣在中國的分布及其功能」, 『考古學報』 1期, 2004; 邵磊, 「南京出土薩珊卑路斯銀幣考略」, 『冶山存稿』, 鳳凰出版社, 2004.

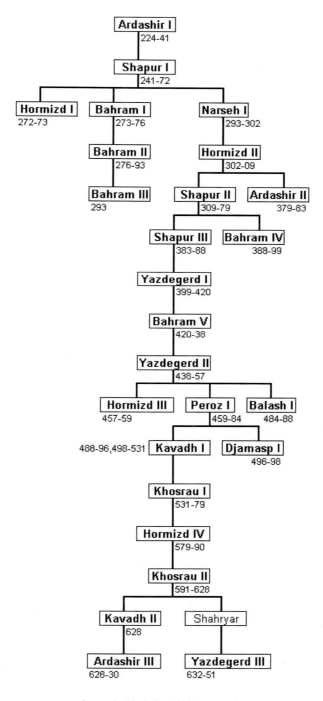

〈도 10〉 사산페르시아 王世系表

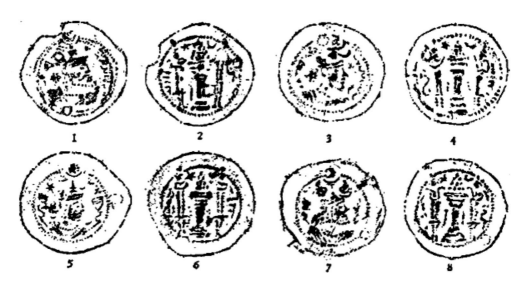

〈도 11〉 廣東 逐鷄 南朝 窖藏 출토 사산페르시아 화폐:

Shapur Ⅲ: 1, 2   Yazdegerd Ⅱ: 3, 4
Peroz A형: 5, 6   Peroz B형: 7, 8

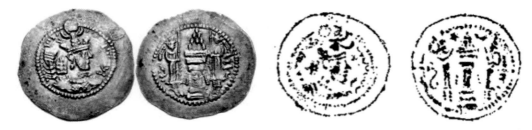

〈도 12〉 사산페르시아 Yazdegerd Ⅱ 은화 및 中國 광동 출토 수계 南朝묘 출토 Yazdegerd Ⅱ 화폐

〈도 13〉 사산페르시아 Peroz 시기 화폐 및 廣東 英德 南齊墓 출토 Peroz 시기 화폐

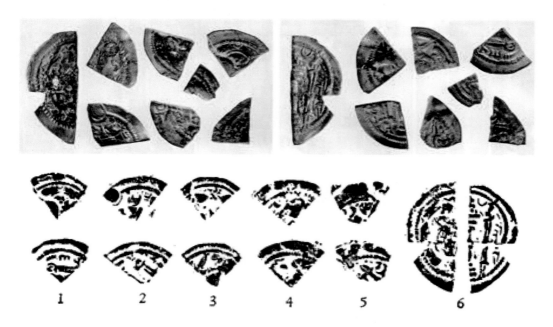

〈도 14〉 廣東 曲江 南華寺 南朝墓 출토 Peroze 사산 화폐

〈도 15〉 南京 東八府塘 國稅大廈 南朝窖藏 출토 Peroz 銀幣, 사산페르시아 Peroz 금화 및 은화

〈표 4〉 사산페르시아 은화 LIVIUS Articles on Ancient History (*Figure made by yunjae, cho*)

ruler	Thumbnail of coin	note
Ardashir I (224~241)		LIVIUS *Articles on Ancient History*

ruler	Thumbnail of coin	note
Shapur I (241~272)		LIVIUS *Articles on Ancient History*
Hormizd I (272~273)		LIVIUS *Articles on Ancient History*
Bahram I (273~276)		LIVIUS *Articles on Ancient History*
Bahram II (276~293)		LIVIUS *Articles on Ancient History*
Bahram III (293, only four months)		LIVIUS *Articles on Ancient History*
Narseh (293~302)		LIVIUS *Articles on Ancient History*
Hormizd II (302~309)		*Obv: Corrupt Greek legend with name of Hormizd II. Characreristic lion head-dress of Hormizd II. Swastika between feet. Brahmi monogram to right.* *Rev:Shiva with bull.*

ruler	Thumbnail of coin	note
Shapur II (309~379)		
Ardashir II (379~383)		LIVIUS *Articles on Ancient History*
Shapur III (383~388)		LIVIUS *Articles on Ancient History*
Bahram IV (388~399)		LIVIUS *Articles on Ancient History*
Yazdegerd I (399~420)		LIVIUS *Articles on Ancient History*

ruler	Thumbnail of coin	note
Bahram V (421~438)		LIVIUS *Articles on Ancient History*
Yazdegerd II (438~457)		LIVIUS *Articles on Ancient History*
Hormizd III (457~459)		
Peroz I (457~484)		LIVIUS *Articles on Ancient History*
Balash (484~488)		LIVIUS *Articles on Ancient History*
Kavadh I (488~531)		LIVIUS *Articles on Ancient History*
Djamasp (496~498)		LIVIUS *Articles on Ancient History*

ruler	Thumbnail of coin	note
Khosrau I (531~579)		
Hormizd IV (579~590)		*Christensen, A. 1965: "Sassanid Persia". The Cambridge Ancient History, Volume XII: The Imperial Crisis and Recovery (A.D. 193– 324).*
Bahram Chobin (590~591)		
Khosrau II (591~628)		*Christensen, A. 1965: "Sassanid Persia". The Cambridge Ancient History, Volume XII: The Imperial Crisis and Recovery (A.D. 193– 324).*
Kavadh II (628)		*Christensen, A. 1965: "Sassanid Persia". The Cambridge Ancient History, Volume XII: The Imperial Crisis and Recovery (A.D. 193– 324).*
Ardashir III (628~630)		*Christensen, A. 1965: "Sassanid Persia". The Cambridge Ancient History, Volume XII: The Imperial Crisis and Recovery (A.D. 193– 324).*
Shahrbaraz (630)		
Borandukht (630~631)		*empress*
Azarmidokht (631~?)		*empress*

ruler	Thumbnail of coin	note
Hormizd VI (631~632)		Christensen, A. 1965: "Sassanid Persia". The Cambridge Ancient History, Volume XII: The Imperial Crisis and Recovery (A.D. 193-324).
Yazdgerd III (632~651)		Christensen, A. 1965: "Sassanid Persia". The Cambridge Ancient History, Volume XII: The Imperial Crisis and Recovery (A.D. 193-324).

〈도 16〉廣西 蒼梧 倒水 동진묘(馬啟亮 2020),
영복현 수성 남조묘 출토 호인 무사용(廣西壯族自治區文物工作隊 1983)

南京 東八府塘 國稅大廈 南朝窖藏 에서는 사산화폐와 함께 대량의 梁 鐵五銖 및 금은 기도 공반되었다. 이는 당시 정치적 상황과 연동될 가능성이 높아 이들 화폐들의 퇴장 연대에 대한 추정도 가능해 보인다. 梁武帝 말년 侯景의 반란으로 사회·경제가 피폐해 지고 민간의 不法鑄幣가 만연됨에 따라 梁 普通四年(523년)부터 鑄行되던 鐵五銖가 통 화기능을 완전히 상실함에 따라 이러한 五銖錢의 퇴장이 이루어진 것으로 판단된다. 이 는 사산조와 양의 通交 시점과도 거의 부합되고 있어 주목할 만하다.[31] 이러한 사산폐

---

31) 『南史』卷七十九·列傳第六十九·波斯國: "波斯國, ……國東與滑國西及南俱與婆羅門國北與泛慄國 接. 梁中大通二年(530年), 始通江左, 遣使獻佛牙."

르시아의 화폐가 중국 장강 이남 지역의 중요 항구인 廣東 지역에서 집중적으로 검출되는 것은 당시 기원 500년경 전후의 국제정세와도 상당한 관련성이 있다. 마침 이 시기는 에프탈의 중앙아시아 장악으로 사산페르시아의 전통적 무역로가 차단당하면서 동남해안을 통한 해상 무역로가 조성되었던 시점이다. 사산페르시아 혹은 중앙아시아 소그드계 이주민은 인도 해안을 거쳐 남동아시아의 해상루트를 통해 남부의 번우(광동) 혹은 교지(현재의 베트남 북부 내륙)로 내입하였을 가능성이 높다.

남조의 建康城 및 交趾, 번우 지역에는 동남아 지역의 崑崙奴, 胡伎 및 서역 諸國의 官員도 상당수 거주한 것이 관련 문헌에서도 확인되고 있다.[32] 이러한 정황은 고고자료에서도 일부 확인할 수 있는데 광서 지역 동진남조 고분[33]에서 출토된 호인용은 고깔형 모자를 쓰고 코가 높으며 눈도 과장되게 표현하고 있다.(도 16, 17) 이들의 용모는 한

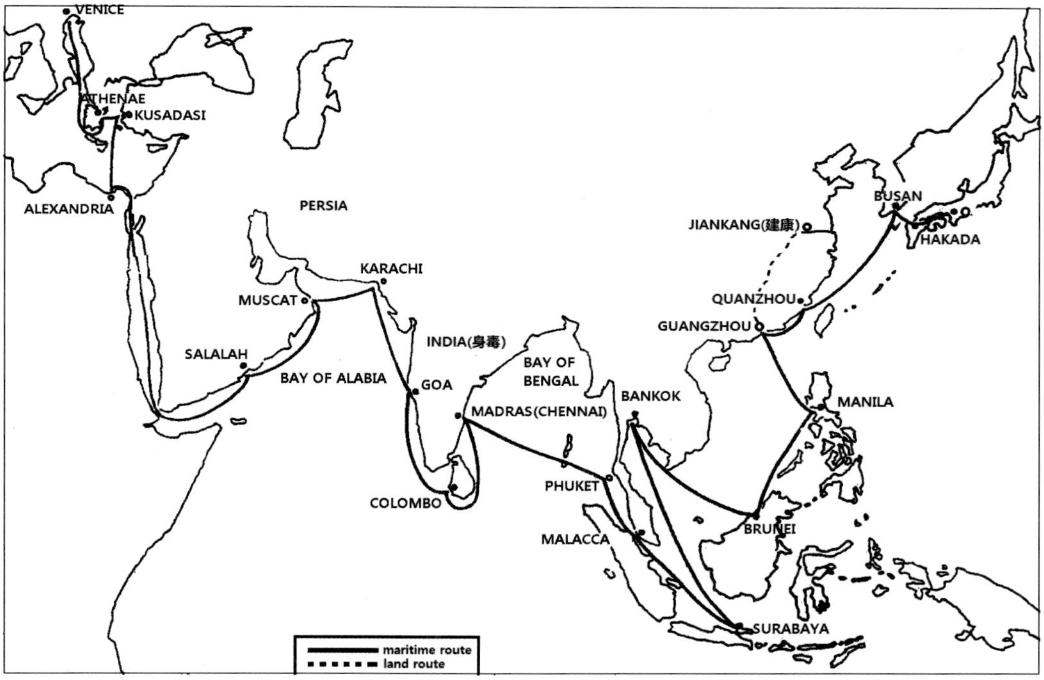

〈도 17〉 유네스코 해상실크로드탐사 복원도(劉迎勝 1995, 필자 개변)

32) 『南齊書』 卷三十一 · 列傳第十二: "昇明初, ……景真於南澗寺捨身齋, 有元徽紫皮袴楚A餘物稱是. 於樂遊設會, 伎人皆著御衣. 又度絲錦與崐崘舶營f, 輒使傳令防送過南州津."

33) 廣西梧州市博物館, 「廣西蒼梧倒水南朝墓」, 『文物』 12期, 1981; 廣西壯族自治區文物工作隊, 「廣西永福縣壽城南朝墓」, 『考古』 7期, 1983.

족계 주민과는 확연히 다르며 복식에서도 구별된다.[34] 서한시기부터 호인 용병을 활용한 사례가 다수 확인되기에[35] 남아시아 혹은 서역계 호인들이 문벌세족의 사병으로 고용되었을 가능성이 크다.[36] 호인용의 부장과 무사용 표현은 당시 번우 혹은 합포, 서문 등의 항구로 경제적 목적을 가진 이역의 노동력이 일정 규모 내입하였음을 반영하는 고고자료로 이해할 수 있다.(도 17)

3) 金銀器

남조시기 중앙아시아 및 서아시아 계통의 금은기는 그 수량이 많지 않은 편이다. 모두 고분 혹은 교장(窖藏)유적에서 출토되고 있다. 출토 금은기의 경우 기물의 문양 및 명문 등으로 보아 사산페르시아 혹은 소그드 지역에서 제작된 것으로 판단된다.

광동 수계 남조시기 교장유적에서 출토된 금은기가 대표적이다.[37] 기물에 새겨진 명문에 대한 석독이 이루어진 바 있는데, 각문은 소그드어 계통으로 추정하였으며 그 뜻은 "이 碗은 石國(塔什幹, 타슈켄트) □□sp의 소유이다."라고 풀이하였다.[38](도 18, 21)

북조지역의 금은기는 그 수량에 있어 남조지역을 압도하고 있지만 상품성이 강한 금은기는 해상을 통해서도 유통되기에 남조의 항시로 유입된 정황은 매우 자연스럽다. 금은기의 생산이 단지 사산페르시아 혹은 소그드 지역에 국한된 것이 아니라 발칸반도 및 주변 지역에서도 생산되어 중앙아시아 혹은 남양 항해 루트를 통해 중국의 내륙 및 해항도시로 유입되었을 것이다.(도 19, 20) 남방지역 금은기는 유리제품에 비해 그 수량이 현저히 적은 편이라 아마도 남조시기 주요 소비계층은 유리용기에 더욱 눈길을 돌린 것으로 생각된다.

---

34) 馬啟亮, 「嶺南出土漢晉時期非漢民族特征人俑研究」, 『文博學刊』 4期, 2020, 13쪽.

35) 『漢書』 卷96 · 西域傳: "輪臺西於車師千餘裏, 前開陵侯擊車師時, 危須 · 尉犁 · 樓蘭六國子弟在京師者皆先歸, 發畜食迎漢軍, 又自發兵, 凡數萬人, 王各自將, 共圍車師, 降其王."

36) 『三國志』 卷49 · 劉繇太史慈士燮傳: "出入鳴鍾磬, 備具威儀, 笳簫鼓吹, 車騎滿道, 胡人夾轂焚燒香者常有數十. 妻妾乘輜軿, 子弟從兵騎, 當時貴重, 震服百蠻, 尉他不足踰也."

37) 遂溪縣博物館, 「廣東遂溪縣發現南朝窖藏金銀器」, 『考古』 3期, 1986.

38) Y. Yoshida, "Additional Notes on Sims-William" Article on the Sogdian Merchants in China and India", *Cina e Iran da Alessandro Magno alla Dinastia Tang*, ed. A. Caddona e L. Lanciotti, Firenze 1996, pp. 73~75.

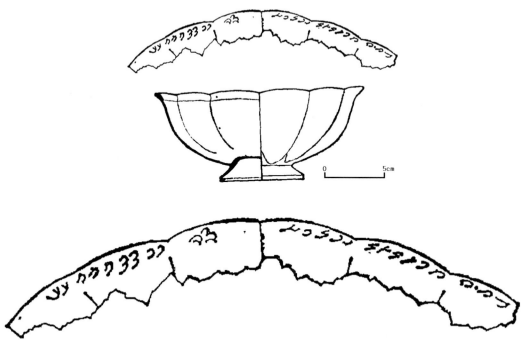

"이 그릇(碗)은 石國(塔什幹, 타슈켄트)의 □□sp의 소유이다."

〈도 18〉 廣東 遂溪 南朝 窖藏 출토 페르시아어 銘文 은제완(梁二平, 2017)

〈도 19〉 소그드 계통 은제완(齊東方, 1999)

〈도 20〉 발칸반도, 소그드 지역 출토 금은기(齊東方 1999)

1, 2, 3−발칸반도 출토 은기
4, 5−소그드 지역 출토 은기
6, 7−소그드벽화에 묘사된 은완

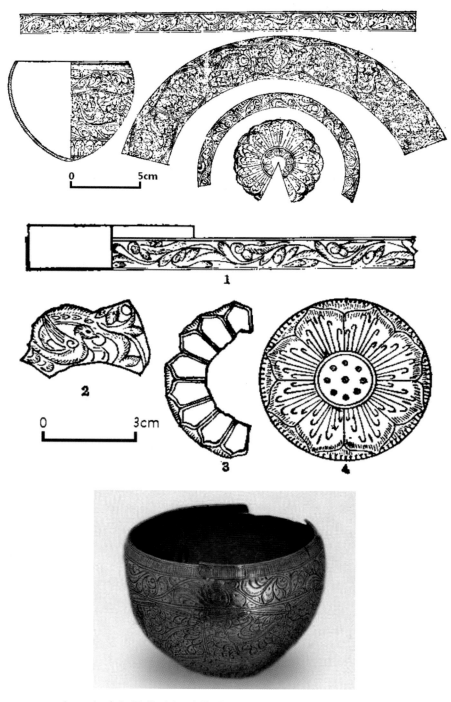

〈도 21〉 廣東 邃鷄 南朝 窖藏 출토 서역계 금제완(梁二平 2017)

Ⅳ. 맺음말

중국 남동 연안의 중진 番禺는 진대부터 출해와 입항의 해항적 특징이 보이기 시작한다. 진한 시기부터 지리적 이득과 그로 인해 활용된 공간적 특수성은 중국의 여러 연해 도시와 비교해볼 때 몇 가지 특징을 확인할 수 있다. 동진 시기 한계 정권의 남천으로 사회경제 중심이 장강 이남으로 이동하면서 이전 시기 중원 혹은 관중의 선진문화 이식이 지형적 장애로 인해 지체되었던 국면이 대폭 호전되었다. 이러한 정치적 변화는 번우의 '항시'로서의 기능을 전향적으로 회복시키는 결과를 가져왔다.

마침 4세기 무렵 페르시아만에서 인도양에 이르는 항해 루트에 적극성을 보이던 사산페르시아 상단세력[39]의 무역활동과 인도, 말레이반도 등 남해제국의 교역활동도 번우의 해항성을 고무하였다. 내륙과의 소통과 대외교류의 빈도 증가로 남조시기 번우와 그 주변에서 '항시'의 국제성 및 해역네트워크를 인지할 수 있는 관련 고고자료가 다수 확인되고 있다. 번우는 한반도의 서북지역과도 닿아 있다. 기원전 109년 樓船將軍 楊僕의 실전경험은 남월국에 이어 위만조선에 대한 공격에도 동원됨으로써 자연스럽게 광동에서 서북한까지의 항로를 개통하였다. 남조시기 번우의 '해항도시' 기능과 성격에 대한 고찰은 동일 시기 한반도 및 동남아시아, 남아시아 제국과의 복합적 관계망을 이해하는 데에도 유효하다.

---

39) Ammianus Marcellinus, *Roman History*, translated by J. C. Rolfe, Loeb Classical Library No.300, Harvard University Press, 1950, Volume I, book14, 3.3.

【참고문헌】

『高僧傳』
『南史』
『南齊書』
『史記』
『三國志』
『梁書』
『太平御覽』
『漢書』

王志高, 『六朝墓葬出土玻璃容器漫談－兼論朝鮮半島三國時代玻璃容器的來源』, 제13회 고분문화
    연구회 학술발표, 경기도립박물관, 2011.
작자미상, 이석호 옮김, 『에리트라이 해 항해기(The Periplus of Erythraean Sea)』, 아프리카문명교
    류선 1, 아프리카, 2017.
최은순 등, 『해항도시의 세계박람회』, 한국해양대학교 · 국제해양문제연구소, 2009.
하네다 마사시, 현재열 · 김나영 옮김, 『17~18세기 아시아 해항도시의 문화교섭』, 선인, 2012.
한국해양대학교 국제해양문제연구소, 『세계의 해항도시Ⅰ－아시아편』, 선인, 2019.

안미정, 「도시 분류를 통해 본 해항도시의 개념적 특징」, 『해항도시문화교섭학』 9, 2013.

廣西梧州市博物館, 「廣西蒼梧倒水南朝墓」, 『文物』 12期, 1981.
廣西壯族自治區文物工作隊, 「廣西永福縣壽城南朝墓」, 『考古』 7期, 1983.
廣州市文物考古研究院, 『廣州出土漢代珠飾』, 科學出版社, 2020.
桃木至朗, 「海域史アジアポテンシャル」, 『海域アジア史研究入門』, 岩波書店, 2011.
鄧端本, 「兩晉南北朝時期廣州外貿考略」, 『廣州研究』 2期, 1985.
呂章申, 『秦漢文明』, 中國國家博物館國內交流系列叢書, 北京時代華文書局, 2017.
馬啟亮, 「嶺南出土漢晉時期非漢民族特征人俑研究」, 『文博學刊』 4期, 2020.
西漢南越王博物館, 『西漢南越王博物館珍品圖錄』, 文物出版社, 2007.
石雲濤, 『早期中西交通與交流史稿』, 學苑出版社, 2003.
邵磊, 『冶山存稿』, 鳳凰出版社, 2004.

邵兆穎, 「從文獻記載看漢唐時期嶺南與伊朗的海上交流」, 『廣州大典硏究』 1輯, 2020.

孫莉, 「薩珊銀幣在中國的分布及其功能」, 『考古學報』 1期, 2004.

遂溪縣博物館, 「廣東遂溪縣發現南朝窖藏金銀器」, 『考古』 3期, 1986.

宿白, 「中國境內發現的中亞與西亞遺物」, 『中國大百科全書·考古學』, 大百科全書出版社, 1986.

嚴耕望, 『魏晉南北朝佛敎地理稿』, 上海古籍出版社, 2007.

梁二平, 「東來西去,遂溪的波斯金碗銀錢」, 『絲綢之路』 7期, 2017.

王元林, 「秦漢時期番禺等嶺南港口與內地海上交通的關係」, 『中國古都硏究』 23輯, 2007.

齊東方, 『唐代金銀器硏究』, 中國社會科學出版社, 1999.

周連寬, 「漢使航程問題－評岑韓二氏的論文」, 『中山大學學報』 3期, 1964.

周成, 『中國古代交通圖典』, 中國世界語出版社, 1995.

陳炎, 『海上絲綢之路與中外文化交流』, 北京大學出版社, 1996.

川口洋平·村尾 進, 「巷市社會論－長崎と廣州」, 『海域アジア史硏究入門』, 岩波書店, 2011.

何科根, 「番禺考辨」, 『嶺南文化硏究』 9期, 2001.

劉迎勝, 『絲綢文化·海上卷』, 浙江人民出版社, 1995.

Ammianus Marcellinus, *Roman History*, translated by J. C. Rolfe, Loeb Classical Library No.300, Harvard University Press, 1950, Volume I, book14, 3.3.

César Ducruet, "The Port City in Multidisciplinary Analysis", *The port city in the XXIst century: New challenges in the relationship between port and city*, Joan Alemany and Rinio Bruttomesso(Ed.), RETE, 2011.

Cho Yunjae, "Relations between the Southern Dynasties and the Xiyu", *International Journal of Korean History*. Vol 18, 2013.

James W. Lankton(Honorary Senior Research FellowUCL Institute of Archaeology, London With), *Silk Road Glass in Korea: Archaeology and Scientific Analysis*, 제11회 고분문화연구회 학술발표문, 부산박물관, 2010.

Lionel Casson, *The Periplus Maris Erythraei: Text with Introduction, Translation, and Commentary*, Princeton University Press, 1989.

Y. Yoshida, "Additional Notes on Sims-William" Article on the Sogdian Merchants in China and India", *Cina e Iran da Alessandro Magno alla Dinastia Tang*, ed. A. Caddona e L. Lanciotti, Firenze 1996.

Zhixin Jason Sun, *AGE OF EMPIRES-ART OF THE QIN HAN DYNASTIES*, The Metropolitan Museum of Art, New York, 2007.

삼국시대 선박과 항해

이은석 | 국립가야문화재연구소

Ⅰ. 머리말

　선사시대 이래 선박의 항해는 바다를 사이에 두고 상호교역을 통해 새로운 문물을 받아들이는 매개체로 활용되었고, 현대에도 그 중요성에 대해서는 언급할 필요가 없다. 가야는 해상을 통하여 철을 수출하고 왜와 대방군과의 교역을 했음이 기록에 등장한다. 그러나 과연 그 당시 선박의 규모는 어느 정도였는지, 내용물을 얼마나 적재했는지, 한반도에서 일본으로 건너갈 때 말과 마구 등의 장비나 이동품의 규모가 어느 정도였는지는 전혀 파악할 수 없다.

　당시 배의 규모를 추정할 수 있는 실제 크기는 김해 봉황동에서 출토된 선박의 선체편 1점으로 규모를 추정할 수 있는 근거가 있을 뿐이다. 일본에서도 주로 고분에서 출토된 하니와(埴輪)로 그 형태를 추정하며, 일부 선박 부재가 출토되지만 전체 규모는 알 수 없다. 따라서 고대 선박의 추정복원에는 하니와로 유추하고 있으나, 항해에 가장 중요한 돛의 유무나 치의 구조와 부착 위치 등에 대해서는 고찰하기가 어려운 부분이다. 또한 국내에서 출토된 녹나무로 만든 배 3척이 출토되어 일본에서 제작된 것으로 추정하고 있으나, 다른 관점에서 보는 견해도 있어 재고해야 할 필요가 있다.

　　고대 항해에 있어서 당시 항로(루트)를 복원하는 것은 지금까지 여러 학자들에 의해 다양하게 시도되었고, 각국의 정치적인 상황과 맞물려 육지 사이를 연결하는 라인으로 복원하는 부분이 대부분이었다. 실제 바다의 조건을 고려하지 않은, 바다의 길을 단순하게 제시하고 그 항로를 학자적인 입장에서 해석하였다. 따라서 관념적인 루트를 만들어내고 항해에 따른 선박의 상태나 조건은 고려하지 않아 교역량에 대한 부분은 제시할 수 없는 상황이었다. 이러한 조건에 대해 선박의 크기나 항해의 조건을 구체적으로 접근해 보고, 교역이라는 부분에서 찾아낼 수 있는 것과, 해상세력들의 활동에 대한 부분을 다루어 보고자 한다.

Ⅱ. 한국과 일본의 고대 선박

　　고대의 선박, 즉 중세 이전 단계로 볼 때 우리나라에서는 고려시대 이전으로 현재까지 국내에서 실물로 발굴된 것은 신석기시대 창녕 배(통나무배)와 안압지 목선(준구조선)이 있으며, 삼국시대의 목선 부재가 김해 봉황동에서 실물로 처음 출토되었다. 지금까지 국립해양문화재연구소가 수중 발굴을 통해 15척의 선박을 확인할 수 있었다.[1] 대부분 통일신라시대 말 이후에 제작된 것으로, 통일신라시대 말 혹은 고려초기의 준구조선 형태를 띠는 나주선이 있고, 녹나무로 제작된 12세기 이후의 진도선도 발굴되었으며, 지금까지 수중에서는 삼국시대 선박이 발견된 예는 없다.

1. 김해 봉황동 출토 선박

　　이 유물은 출토 당시 고선박 부재로 추정하였으나 그 위치에 대해서는 알 수 없었으나, 국립해양문화재연구소의 자문을 거쳐 3~4세기대 가야 선박으로 추정하고 있다.[2] 이

---

[1] 최근에 전라남도 해남에서 11~12세기 중반에 운행했던 고선박이 발굴되어 해남선(海南船)으로 명명되었다. 최대 길이가 약 13.4m, 최대 폭이 4.7m 크기이며, 저판의 규모를 보았을 때, 현재까지 조사되었던 한반도 제작 고선박 중에서는 제일 큰 규모이다.
　　문화재청 보도자료, 「해수욕장 갯벌 속 고려 선박, 잠에서 깨어나다」, 2023.10.19.
[2] 국립해양문화재연구소 고선박 전공자인 홍순재는 이 부재가 선수 좌현에 위치하는 부재로 판단했고,

유물에 대해서는 최근 일본에서 이 선박
의 복원안을 제시한 논문이 있어 구조나
크기 파악이 심도있게 다루어져 이를 인
용하기로 한다.[3]

柴田昌児(시바타 쇼지)는 고선박 연구
를 통해 준구조선의 형식을 3가지로 나
누고, Ⅰ형식은 현측판의 뱃전에 판자를
덧붙인 구조, Ⅱ형식은 양현측판이 선
수·선미까지 뻗어 측면형이 곤돌라형을
나타내고 貫이나 梁을 설치하여 현측 좌
우가 어긋나지 않도록 고정시킨 구조이
며, Ⅲ형식은 선수·선미에 수직판을 부

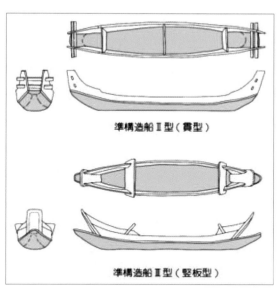

〈도 1〉 준구조선의 분류(柴田 2022에서 인용)

착하여 현측판의 선단을 고정한 구조로, 나누어 선수와 선미가 2개로 나뉘게 된 것처럼
보이는 형식으로 분류하였다.

이러한 분류는 우리나라에서 출토된 각종 배모양토기에서도 적용되며, 일본에서 출
토되는 하니와에서도 모두 분류할 수 있다. 〈도 2·3〉에서 보이는 구조는 Ⅱ형식으로,
최근 함안 말이산 45호분에서도 출토되었다.

〈도 2〉 호암미술관 소장(준구조선 Ⅱ형식)   〈도 3〉 함안 말이산 45호분 출토(준구조선 형식)

이후 가야 선박의 실체를 확인할 수 있었다. 현재 국립김해박물관에 전시되어 있다.
동양문물연구원,『김해 봉황동유적－김해 봉황동 119-1 및 22-6 일원 주택신축부지 문화재발굴조사－』,
2014.
3) 柴田昌児,「朝鮮半島系準構造船(加耶タイプ)の生産と日韓の造船技術」,『纒向学研究センター紀要
纒向学研究』第10号, 2022, 527~536쪽.

  김해 봉황동에서 출토된 현측판은 활모양의 녹나무제 대형판재로 만들어졌으며, 길이가 386cm, 폭이 32~58cm, 두께 23cm에 이른다. 柴田昌児는 이를 준구조선 Ⅲ형식으로 분류하였고, 『北野天神縁起絵巻』에 보이는 일본 중세 선박의 준구조선 선체 비율을 최장 길이 : 폭 : 높이가 50 : 5 : 3 이라고 보고, 김해 봉황동 배의 선체 길이는 20m 내외, 폭 2m 내외, 높이는 3.55m로 추정복원하였다.

〈도 4〉 호림박물관 소장(준구조선 Ⅲ형식)　　〈도 5〉 창원 현동 399호분 출토(준구조선 Ⅲ형식)

  柴田昌児는 녹나무로 제작된 현측판과 삼나무로 추정되는 격판 등은 倭에서 수입되어 김해지역에서 造船되었을 것으로 보고 있다. 그 이유는 〈도 11〉에서 보이는 각종 하니와 - 보다이이케니시3호분(菩提池西3号墳) 니고레고분(ニゴレ古墳), 나가하라다카마와리2호분(長原高廻り2号墳), 오카고분(岡古墳)에서 출토된 유물의 구조와는 차이가 있다고 보기 때문이다. 기존에 소개된 호암미술관과 호림박물관 소장품(함안 출토 추정)의 구조와 동일한 형식으로 보고 있다.[4] 스야마고분(巣山古墳)의 것은 장송의례에 사용된 喪船의 녹나무제 수판과 삼나무제 현측판이 출토되었는데, 이 유물을 한반도계 준구조선을 본뜬 船形 하니와로 보고 있다.

---

4) 창원 현동에서 출토된 배모양토기 2점도 동일한 구조이며, 목곽묘 399호분에서 완형이 출토되었다. 삼한문화재연구원, 『거제-마산3 국도건설공사구간 내 昌原 縣洞 遺蹟』, 2023.

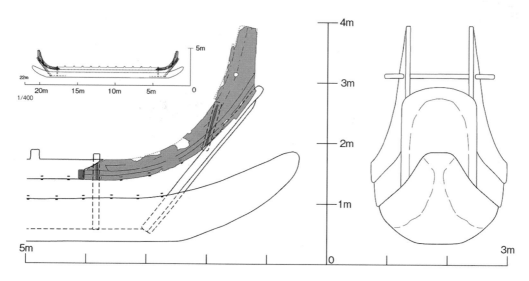

<도 6> 김해 봉황동 선박 복원도(柴田 2022)

<도 7> 김해 봉황동 선박 출토 상태
(동양문물연구원)

<도 8> 김해 봉황동 선박
(국립김해박물관 전시)

〈도 9〉 김해 봉황동 선박 '결구재'

〈도 10〉 김해 봉황동 출토 '노'

봉황동 선박의 부재가 녹나무와 삼나무로 판명되었고, 격벽이나 가룡 등을 연결하는 구멍에 박을 친 것(나무 부재 연결 시 틈새를 매운 것)이 일부 남아 있는데, 벚나무 껍질로 추정하고 있으며, 쐐기는 삼나무로 분석되었다. 이것은 왜에서 부재를 가져와서 가야식으로 제작한 것이 아니라, 왜에서 제작되어 사람들이 타고 넘어온 것임을 증명해 주는 것이라고 할 수 있다. 이러한 점을 볼 때 이 배는 왜에서 김해로 들어와 항구에서 파손되었을 가능성이 가장 높다. 만약 부재를 교체한

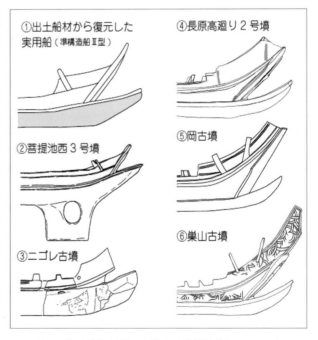

〈도 11〉 일본 선형 하니와와 실용선(柴田 2022)

부분이라면 박을 치거나 쐐기 등이 남아 있을 가능성이 낮다고 판단된다.[5]

녹나무는 한반도에서 직경 2m 이상으로 자생하기가 매우 어렵다는 점도 고려한다면,

---

[5] 녹나무 부재와 삼나무로 제작된 쐐기로 보아 일본에서 제작된 것으로 추정하고 있다. 이광희·김동윤, 「김해 봉황동 유적 출토 선박부재의 수종분석 및 보존처리」, 『보존과학회지』 vol.31, no.4, 통권 52호, 2015, 341~350쪽.

창녕 송현동 7호분에서 출토된 녹나무제 준구조선의 목관 역시 왜의 수입품으로 보아야 하는 것이다. 참고로, 녹나무로 제작된 선박과 관련, 1992년 진도 벽파리에서 발굴된 것은 그 길이가 14.45m에 이르며, 복원 길이는 19m로 추정한다〈도 13〉. 폭은 제3격벽이 있는 중앙부가 1.85m, 방현재가 부착된 곳은 2.25m에 이른다. 깊이는 0.7~0.75m 규모이며, 政和通寶(1111~1117)가 배에서 출토되어 12세기 이후 중국에서 제작된 것으로 보고 있으나, 일본에서 제작되었을 가능성도 있다.[6]

그런데 녹나무가 아닌, 녹나무목－녹나무과－후박나무속으로 분류되는 후박나무로 제작된 나무배가 출토된다면, 한국 내에서 제작되었을 가능성이 높다고 볼 수 있다. 후박나무는 녹나무과 상록활엽교목으로 중국과 대만, 일본, 한국이 원산지이고 크기는 20m까지 자란다고 하며, 전북 부안 변산면, 진도군 조도면, 경남 남해군 창선면과 통영시 욕지면, 산양면 등의 후박나무 군락은 천연기념물로 지정되어 있다.[7]

바닷가에서 잘 자라는 후박나무는 중국에서는 紅楠(Machilus thunbergii)라는 학명이 일본에서의 타부노키(후박나무)와 같고, 豫樟(Cinaamomum camphora)은 쿠스노키(녹나무)로 따로 구분하고 있다고 한다. 녹나무와 후박나무의 차이에 대해 연구자료가 있어 이를 인용하기로 한다.[8]

山形健介의 분석 내용을 보면 『日本書紀』에서는 '豫樟船'으로, 『古事記』에서는 '石楠船'(2개의 글자 모두 이하노쿠스후네로 읽음)의 차이가 있음에도 모두 녹나무(クスノキ)로 만든 배로 해석하고 있어, 중국에서 구분하는 것처럼 차이를 두어야 한다고 주장하고 있다. 일본에서도 녹나무로 만든 배가 주류이지만, 선사시대 통나무배 파편에서 후박나무로 제작된 배가 드물게 발견된다고 한다.

현재 국내에서 출토된 고대 선박 3척은 녹나무로 분석되었고, 장뇌향(樟腦香, Camphor)이라는 일종의 방충제를 함유하고 있어 잘 썩지 않고 병충해에 강하며 특히 해충에 잘

---

[6] 출토 당시에는 중국 동전이 있어 12세기 이후 중국에서 제작된 것으로 판단하였으나, 최근 일본에서 제작되었을 가능성으로 보는 견해가 있다. 목포해양유물보존처리소, 『진도 벽파리 통나무배 발굴조사 보고서』, 1993.

[7] 후박(厚朴)나무는 속씨식물 > 쌍떡잎식물강 > 녹나무목 > 녹나무과 > 후박나무속으로 분류되며, 동북아시아의 산지나 바닷가 근처에 서식한다. 말린 수피는 건위제, 치습제로 사용된다. 다음백과 / 국립수목원 국가생물종지식정보 : 식물에서 참고하였다.

[8] 이 내용은 張大石(비단벌레유물 연구자)의 의견을 받았고, 아래의 책자에서 인용, 게재하였음을 밝혀둔다. 山形健介, 『タブノキ(후박나무)』, ものと人間の文化史 165, 法政大学出版局, 2014, 28~29쪽.

견디기 때문에 조선재(造船材)로 유명한 목재라는 것은 잘 알려져 있다.[9]

지금까지 국내에서는 후박나무로 제작된 배가 출토되지 않아 존재 가능성을 제시하기에는 어려운 상태이다. 그러나 남해안과 서해안 바닷가에서 잘 자라고 20m까지 자란다고 하니 고대의 선박부재로 활용했을 가능성에 대해서는 열어둘 필요가 있다.

현재 일본과의 교류로 들어왔다고 보는 창녕 송현동 7호분 출토 녹나무제 목관의 이동사유에 대해서도 검토해 볼 필요가 있다. 이 고분에서 출토되는 중요 금공품 등은 모두 신라계의 요소가 강한 것이나, 목관은 준구조선으로 제작되었고, 녹나무이기 때문에 당시 일본과의 교류에서 수입했을 가능성 혹은 폐선된 부재의 재사용일 가능성이 제시되고 있다.[10] 국내에서 생육환경이 이렇게 큰 재목을 구하기가 쉽지 않다고 보기 때문이다. 과연 교류에 의한 수입품일지, 녹나무만 수입하여 현지 제작한 것인지, 전리품일지 창녕지역과 왜의 관계를 다각적으로 검토해야 할 것이다.

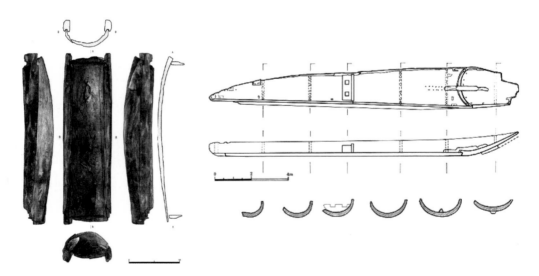

〈도 12〉 창녕 송현동 7호분 녹나무관   〈도 13〉 진도 벽파리 출토 녹나무 통나무배

9) 朴相珍, 「진도통나무배 樹種分析 硏究」, 『진도 벽파리 통나무배 발굴조사보고서』, 목포해양유물보존처리소, 1993, 99쪽.

10) 강동석, 「Ⅳ-2. 목관 고찰」, 『창녕 송현동 고분군Ⅰ −6 · 7호분 발굴조사보고』, 국립가야문화재연구소 · 창녕군, 2011.

2. 일본 출토 고선박과 배모양 토기

일본에서는 3세기 이후에 제작된 선박 부재가 여러 곳에서 출토되었다. 선박 하니와
나 토기 구조와 비교할 수 있는 유물이 오사카부 야오시 쿠보지 유적(大阪府 八尾市 久
宝寺遺跡)과 나라현 고료마치 스야마고분(広陵町 巢山古墳)에서 출토되어 이를 살펴보
기로 한다.

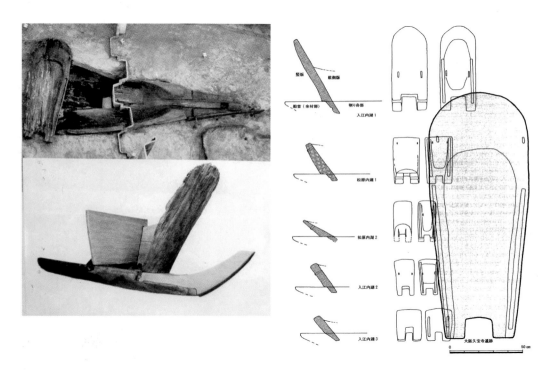

〈도 14〉 쿠보지(久宝寺遺跡) 출토 선박 부재   〈도 15〉 준구조선 竪板 크기 비교(中村 2008)

쿠보지 유적에서는 〈도 14 상〉에 보면 船首 부분이 출토되었는데, 선수 쪽에 세워지
는 竪板은 1.75m 크기로, 옆으로는 현측판을 좌우에 세워 붙이는 구조로 되어 있다.[11]
출토된 준구조선 부재 가운데 선수가 잘 남아 있고 3세기로 편년되고 있어 봉황동 선박
과 비교가 가능한 유물이다. 〈도 15〉를 보면 竪板의 크기가 비파호 주변에서 출토된 소

---

[11] 大塚初重 외, 『考古学による日本歴史 9 交易と交通』, 雄山閣, 1997, 도판 10에서 인용.

형 배들과 비교할 때, 이 부재는 바다를 항해하는 선박임을 알 수 있다.[12]

스야마고분(広陵町 巢山古墳)은 최대급에 속하는 전방후원분으로(길이 약 220m), 주호(底濠) 북동편에서 준구조선 부재가 출토되었다〈도 16·17〉. 竪板은 녹나무로 약 210cm, 폭 약 78cm, 하부 두께 약 25cm, 상부 두께 약 5cm로 측면에 돌기가 붙어, 표면에는 원문양을 중심으로 직호 문장이 그려져 있다. 현측판(삼나무)은 길이 370cm, 폭 45cm, 두께 5cm로 끝이 휘어진다. 상단에는 3개소의 노치가 있고, 하단에는 직사각형의 작은 구멍이 있고, 한 개의 구멍에는 벚나무의 껍질이나 나무 조각이 남아 있어, 박을 친 흔적이 보인다. 표면에는 원문양과 띠문양이 조각되어 있고 적색 안료가 칠해진 흔적이 보인다.

〈도 16〉 스야마고분(巢山古墳) 출토 선박 부재

이 외에 현측판으로 생각되는 삼각형재(녹나무)는 길이 180cm, 폭 38cm, 두께 5cm로 표면에는 원문양 등이 있어 현측판과 관계가 있는 것을 알 수 있다. 준구조선의 전체 길이는 8m를 넘을 것으로 보이며, '喪船'(유해를 싣는 배)으로 추정한다. 장송의례 후에 해체되어 주호의 북동편에 묻혔다고 보고 있다.[13] 시기는 4세기말로 추정된다.

〈도 17〉 스야마고분 선박 원과 띠 문양

---

12) 中村 弘, 「播磨·長越遺跡出土の準構造船竪板について」, 『研究紀要』第 1 号, 兵庫県立考古博物館, 2008.

13) 설명 내용은 広陵町 홈페이지에서 巢山古墳 설명 내용을 인용하였다.
http://www.town.koryo.nara.jp/contents_detail.php?frmId=2202

〈도 18〉 나가하라다카마와리2호분
(長原高廻り2号墳) 출토 선형 하니와

〈도 19〉 '나미하야' 재현선박 항해 실습

5세기에는 나가하라다카마와리2호분(長原高廻り2号墳)에서 출토된 선형 하니와는 당시 대형선의 구조를 알 수 있는 구조이다.〈도 18〉환목주(丸木舟)의 위에 현측판이나 선수재, 선미재를 붙여 만든 준구조선이며, 현측판 상부에는 노를 걸치는 돌기가 양쪽으로 4개씩 있고, 격벽과 갑판이 표현되어 있다. 이 하니와로 '나미하야'라는 선박을 재현하여 항해 실습까지 진행하였다.〈도 19〉이 외에 선형 하니와는 형상화된 것과 실용적인 구조를 그대로 자세히 묘사한 것 등 다양하게 출토되고 있다.

3. 돛의 유무와 표현

한국과 일본에서 출토된 배모양 토기나 하니와에서는 돛의 존재에 대한 문제가 계속 제기되었다. 일본 야요이토기 등의 그림이나 고분 벽화, 하니와 등에 그려진 그림에서도 깃대나 깃발은 표현되고 있지만 돛의 존재에 대한 문제가 계속 제기되면서 준구조선에는 존재하지 않을 가능성도 제기되었다.[14]

그러나 나가하라다카마와리2호분(長原高廻り2号墳)의 하니와에서 특징적인 것은 배 바닥 중앙에 원형의 구멍(透孔)이 표현되어 있고, 선수와 선미 위쪽에도 각각 1개씩의 구멍이 있다.[15]〈도 20·21〉중앙의 투공은 약간 말각 방형을 띠며, 크기가 2.5cm 내외이다.

14) 日高 慎, 「古墳時代の大型船に帆はあったのか」, 『同志社大学考古学シリーズXII 実証の考古学』, 同志社大学考古学研究室, 2018, 275~288쪽.
15) 大阪近つ飛鳥博物館에 전시중인 藤井寺市의 土師の里遺跡에서 출토된 선형 하니와(5세기)와 大阪歴

과연 이 투공의 의미는 무엇인가?

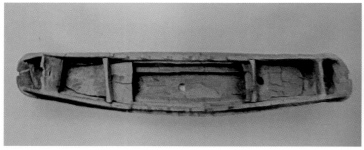

〈도 20〉 나가하라다카마와리2호분(長原高廻り2号墳) 출토 선형
하니와(중앙 구멍)

〈도 21〉 하니와 선수 구멍

중앙에 돛(帆)을 세운 것이며, 선수와 선미의 구멍은 돛을 잡아주는 총(끈)을 매는 것으로 보아야 한다. 한국에서도 돛의 표현은 6세기 이후에 그려진 것으로 추정되는 울주 천전리 암각화에서 돛이 표현되어 있고 그 이전 시기의 유물은 확인되지 않아 돛의 유무에 대한 논란이 계속되고 있다.

〈도 22〉 천전리 암각화(돛의 표현)

그런데 하니와 중앙에 원공을 투공한 것은 나가하라다카마와리1호분(長原高廻り1号墳)에서 출토된 하니와에도 남아 있음을 大阪歷史博物館의 소장품에서 실견하였다. 또한 大阪府立近つ飛鳥博物館에 전시중인 오사카하지노리유적(大阪土師の里遺跡) 출토 선형 하니와에서도 중앙에 원공이 남아 있는 흔적이 일부 확인되었다.〈도 23〉 이 유물은 선박의 길이가 매우 길게 표현되었고, 복원되었지만 구멍이 남아 있다.

史博物館에 전시중인 나가하라다카마와리1호분(長原高廻り1号墳)의 선형 하니와의 중앙 바닥에도 투공된 흔적이 확인되고 있어 모두 돛을 표현한 것으로 판단된다.

〈도 23〉 오사카하지노리유적
(大阪土師の里遺跡)
출토 선형 하니와

　최근 필자는 토기의 문양에서 돛을 표현한
유물을 발견하여, 삼국시대에는 이미 돛이 있
었다고 보고 있다. 이 토기는 함안 암각화고분
발굴시 윤외리에서 지표 채집된 것으로 뚜껑
전면에 시문되어 있으나, 이해하기 힘든 문양
이었다.[16] 토기 직경이 15.8cm, 높이가 7.0cm
으로 중앙에 투공이 있고, 2-3조의 침선으로
구획한 중앙 원형부에는 점문을 다량으로, 그
아래 부분에는 침선으로 9등분하여 선박모양
6개와 파상문양 3개를 시문하였다.〈도 24 · 25〉

　원형의 토기 내부에 아주 꼼꼼하게 표현한
것으로, 상징적인 모습으로 추정한다면, 중앙
에 뚫은 투공이 태양 혹은 달의 표현일 것으로
보인다. 그리고 그 주변으로 촘촘하게 원형의
침선으로 표현한 것은 별자리 혹은 별을 묘사
한 것일 수 있다. 그리고 9등분으로 나눈 것은

〈도 24〉 윤외리 토기 뚜껑(숫자는 문양 번호)
(국립김해박물관 소장)

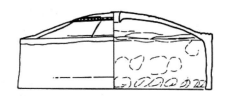

〈도 25〉 토기 실측도(직경 : 15.8cm)

16) 昌原文化財硏究所, 『咸安 岩刻畫 古墳』, 1996, 180~181쪽.

도교나 신선사상에서 가장 높은 숫자인 '9'를 의미하는 것인지는 알 수 없지만 그 내부에 배가 항해하는 모습이 6개로 표현되어 있으며〈도 24의 1·2·3·5·7·9〉, 돛을 꽂고 완전히 펼친 것〈도 24-1〉, 중간 정도 펼쳐진 것〈도 24-2〉, 작게 펼쳐진 것〈도 24-3·5·7·9〉로 구분될 수 있다. 배의 모습은 곤돌라처럼 양쪽 끝이 올라가는 고대선박의 모습이 그대로 잘 표현된 것〈도 24-3·5〉은 하였다. 완전히 펼쳐진 돛은 중앙에 침선을 넣고 양쪽으로 점문을 찍어 작은 토기 내에서 잘 드러나 보일 수 있는 모습이다.

그리고 이와는 달리 3개의 그림〈도 24-4·6·8〉은 파상문 형태로 중앙에 점문이 관통하는 모습을 띠고 있어 돛이 없는 소형선박을 표현한 것인지, 파도가 넘실거리는 모습을 상징하는 것인지, 아니면 구름이 흘러가는 것을 상징하는 것인지는 알 수 없어, 보다 더 고찰할 필요가 있다. 그리고 가장 아래에는 3~6열로 점문을 시문하였는데, 이것이 바다를 상징하는 것인지, 아니면 하늘의 구름을 아래에도 상징하는 ― 즉 죽은 자의 장송의례인 배를 타고 하늘로 올라가는 모습을 형상화한 것인지도 고려해 볼 필요가 있다.

이러한 표현은 토기의 편년이 4세기말 정도로 보고 있어 국내에서 돛을 나타낸 모습 가운데 가장 시기가 빠른 유물로 판단된다. 배를 상징하는 것으로 해석한 것은 많은 논란이 야기될 수 있으나, 일반적인 관점으로 볼 때 배의 형상을 그대로 띠고 있다는 점은 주목할 필요가 있다.

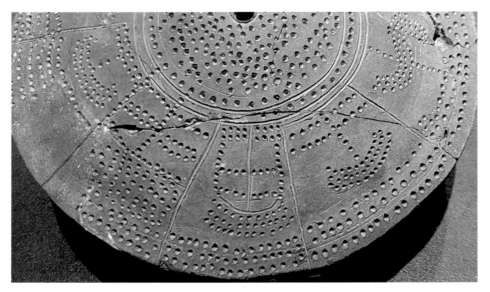

〈도 26〉 문양 세부(번호 3, 2, 1, 9, 8 좌측부터)

〈도 27〉 문양 세부(번호 4, 3 좌측부터) 〈도 28〉 문양 세부(번호 6, 5, 4 좌측부터)

일본에서는 〈도 29〉와 같이 상세하게 배를 표현한 것이 남아 있지만 중앙에 깃발이 꽂힌 것으로 표현되어 있어 하니와의 중앙 구멍이 깃발을 꽂는 것으로 보는 견해(日高 愼 2018)도 있다.

그러나 실제 돛을 부착하지 않고 원거리 항해는 불가능하다. 노를 저어 이동하는 거리는 단거리나 강에서, 혹은 항구의 접안에 필요하나, 장기간 원거리 항해를 진행하기 위해서는 반드시 돛을 부착해야 한다.

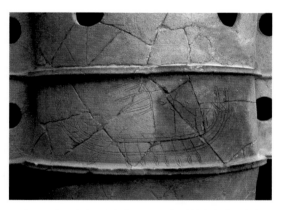

〈도 29〉 나라 히가시토노즈카고분(奈良東殿塚) 출토 하니와

준구조선에서 구조선으로의 변화는 일본에서는 7세기대 이후로 보고 있으나, 실물이 없다. 우리나라 역시 통일기 단계까지 실물이나 관련 자료가 없어 언제 구조선으로 변화되었는지 알 수 없다. 앞으로 새로운 자료의 증가를 기대해 보기로 한다.

Ⅲ. 항해, 교역, 약탈, 전쟁

고대부터 항해를 통해 인류사의 문명 교류와 이를 통한 발전은 지속적으로 이루어졌다. 교역을 통한 지구 반대편의 나라와 소통하였고, 중간에서 선박과 화물의 약탈과 이에 따른 전쟁의 발발은 근세까지 다양한 형태로 일어나고 현대에도 계속 이어진다. 또한 섬을 둘러싼 해상의 영토분쟁은 인류가 생존하는 한 계속되는 갈등인 것이다.

육상과는 달리, 항해에서 위험요소는 무엇인가? 연안항해를 할 때에는 조류와 시간대를 반드시 파악해야 하고, 원양으로 나아갈 때에는 해류를 제대로 타야한다. 둘째로는 날씨이다. 바람이 적당히 불어 풍선(風船)의 이동이 원활하게 되어 목적지까지 잘 나아가면 다행이지만, 언제나 급변하는 일기의 변화를 파악해야 한다.

이러한 자연적인 위험요소를 벗어나면, 사람이 위험요소가 된다. 국가 간, 지역 간 우호관계에 따라 교역이 진행될 수 있거나, 적대 관계일 경우 바로 약탈의 대상이 된다. 물론 생명도 위험에 처하기 마련이다. 이러한 부분이 확대되면 결국 국가 간 전쟁이 발생하는 경우, 즉 포상팔국의 난과 같은 충돌이 일어나게 된다.

2022년 발표에서 근현대 남해안의 뱃길을 확인하고 풍선(風船)의 실습 결과를 통해 고대 삼국시대의 연안항로를 제시한 바 있다.[17] 왜의 풍선이 하루에 30~60km 이내, 시간당 3~5노트의 속도로 나아갈 때 매일 야간에 도착하는 곳에는 왜와 관련된 유적이 확인되었다. 이곳은 배의 안전과 식수 공급, 약탈을 대비하여 출장소 성격의 왜인 주둔지가 있었을 것으로 추정된다. 백제와 교역하는 선박의 안전을 위해 그 지역에서 인정받아 머무르는 조건이 있었을 것으로 추정할 수 있다. 물론 이 거리와 일정은 날씨가 문제없을 경우이며, 풍랑이나 폭풍 등의 조건에서는 이 일정대로 이동할 수 없다. 그리고 해남 지역을 돌아가는 방산리와 용두리는 60km가 넘는 거리로, 중간에 분명히 쉬고 이동했을 가능성이 높다. 일단 수치상, 왜계유적과의 관련성을 맞춘 복원이기 때문에 차이가 있을 것으로 판단된다.

---

17) 이은석, 「삼국시대 연안 항로와 섬」, 『섬(島)의 고고학』, 제31회 영남고고학회 정기학술발표회, 2022. 기 연안항로 복원에서는 사천 선진리에서 여수까지 하루에 갈 수 있는 거리(60km)로 보았으나, 역시 노량해협 통과 시에는 남해 남치리 쪽에서 대기하면서 조류에 맞추어 하루 정도 더 머물러야 했을 것으로 보고, 일정이 늘어나도록 수정하였다.

〈표 1〉 쓰시마-부여-한성 항로 추정 복원

일자	출발지	도착지	거리 (km)	세부내용	왜계관련유적·유물
1~2 일차	쓰시마 사스나 (對馬島 佐須奈)	거제 장승포, 장목	65, 30	장목으로 이동하려면, 서쪽으로 돌아 칠천량 앞으로 들어가야 안전함	농소리고분 (장목고분)
3일차	거제 장목	고성만	55	통영을 통과, 안전한 고성만까지 이동	고성 송학동고분군
4일차	고성만	사천 선진리	45	늑도 앞 통과 혹은 창선도와 남해 사이 통과하여 북상	사천 선진리고분
5일차	사천 선진리	남해 남치리	30	노량해협(남해대교)통과 (조류시간 맞춤)	남해 남치리고분
6일차	남해 남치리	여수만 (시청앞)	36	여수 장군도 앞 통과, 현 여수만 도착(시청앞바다)	여수 차동고분 (횡장방판정결판갑)
7일차	여수만	고흥 길두리	40	백야도 앞을 통과, 고흥반도 동편에 도착	고흥 길두리고분
8일차	고흥 길두리	고흥 안동	45	고흥반도 남쪽을 돌아 서편에 도착	고흥 안동고분 (동래도 앞 통과)
9일차	고흥 안동	해남 방산리	55	금당도 북편, 마량항 통과, 해남 도착	해남 방산리 장고봉 고분 (전방후원분)
10일차	해남 방산리	해남 용두리	61	완도, 땅끝마을을 돌아 명량해협 통과 준비	해남 용두리 장고분 (전방후원분)
11일차	해남 용두리	안좌도	45	명량해협 통과, 목포 앞 시하 바다	배널리고분
12일차	안좌도	함평 돌머리	54	고이도 앞 통과, 함평 돌머리 앞	함평 죽암리 장고산 고분 (전방후원분)
13일차	함평 돌머리	영광 법성포	49	신안 다도해 사이 이동	고창 칠암리 1,2호분 (전방후원분)
14일차	영광 법성포	채석강	33	채석강과 위도 사이는 위험구간, 고군산군도까지 갈 수 있음(20km)	※**부안 죽막동 제사유적**
15일차	채석강	금강 입구 (유부도)	48	고군산군도 통과	
16일차	금강 입구	부여 도성	60	조류 이용	부여 도착
16일차	금강 입구	보령 원산도	50	안면도 남쪽	한성까지 운행
17일차	보령 원산도	태안 안흥량	45	4대 험조처	물 때, 바람 맞추어 운행
18일차	태안 안흥량	당진 난지도	55	태안항쪽도 피항지	
19일차	당진 난지도	화성 제부도	27	당성쪽로 육로로 풍납토성 이동	육로 이동, 코스 1
19일차	당진 난지도	안산	57	안산읍성 북쪽 육로로 풍납토성 이동	육로 이동, 코스 2

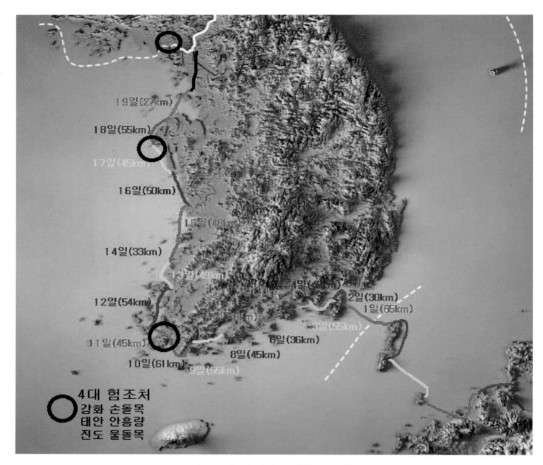

19일(27km)
18일(55km)
17일(45km)
16일(50km)
15일(48km)
14일(33km)
13일(49km)
12일(54km)
11일(45km)
10일(61km)
9일(55km)
8일(45km)
6일(36km)
3일(55km)
2일(30km)
1일(65km)

4대 험조처
강화 손돌목
태안 안흥량
진도 울돌목

〈도 30〉 남해안 고대항로 복원

　　백제와 왜가 교류했을 때에는 과연 한강을 타고 들어갔는지는 의문이다. 4대 험조처
인 강화 손돌목을 지나 항해하는 것은 매우 어려운 일이다. 차라리 화성지역에서 내려
육로로 이동하는 방안도 고려할 필요가 있다.

　　그렇다면 일본 오사카(고대의 난파경)에서 쓰시마까지는 어느 정도 일정이 소요되었
을까? A.D.736년 견당사가 이동한 기록을 보면 세토나이카이를 벗어나는데, 숙박지 등
을 고려해서 적어도 일기가 도와준다면 약 10일가량 소요된다고 볼 수 있다.〈도 31〉 아
래 지도에서 보면 견당사가 지나가는 항로의 길이가 오사카에서 출발하여 시모노세키
까지 빠져 나가는데 약 550~600km 정도이다. 그런데 안전할 것으로 보이는 구간에서도
표류하여 혼슈에서 큐슈의 分間浦(현재의 中津市, 나카쓰시)로 흘러 갔다가 시모노세키

쪽으로 빠져나가고 있다. 이 코스는 세토나이카이를 지나는 연안항해의 기본적인 코스이다.

시모노세키에서 큐슈의 다자이후(大宰府)에 들러 이키(壹岐)를 거쳐 쓰시마(對馬島)의 嚴原(이즈하라)을 둘러 북단 끝인 사스나(佐須奈)까지는 약 280~300km이다. 1일 50~60km를 항해한다면 최소 5일 정도가 소요된다는 계산이 나온다.

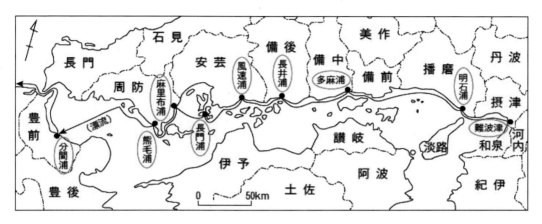

〈도 31〉 일본 세토나이카이 견신라사 이동항로(A.D. 736년)
출전: 文化庁文化財第二課, 『水中遺跡 ハンドブック』, 2022, 40쪽.

전체적으로 5~6세기대 일본 오사카에서 백제도성인 풍납토성(475년까지) 혹은 공주, 부여의 금강 입구까지의 항해는 거리상으로 약 30일 내외로 추정할 수 있다. 그러나 조류대의 시간을 맞추고 바람이나 일기 등을 고려한다면 최소한 2배 이상을 감안해야 한다. 조선 후기에 경상도에서 서울 한강 마포나루까지 약 1달 정도 소요된다는 기록으로 볼 때, 일기의 조건이 가장 중요하다. 『삼국사기』 기록에는 5세기말까지 왜가 신라를 침입한 횟수가 32회에 이르며, 4월의 남동풍을 이용했을 것으로 보고 있다.[18] 음력 3~6월이 가장 좋고, 가을에는 10월이 계절풍의 교대기로 항해하기 좋다. 태풍이 오는 7월에서 9월 사이는 항해가 위험할 수밖에 없다.

이러한 기사 내용을 검토해 보았을 때, 일본열도에서 쓰시마를 통해 노를 저어 들어올 수 있는 상황이 아니며, 돛을 달아서 바람을 받아 이동해야 하는 것이다.

---

18) 정진술, 『한국해양사』, 경인문화사, 2008, 187쪽.

백제나 가야, 신라 모두 왜와 물건을 주고 받는 교역은 반드시 정식적으로 진행될 수 있다. 즉 중요 물건들이 백제나 가야에서 왜로 넘어갈 때, 그 가치에 상응하는 물건들이 당연히 수입되어야 하는 것이다. 선진 기술과 문물이 일방적으로 왜에 넘어갔다고 생각하여, 왜의 물건들이 수입되는 것에 대해 '임나일본부설'을 지지 혹은 긍정한다고 두려워한다. 항해로 넘어간 물건들은 엄청난 이윤을 남기는 것이며, 또 그 만큼의 물건이 배를 통해 들어오기 마련이다. 선원들이 목숨을 걸고 항해하는 이유는 모두 이득을 남기기 위함 때문이다.

　만약 이러한 정식 거래 혹은 교역이 되지 않는 것은 약탈을 통해 강제로 빼앗는 것이다. 또한 침략을 통한 전리품의 획득도 있다.

〈도 32〉 재현된 아랍선

〈도 33〉 벨리퉁선(침몰선) 무역 도자기(唐 9세기)

〈도 34〉 밸리퉁선 금잔(선물용)

〈도 35〉 밸리퉁선 금잔(선물용)

인도네시아에서 발굴된 벨리퉁선은 아랍 배로, 중국 도자기를 싣고 가던 중 침몰하였다.[19] 각 항구를 지나갈 때 금잔을 선물로 하여 일종의 통과세를 대신하였다.〈도 32~35〉무역 도자기보다 훨씬 비싸지만 약탈을 당할 위험이 줄어드는 것이다.

이러한 통과세 혹은 각 항구에 들러 물과 각종 식료품 등을 제공받기 위해서는 해당 지역의 수장에게 반드시 상납해야 했다. 역시 한반도 남해안에 배가 지나가는 하루 거리에 모두 존재하고 있는 고분에서 출토되는 왜계유물은 왜인들이 약탈을 당하지 않고, 물, 식량의 공급과 안전한 항해가 될 수 있도록 출장소와 같은 역할의 주재소가 있었음을 대변하고 있는 것이다. 물론 그 지역의 수장층에게는 충분한 선물 혹은 상납하는 구조였을 것이다. 신안 배널리나 고흥 안동고분, 야막고분에서 출토되는 철제갑옷은 군인이 착장한 것 보다는 선박을 보호하기 위한 무장인력의 소유품일 것으로 판단된다.

또한 지금 일본에서 출토되는 각종 유물 중 정식 교역에 의한 것도 있겠지만, 약탈한 유물도 분명히 존재할 것이다. 신라계 유물이 교역으로 넘어갔는지, 아니면 5세기까지 32회나 되는 침략에는 약탈품도 상당히 포함되었을 가능성이 높다. 다만 현재 이를 밝힐 수 있는 근거가 없어 모두 교역품으로만 인식하고 있는 것이다.

약탈의 범위를 넘어서 전쟁을 치루었을 때는 전리품의 취득이 가장 우선시 되었을 것이다. 현대의 전쟁에서도 약탈은 끊임없이 일어나는 것을 최근 뉴스미디어로도 접하고 있다. 고대 전쟁에서 전리품의 취득은 당연한 것이다. 남해 남치리고분에서 출토된 백제계 은화관식[20]은 통과를 위해 해상 재지세력에게 상납한 통과세의 일종으로도 볼 수 있다. 혹은 7세기 2/4분기로 편년되기 때문에 백제 중앙의 통치체제에 편입된 현지 유적지로 보는 견해도 있다.[21] 보다 현실적인 관점에서 접근할 필요가 있는 것이다.

---

[19] 국립해양문화재연구소는 이 벨리퉁선 출수유물에 대한 국제교류 특별전을 개최하였다. 국립해양문화재연구소, 『바다의 비밀 9세기 아랍난파선』, 2018.

[20] 문화재청·남해군·경남발전연구원 역사문화센터, 『남해 남치리 백제석실』, 2016.

[21] 하승철, 「남해 남치리 백제고분의 출현과 그 배경」, 『백제학보』 제19호, 백제학회, 2017.

IV. 맺음말

이상에서 최근 연구된 자료를 중심으로 선박의 구조와 항해에 대해 살펴보았다. 김해 봉황동에서 출토된 녹나무로 제작된 현측판과 삼나무로 추정되는 격판은 역시 왜의 선박으로 보아야 한다. 목재를 운반해 와서 가야에서 배를 제작할 이유가 없고, 가야식이라고 하기에도 이상하다. 현대에 국립해양문화재연구소가 재현 제작한 강진의 옹기운반선이 길이 20m, 폭 5.6m에 깊이 1.9m 정도로 약 30톤을 적재가 가능하다. 그렇다면 김해 봉황동의 준구조선 선박 길이가 20m에 폭은 2m 정도로 추정 복원한다면 적재량은 적어도 10톤 이상은 가능할 것으로 판단된다. 물론 수치상 계산이지만 당시 배의 적재 중량을 전혀 파악할 수 없기 때문에 추정치를 산출해 본 것이다.

또한 나가하라다카마와리2호분(長原高廻り2号墳)과 1호분 출토 하니와에 있는 투공은 중앙에 나무 등으로 제작한 돛을 꽂고, 선수와 선미에도 구멍을 뚫어 돛을 잡아주는 역할을 했을 것으로 판단된다. 오사카하지노리유적(大阪土師の里遺跡) 출토 선박 하니와에서도 중앙부에 투공의 흔적으로 추정되는 것이 1점 확인되고 있어 분명 돛을 표현한 유물로 추정된다. 돛은 원거리 항해에 반드시 필요한 것으로, 변한의 철을 외국으로 수출하려면 갖추어야 한다. 실질적이고 현실적인 접근으로 밝히지 않으면 추정해 낼 수가 없는 것이다.

국가 간의 정식적인 교역이 있지만 그 사이에 많은 약탈, 배신, 도선, 전쟁 등 이루 표현할 수 없을 정도로 다양한 사건이 있었을 것이고, 일본의 해난 기록이 남아 있는, 고대부터 메이지시대까지 5,598건에 이른다.[22] 조선 전기 때 태안에서만 1395년 16척, 1406년 60척, 1414년 66척, 1455년 55척 등 60년 사이에 197척이 침몰된 기록이 있다. 해난사고는 언제든지 일어날 수 있고, 그 위험은 이루 말할 수 없다. 그렇지만 엄청난 부를 축적할 수 있다는 점을 염두에 두면, 왜 목숨을 걸고 항해하는지 이해가 될 것이다.

---

22) 文化庁文化財第二課, 『水中遺跡 ハンドブック』, 2022, 88쪽.

【참고문헌】

국립가야문화재연구소·창녕군,『창녕 송현동 고분군Ⅰ-6·7호분 발굴조사보고』, 2011.

국립해양문화재연구소,『바다의 비밀 9세기 아랍난파선』, 2018.

동양문물연구원,『김해 봉황동유적-김해 봉황동 119-1 및 22-6 일원 주택신축부지 문화재발굴
　　　　조사-』, 2014.

두류문화연구원,『함안 말이산 고분군-함안 말이산 정비사업부지 내 유적』, 2021.

목포해양유물보존처리소,『진도 벽파리 통나무배 발굴조사 보고서』, 1993.

문화재청·남해군·경남발전연구원 역사문화센터,『남해 남치리 백제석실』, 2016.

삼한문화재연구원,『거제-마산3 국도건설공사구간 내 昌原 縣洞 遺蹟』, 2023.

정진술,『한국해양사』, 경인문화사, 2008.

昌原文化財研究所,『咸安 岩刻畫 古墳』, 1996.

이광희·김동윤,「김해 봉황동 유적 출토 선박부재의 수종분석 및 보존처리」,『보존과학회지』
　　　　vol.31, no.4, 통권 52호, 2015.

이은석,「삼국시대 연안 항로와 섬」,『섬(島)의 고고학』, 제31회 영남고고학회 정기학술발표회, 2022.

하승철,「남해 남치리 백제고분의 출현과 그 배경」,『백제학보』제19호, 백제학회, 2017.

大塚初重 외,『考古学による日本歴史 9 交易と交通』, 雄山閣, 1997.

柴田昌児,「朝鮮半島系準構造船(加耶タイプ)の生産と日韓の造船技術」,『纒向学研究センター紀
　　　　要 纒向学研究』第10号, 2022.

日高 慎,「古墳時代の大型船に帆はあったのか」,『同志社大学考古学シリーズ XⅡ 実証の考古学』,
　　　　同志社大学考古学研究室, 2018.

日高 慎,「特集古墳時代の交通と交流 古墳時代の輸送手段にみる交流の諸相-船による交通・交
　　　　流」,『考古学ジャナル』10月号, ニューサイエンス社, 2019.

日高 慎,「古墳時代に構造船はあったのか」,『人・墓・社会-日本考古学から東アジア考古学へ-』,
　　　　土生田純之先生退職記念事業会編, 雄山閣, 2022.

中村 弘,「播磨・長越遺跡出土の準構造船竪板について」,『研究紀要』第 1 号, 兵庫県立考古博物
　　　　館, 2008.

山形健介,『タブノキ』, ものと人間の文化史 165, 法政大学出版局, 2014.

神戸市立博物館,『海の回廊-古代・中世の交流と美-』, 特別展 東アジアから神戸へ, 2010.

文化庁文化財第二課,『水中遺跡 ハンドブック』, 2022.

서남해안 연안항로 네트워크와 가야의 포구*

임동민 | 계명대학교 사학과

I. 머리말

가야는 바다를 통해 동아시아 세계와 연결되었다. 바다를 통한 연결은 항로와 포구로 구분된다. 한반도 서남부 연안을 잇는 장거리의 서남해안 연안항로는 중국-한국-일본을 잇는 해양 루트로 활용되었으며, 동아시아 국제정세 변동에 따라 항로 운용 형태에도 변화가 있었다. 가야의 해양활동도 이러한 변화에 따라 이루어졌을 것이다. 다음으로 포구는 강에 바닷물이 드나드는 개(浦), 배가 드나드는 개의 어귀인 포구(浦口), 물길을 건너는 나루(津, 渡)로 구분되는데, 실제로는 다소 혼용되기도 한다.[1] 본 글에서는 연안항로 항해의 필수적인 기항지로서 포구의 역할에 주목하고자 한다. 장거리 연안항로에서는 해양 지리정보의 습득, 악천후 시의 피항, 식수 보급 등을 위해 정박하는 기항지가 중요하였으며, 남해 연안의 가야 정치체들도 기항지에서 성장하였다. 본고에서는 이러한 기항지들을 잇는 연결망, 즉 서남해안 연안항로 네트워크의 관점에서 가야를

---

* 이 글은 다음 논문을 일부 수정·보완하여 게재한 것이다(「서남해안 연안항로 네트워크와 가야의 포구」, 『선사와고대』 73, 2023).

1) 변남주, 『영산강 뱃길과 포구 연구』, 민속원, 2012, 17~18쪽.

살펴보고자 한다.

기존에도 바다를 통한 가야와 주변 세력 사이의 해양 교류에 관해서 많은 연구가 축적되었는데, 연안항로의 변천과 관련된 연구들이 주목된다. 구체적으로 보면, 해양 교역루트는 4세기 낙동강 하류 김해에서 5세기 무렵 다원화되는 변화를 겪었고, 이러한 루트에서는 준구조선을 활용하였으므로, 연안항로의 여러 정치체와의 우호관계가 중요하였다는 연구가 있었다.[2] 또는 고대 동아시아 연안항로를 4세기 초 이전의 낙랑 · 대방군 주도기, 군 축출 이후 위축과 포상팔국의 도발, 4세기 후반 백제 주도기로 구분하기도 하였다.[3] 백제가 탁순을 매개로 왜와 통교한 이후 연안항로 혹은 고흥이나 여수에서 남해 외해의 도서를 경유하는 항로를 활용했다고 보거나,[4] 백제가 영산강 유역과 가야를 영향력 아래에 두고 서남해안 연안항로를 활용하였다는 연구도 있었다.[5] 최근에는 백제가 4세기 후반부터 영산강 유역을 세력권에 편입하고, 가야 여러 나라와 우호관계를 맺으면서 안전한 기항지를 확보하는 방식으로 서남해안 연안항로를 네트워크 형태로 운용하였다는 연구도 이어졌다.[6] 고고학적으로도 서남해안 유적을 분석하여 백제 해상교통로와 기항지를 분석하는 연구가 이루어졌다.[7]

고대 항로의 기항지로서 포구의 성격과 관련하여, 동남아시아와 김해 가락국(금관가야)의 항시국가 속성을 분석하는 연구가 제출되었고,[8] 항시국가의 개념을 해남반도 '지미'에 적용하는 연구도 제기되었다.[9] 가야사의 맥락에서는 고성 내산리 집단과 포상팔국을 항시국가의 개념에서 검토한 연구,[10] 탁순국을 항시국가로 설정하는 연구,[11] 가야사에서 항시의 개념 설정과 사례 연구[12] 등이 진행되고 있다.

---

2) 우재병, 「4~5世紀 倭에서 加耶 · 百濟로의 交易루트와 古代航路」, 『호서고고학』 6 · 7, 2002.

3) 강봉룡, 「고대 동아시아 연안항로와 영산강 · 낙동강유역의 동향」, 『도서문화』 36, 2010.

4) 박재용, 「백제의 대왜교섭과 항로―5~6세기를 중심으로―」, 『백제학보』 19, 2017.

5) 홍성화, 「고대 서남해 항로에 대한 고찰―한일관계를 중심으로―」, 『한국고대사탐구』 39, 2021.

6) 임동민, 「서남해안 연안항로 네트워크를 통해 본 백제 한성기 영산강 유역 진출과 포구」, 『백제학보』 43, 2023a ; 「서남해안 연안항로 네트워크를 통해 본 백제 한성기 가야와의 관계」, 『한국고대사연구』 109, 2023b.

7) 김낙중, 「서남해안 일대의 백제 해상교통로와 기항지 검토」, 『백제학보』 16, 2016.

8) 권오영, 『해상 실크로드와 동아시아 고대국가』, 세창출판사, 2019.

9) 이동희, 「해남반도와 가야 · 신라의 교류, 그리고 항시국가(港市國家) 지미(止迷)」, 『백제학보』 26, 2018b.

10) 이동희, 「고성 내산리 집단의 성격과 포상팔국」, 『영남고고학』 91, 2021.

11) 안홍좌, 「가야 卓淳國 연구」, 창원대학교 사학과 박사학위논문, 2023, 171~184쪽.

이러한 연구들은 조선술과 항로 문제의 연계, 기항지의 중요성, 교역 루트의 변화, 연안항로와 가야 지역 변천의 시기구분 등 중요한 논점을 정리하고 있다. 포구와 관련해서도 항시국가의 개념을 설정하면서 연안 포구에서 성장하였던 가야사의 특성을 설명하려는 노력을 이어가고 있다. 다만, 서남해안 연안항로의 운용 방식과 동력에 관한 고민, 가야 연안지역 포구의 해양환경에 관한 검토, 문헌에서 가야 포구 관련 기록을 추출하여 분석하는 시도 등은 미흡했던 것으로 생각된다. 아울러 항로와 관련한 분석은 백제와 왜의 교섭에 집중한 경향이 있어서, 서남해안 연안항로 네트워크에서 가야가 지녔던 역사적 위상에 관한 고민은 부족했던 것 같다.

구체적인 항로와 관련하여, 가야의 로만글라스, 진식대금구 유입경로를 연안항로가 아니라 황해남부를 사단하여 중국에 직항하는 경로로 보는 연구도 제기되었다.[13] 하지만 황해남부사단항로의 개척시점에 관한 논의는 8~9세기[14] 또는 11세기[15] 이후로 집중되는데, 신라 하대 장보고 혹은 항해용 나침반의 활용 등에 주목한 결과이다. 표류나 모험적 항해에서 황해남부사단항로를 활용했을 개연성은 있지만, 본 글에서는 연안항로 중심으로 서술하고자 한다.

본 글의 Ⅱ장에서는 고대 서남해안 연안항로 네트워크의 변천 과정과 가야 지역의 동향을 살펴보고자 한다. Ⅲ장에서는 문헌을 중심으로 하여, 연안항로 네트워크 내에서 확인되는 가야의 포구들을 살펴보고, 근현대 해양 관련 자료와 비교 분석하고자 한다. Ⅳ장에서는 이러한 논의를 종합하여 서남해안 연안항로 네트워크에서 가야가 가졌던 역사적 위상과 의미를 분석하려고 한다.

---

12) 정선운, 「가야 항시의 성립과 전개」, 『한국고고학회 학술대회 2023』, 2023.
13) 박광춘·김다빈, 「가야 로만글라스와 진식대금구 유입 시기와 교역로 연구」, 『석당논총』 75, 2019.
14) 姜鳳龍, 「8~9세기 東北亞 바닷길의 확대와 貿易體制의 변동」, 『歷史敎育』 77, 2001; 고경석, 「신라의 對中 해상교통로 연구」, 『신라사학보』 21, 2011; 권덕영, 『신라의 바다 황해』, 일조각, 2012.
15) 정진술, 『한국 고대의 해상교통로』, 한국해양전략연구소, 2009, 326~346쪽; 김성준, 「고대 동중국해 사단(斜斷) 항로에 대한 해양기상학적 고찰」, 『해양환경안전학회지』 19권2호, 2013.

II. 고대 서남해안 연안항로 네트워크의 변천과 가야의 동향

중국에서 한반도를 거쳐 일본 열도로 이어지는 주요 경로는 황해 연안을 따라 내려가다가, 다시 동쪽으로 남해안을 따라 이동한 뒤, 대한해협을 건너 쓰시마와 북부 큐슈로 이어지는 서남해안 연안항로였다. 서남해안 연안항로는 황해와 남해의 해양환경과 밀접한 관련을 갖고 활용되었다.

먼저, 황해는 한반도와 중국에 둘러싸여 있는 수심이 낮은 천해이며, 전형적인 리아스식 해안으로, 만과 도서, 큰 강 하구를 중심으로 자연적인 항구가 다수 만들어졌다. 이러한 조건은 육상의 지표물을 눈으로 보면서 항해하는 연안항로가 발달하기에 적합하였다. 하지만 황해는 조수간만의 차이가 극심하여 조류가 매우 빠르고, 하천에서 유입되는 토사가 거대한 갯벌을 이루며, 암초나 간출암도 다수 나타난다. 따라서 황해 연안을 항해할 때는 지역 해양정보를 숙지한 해상세력의 도움이 중요하였다.

다음으로 남해는 한반도 남쪽에 위치하며 대한해협을 건너 일본 열도와 연결되는 바다이다. 황해와 마찬가지로, 남해도 크고 작은 만, 도서 등이 리아스식 해안을 이루고 있으므로, 육상 지표물을 보면서 항해하고, 여러 기항지를 경유하는 연안항로의 발달에 적합하였다. 하지만 남해 연안에도 갯벌이 많고, 암초나 간출암과 같은 항해 방해요소도 확인되며, 황해와 가까운 연안에서는 조류의 유속이 빠르다. 이러한 특징은 황해와 마찬가지로 지역 해양정보를 숙지한 해상세력이 성장할 수 있는 동력이었을 것으로 생각된다.

이러한 해양환경 속에서 발달한 서남해안 연안항로의 경로는 『삼국지』 왜전에서 확인된다. 이에 따르면, 대방군에서 황해 연안을 따라 남쪽으로, 다시 동쪽으로 남해 연안을 따라 항해하여 김해를 거쳐 쓰시마에 이르렀다고 한다.[16] 대방군에서 왜까지 장거리 연안항로의 활용에는 각 지역 바다의 정보 습득, 우호적 기항지 확보 등이 중요하였다. 이와 관련하여, 한, 서진과 같은 중원의 통일 왕조가 '사행 교역'을 중심으로 연안항로를 '해양 네트워크' 형태로 유지하였다는 견해가 주목된다.[17] 이것은 중원 왕조의 존재를 원동력으로 삼아, 장거리 연안항로의 여러 기항지를 네트워크화하여 연결하는 방식이었다.

---

16) 『三國志』 30, 魏書30, 烏丸鮮卑東夷傳 倭.

17) 김병준, 「고대 동아시아의 해양 네트워크와 使行 교역」, 『한국상고사학보』 106, 2019.

그런데 장거리의 서남해안 연안항로 네트워크는 3세기 말~4세기 초 동아시아의 혼란 속에서 경색되었다. 이 시기 서진이 멸망하였고, 낙랑군과 대방군도 고구려의 공격으로 소멸하였다. 이러한 변화는 장거리의 연안항로를 네트워크 형태로 운용할 원동력이 사라졌음을 의미하였다. 가야와 왜, 영산강 유역과 가야 등의 해양 교류와 같이 좁은 범위의 연안항로는 예전처럼 활용된 것으로 보이지만, 장거리의 연안항로는 경색되었던 것으로 생각된다.

경색된 서남해안 연안항로 네트워크를 회복한 것은 4세기 후반 이후 백제였다. 백제는 낙랑·대방 유민을 포섭하는 한편, 북쪽으로 고구려와 전투를 벌이면서 북진하였고, 372년부터는 동진과 교섭에 나섰다. 백제는 최소한 황해도 남부를 장악하였고, 낙랑·대방 유민을 수용하면서 황해중부횡단항로 활용에 필요한 경험, 정보, 기술 그리고 안전한 출발지를 확보할 수 있었다. 종전에 이용되던 장거리의 연안항로 네트워크가 경색되자, 백제는 고구려와 화북지역 연안을 피해 새로운 황해중부횡단항로로 중국과 교섭, 교류한 것으로 보인다.[18]

백제가 새로운 경로로 중국과 관계를 맺기 시작한 것은 영산강 유역을 포함한 마한과 가야, 왜 등이 도달하지 못한 성과였다. 백제는 이를 동력으로 하여 4세기 후반 영산강 유역을 비롯한 마한 전역의 대외교섭권을 통제하여 '세력권'에 편입하고, 5세기 중후반부터 영산강 유역에도 '점' 단위로 위세품을 사여하여 간접지배 단계로 서서히 이행하면서, 서남해안 연안항로의 중요한 기항지를 확보하고 '네트워크' 형태로 운영하였다.[19]

백제는 왜까지 이어지는 장거리의 서남해안 연안항로에서 가야를 중요하게 여겼다. 4세기 후반 백제는 창원 탁순국, 함안 안라국[20]을 통해 장거리의 서남해안 연안항로를 회복하여 왜와 교섭을 시작하였고, 5세기에도 함안 안라국, 고성 고자국[21] 등과 우호관계를 맺으면서 안정적인 기항지를 확보하고 왜와의 관계를 이어나갔다. 백제는 마한, 가야 등의 연안 지역을 '지배'한 것이 아니며, 가야 여러 나라와 우호관계 속에서 서남해

---

18) 임동민, 「백제와 동진의 교섭과 항로」, 『백제학보』 17, 2016.

19) 임동민, 앞의 논문, 2023a.

20) 함안 지역 정치체의 명칭은 사료에 다양하게 나오나, '안라국'으로 표기하는 견해를 따르고자 한다 (백승옥, 「가야사 연구의 흐름과 안라국사」, 『지역과역사』 42, 2018, 14~15쪽).

21) 고성 지역 정치체 명칭은 사료에 다양하게 남아있지만, 『삼국사기』 지리지(『三國史記』 34, 雜志3, 地理1 新羅 固城郡) 등을 참고하려 고자국이라는 표현법을 따르고자 한다.

안 연안항로를 네트워크 형태로 운용하였다. 이러한 서남해안 연안항로 네트워크는 마한, 가야, 신라 등에서 달성할 수 없었던 성과이자, 구성원 사이의 다원적 교류가 이루어지는 질서였다.[22]

이러한 서남해안 연안항로 네트워크는 상호호혜적이고 중층적인 초기국가의 중앙과 지방 관계와[23] 관련된 것으로 생각된다. 따라서 6세기 중후반 이후 가야의 여러 나라가 멸망하고, 한반도 중남부에서 백제와 신라의 영역 다툼이 본격화하면서, 자연스럽게 다음 단계로 넘어갔을 것으로 추정된다. 특히 7세기 후반 백제 멸망 이후, 신라의 지방지배가 서남해안 전체로 확산되면서, 기존의 다원적인 연안항로 네트워크는 변화되었을 것으로 생각된다.

그렇다면, 서남해안 연안항로 네트워크의 변천 과정에서 남해안의 가야 세력은 어떠한 변화를 겪었을지 궁금해진다. 먼저, 김해 구야국(가락국)[24]은 낙랑 · 대방군에서 왜로 연결되는 연안항로의 거점이자, 낙동강 수계와 연결되는 결절점에서 성장하였다. 그러나 3세기 말~4세기 초 이후 장거리 서남해안 연안항로 네트워크가 경색되는 상황이 발생하였다. 김해 지역과 일본 사이의 연안항로를 통한 교류는 여전히 활발했던 것으로 보이지만, 중국까지 이어지는 장거리의 연안항로는 타격이 불가피했다.

장거리 연안항로 네트워크의 회복은 백제와 왜의 교섭을 통해 살펴볼 수 있다. 『일본서기』 신공기에 따르면, 백제는 4세기 후반 탁순국의 중개로 왜와 교섭하였다.[25] 신공기 기록에 여러 논란이 있으나, 『칠지도』를 4세기 후반 백제와 왜의 외교 선물로 보고, 『광개토왕릉비』의 백제-왜 관계를 고려하면, 4세기 후반 백제와 왜의 교섭은 역사적 사실로 생각된다.[26]

백제는 기존 중심지였던 김해 가락국이 아니라 창원 탁순국에 도움을 요청했다. 탁순의 위치는 내륙으로 보기도 하나, 왜와의 교섭 루트를 고려하여 창원 일대로 비정하는

---

22) 임동민, 앞의 논문, 2023b.

23) 박대재, 「한국의 '고대'와 초기국가」, 『한국고대사연구』 110, 2023.

24) 김해 지역 정치체 명칭은 다양하게 남아있으나, 『삼국유사』 「가락국기」를 중시하여 김해 가락국으로 부르고자 한다(이영식, 「加耶諸國名의 재검토」, 『伽倻文化』 17, 2004; 이영식, 「가야제국명의 재검토」, 『가야제국사연구』, 생각과종이, 2016, 158~164쪽).

25) 『日本書紀』 9, 神功皇后 46년 봄 3월.

26) 이영식, 「왜와의 관계」, 『백제의 대외교섭』(백제문화사대계 연구총서9), 충청남도역사문화연구원, 2007, 284쪽.

견해가 합리적이다.[27] 탁순의 위상과 대외활동에 대해서는 김해와 함안의 완충지역에
서 독자성을 지녔을 가능성에 주목하거나,[28] 신라의 낙동강 하구 진출에 따라 독자적
대외활동을 펼쳤던 것으로 추정하기도 한다.[29] 그러나 탁순국의 대외활동은 인접한 세
력과의 관계 속에서 이해할 필요가 있다. 실제로 4세기 후반 분묘의 위계, 해양 교류의
양상은 함안, 김해 지역보다 창원이 떨어지며, 『광개토왕릉비』에도 탁순의 존재감은 희
소하다.[30]

4세기 전·중반에 함안 안라국은 창원 현동 유적, 거제 아주동 유적까지 확보하고, 왜
와 활발하게 교류하였다.[31] 4세기 후반 함안 안라국은 가야 일대에서 영산강 유역과 백
제, 왜를 잇는 광역의 교류망을 활용하고 있었다.[32] 따라서 서남해안 연안항로 네트워
크에서 함안 안라국의 역할은 필수적이었다. 창원 탁순국에서 남해안으로 나가 일본에
도달하려면, 함안 안라국의 세력 범위로 추정되는 마산 덕동만, 거제 연안을 거쳐야만
하였다. 백제는 김해 대신, 창원의 탁순국을 매개로 왜와 교섭하고자 하였으나, 김해와
함안을 완전히 배제하지 않았고, 특히 함안 안라국과 긴밀한 협조 속에서 연안항로를
활용했을 것으로 보인다.

5세기에도 백제에서 영산강 유역과 가야를 거쳐 왜까지 이어지는 연안항로 네트워크
는 여전히 유지되었는데, 5세기 전반의 연안항로 네트워크에서 가야의 중심세력으로는
함안 안라국이 주목된다. 함안 말이산 고분군은 5세기 전반부터 대형목곽묘, 5세기 중
반에 고총 고분을 거쳐 5세기 중후반부터 6세기 초까지 왕릉급 고분이 조영되었으며,[33]

---

[27] 탁순 위치비정 연구의 정리는 다음이 참고된다(안홍좌, 앞의 논문, 2023, 96~98쪽).

[28] 김현미, 「卓淳國의 성립과 대외관계의 추이」, 『역사와경계』 57, 2005; 김주용, 「昌原·馬山地域의 古
墳文化」, 『고문화』 71, 2008; 신가영, 「4~6세기 가야 제국의 동향과 국제관계」, 연세대학교 사학과 박
사학위논문, 2020.

[29] 신가영, 「4세기 후반 고구려와 백제의 대립구도와 가야 諸國의 향방」, 『선사와고대』 66, 2021,
191~195쪽.

[30] 이영식, 「가야왕릉묘역 출토유물로 본 가야와 동아시아의 교류─김해 대성동고분군, 함안 말이산고
분군, 고령 지산동고분군을 중심으로」, 『동아시아고대학』 55, 2019.

[31] 이동희, 「아라가야와 마한·백제」, 『고고학을 통해 본 아라가야와 주변제국』, 학연문화사, 2013 ; 하
승철, 「고고자료를 통해 본 아라가야의 대외관계」, 『지역과역사』 42, 2018a.

[32] 박천수, 「가야 각국의 범위와 권역구분」, 『가야, 동아시아 교류와 네트워크의 중심지들 ; '가야본성,
칼과 현' 학술도록』, 국립중앙박물관, 2019; 최경규, 「아라가야」, 『가야, 동아시아 교류와 네트워크의
중심지들 ; '가야본성, 칼과 현' 학술도록』, 국립중앙박물관, 2019; 이춘선, 「가야 남부 세력의 형성과
전개」, 경북대학교 고고인류학과 박사학위논문, 2020.

[33] 최경규, 앞의 글, 2019.

5세기 초부터 일본과의 활발한 교류도 확인된다.[34]

　다음으로 5세기 중반부터 고성을 중심으로 하는 고자국 세력이 남해안 연안항로에서 새롭게 세력을 키웠다. 특히 고성 송학동 고분군은 영산강 유역 분구묘 형태로, 영산강 유역과 왜 계통 유물이 확인된다.[35] 분구묘의 수용은 연안항로를 통한 영산강 유역과의 활발한 교류를 의미하며, 고구려에 대항하는 백제－가야－왜의 연대에 참여한 결과로 추정된다.[36] 5세기 후반 고자국 세력은 남강 수계와 남해안 일대에서 유지되지만, 고령 가라국의 영향력이 계속 커지면서, 섬진강 유역에 가라국 토기가 확산되었다.[37] 이 시기 백제는 함안 안라국과 더불어 고성 고자국과의 우호관계 속에서 연안항로를 네트워크 형태로 활용했을 것으로 생각된다.

　고령 가라국은 대체로 5세기 후반 무렵에 황강, 남강, 섬진강 유역을 비롯한 남해안 일대로 세력을 확장하였던 것으로 보이며, 섬진강 하구나 고성 고자국 등을 통해 연안항로 네트워크와 연결되었을 것이다.[38] 하지만 6세기 전반부터 백제가 섬진강 유역으로 진출을 본격화하였고, 동쪽의 신라도 김해 가락국을 멸망시키고 압박을 가하고 있었으므로, 연안항로 네트워크에서 고령 가라국의 역할도 점차 축소되었고, 마침내 562년 멸망하였다.

　이상에서 고대 서남해안 연안항로 네트워크가 언제 형성되었는지, 동아시아의 정세 변동과 한반도 고대국가의 발전 속에서 어떻게 변화되었는지 살펴보았다. 아울러 서남해안 연안항로 네트워크와 연동되었던 가야 여러 나라의 동향에 대해서도 검토하였다. 다음 장에서는 구체적으로 문헌에 남아 있는 연안항로 네트워크의 가야 포구를 정리하고, 주변 해양환경과 아울러 분석을 이어가고자 한다.

---

[34] 하승철, 앞의 논문, 2018a.

[35] 하승철, 「고고학으로 본 소가야의 성립과 변천」, 『동아시아고대학』 51, 2018b; 김규운, 「고고자료로 본 소가야의 권역과 변천」, 『한국고대사연구』 92, 2018.

[36] 하승철, 「소가야 분구묘의 특징과 출현배경」, 『경남연구』 11, 2016.

[37] 박천수, 앞의 글, 2019; 김규운, 앞의 논문, 2018. 이상의 3~5세기 가야 동향에 대한 서술은 다음의 내용을 수정, 요약한 것이다(임동민, 「백제 한성기 해양 네트워크 연구」, 고려대학교 한국사학과 박사학위논문, 2022a, 152~164쪽; 앞의 논문, 2023b).

[38] 박천수, 앞의 글, 2019.

Ⅲ. 문헌을 통해 본 연안항로 네트워크의 가야 포구

『삼국사기』, 『삼국유사』, 『일본서기』에 있는 가야사 관련 기록은 삼국의 기록보다 상대적으로 희소하다. 희소한 기록 가운데, 본 글에서 주목하는 것은 남해안 연안 지역에 있었던 포구 기록이다. 아래의 〈표 1〉은 문헌 자료에서 추출한 가야 지역의 포구 관련 기록을 현재 지명을 기준으로 정리한 것이다. 시간적인 범위는 허황옥 설화나 '포상팔국' 관련 기록에서부터 6세기 가야의 멸망을 전후한 시점의 기록까지 다루었다. 공간적으로는 낙동강 하구의 김해부터 섬진강 하구의 하동까지 포함하였다. 아래 표에서 다루지 않은 기록 중에는 정치적, 군사적으로 중요하게 기록된 가야 연안 지역의 명칭도 있다. 하지만 '浦', '津' 등으로 표현되었거나, 항로의 경유지 또는 선박의 입출항처로 기록된 지명만 한정하여 표에 포함하였다.[39]

〈표 1〉 문헌에 기록된 가야 지역의 포구

	현재 명칭	고대 명칭	주요 사건	전거
1	김해	黃山津	가야와 신라의 전투 장소, 김해와 양산 사이의 낙동강 나루	『삼국사기』 신라본기 탈해 21년 8월 (77)
		'渡'	탈해가 가락국 교외의 나루에서 중국 배의 수로를 따라 계림으로 감	『삼국유사』 가락국기
		'別浦'	허황옥의 배가 도착한 포구 渡頭村, 主浦村 등으로도 기록	『삼국유사』 가락국기
		'古浦'	후대의 놀이에서, 허황옥의 도착을 알리는 배가 향하는 포구	『삼국유사』 가락국기
		加羅國	궁월군의 귀화 과정에서 신라 방해로 120현의 인부와 머무름	『일본서기』 응신 14년 (283)
		加羅	포상팔국의 공격시도에 가라에서 구원 요청하자, 신라에서 구원	『삼국사기』 신라본기 나해 14년 7월 (209)
2	창원	卓淳國	백제와 왜의 통교 중개	『일본서기』 신공 46년 3월 (246)
3	마산	骨浦國	포상팔국의 하나, 신라 갈화 공격	『삼국사기』 물계자전 『삼국유사』 물계자조

---

39) 『일본서기』 고대 지명의 현재 지명 비정은 다음을 주로 참고하였다(坂本太郎 외 3명 校注, 『日本書紀』 下, 岩波書店, 1967; 小島憲之 外, 『日本書紀 ②』, 小學館, 1996; 연민수 외 엮음, 『역주 일본서기 1·2』, 동북아역사재단, 2013).

4	칠원	漆浦國	포상팔국의 하나, 신라 갈화 공격	『삼국사기』 물계자전 『삼국유사』 물계자조
5	함안	阿羅國	포상팔국의 공격시도에 아라국에서 구원 요청하자, 신라에서 구원	『삼국사기』 물계자전
6	거제	沙都嶋	왜 物部至至連이 백제에 가다가 이곳을 경유함	『일본서기』 계체 9년 2월 (515)
7	고성	古自國	포상팔국의 하나, 신라 변경 공격	『삼국유사』 물계자조
		古史浦	포상팔국의 하나, 신라 갈화 공격	『삼국사기』 물계자전
8	사천	史勿國	포상팔국의 하나, 신라 변경 공격	『삼국유사』 물계자조
9	남해	大嶋	재주 있는 사람들, 큰 섬에서 바람 기다린다는 핑계로 머무름	『일본서기』 웅략 7년 (463)
			다사진 사여 후 가라의 항의를 받은 왜 사신이 이곳에 머무름	『일본서기』 계체 23년 3월 (529)
10	남해군 미조면	彌弖	백제 왕자 혜의 귀환길에 왜에서 병사 1,000명으로 미호 나루터까지 호위하여 津路의 요충지 방어	『일본서기』 흠명 17년 1월 (556)
11	하동	多沙城	왜에서 백제에 주어 조공로 驛으로 삼았다고 함	『일본서기』 신공 50년 5월 (250)
		多沙津	백제에서 가라 다사진을 朝貢津路로 삼고자 요청하였다고 함	『일본서기』 계체 23년 3월 (529)
			왜에서 백제에 내려주었다고 함	『일본서기』 계체 23년 3월 (529)
			가라왕이 왜 사신에게 다사진은 가라의 朝貢津涉 이라고 항의	『일본서기』 계체 23년 3월 (529)
12	섬진강	帶沙江	왜의 物部至至連, 수군으로 이곳에 이동, 6일간 체류	『일본서기』 계체 9년 2,4월 (515)
13	섬진강 하구의 섬	汶慕羅	왜의 物部至至連이 도망하여 머무름	『일본서기』 계체 9년 4월 (515)

1번은 김해 지역의 포구 기록인데, 처음의 황산진은 낙동강변의 나루터로 생각되며, 다음의 '渡', '別浦', '古浦'는 구체적으로 비정하기 어렵지만 모두 고 김해만 내부에 있던 포구로 추정된다. 加羅國, 加羅는 기록의 맥락을 고려할 때, 역시 김해 가락국으로 추정된다. 다만, 백제 궁월군 귀화 기록은 『일본서기』 편찬과정에서 윤색되었을 가능성이 있고, 그 외에 『삼국사기』 신라본기 초기 기록, 석탈해 및 허황옥 설화, '포상팔국' 관련 기록에 대해서도 다양한 논란이 진행되고 있다. 본 글에서는 이러한 포구들이 낙동강을 통해 신라 양산 지역으로 연결되는 동시에, 김해만을 통해 남해안 연안항로로 쉽게 이어진다는 김해 지역의 해양사적 특성을 잘 보여준다는 점만 지적하고자 한다.

김해를 비롯하여 위의 표에 언급한 포구들은 현대 이후 항만시설 정비, 간척 등으로 과거의 모습을 잃어버린 경우가 많다. 또한 남해의 미조포 등 조선시대 기록에서 포구 흔적을 찾을 수 있는 사례가 일부 있지만, 근대 역사학, 지리학, 해양학 등의 관점에서 남은 기록이 아니어서 구체적인 해양 환경을 복원하는데, 어려움을 겪는다. 이러한 한계를 극복하기 위한 자료로 근현대에 편찬된 연안수로지가 주목된다. 연안수로지는 연안 환경과 항로 등을 자세히 기재한 안내서로 항해자에게 가장 중요한 자료이다.[40] 서남해 연안을 비롯한 한반도 연안의 근대적 지리정보 수집은 일본 제국주의에 의해 시작되어 1933년 『朝鮮沿岸水路誌』이 간행되었고,[41] 이를 기반으로 대한민국 해군에서 1952년에 『韓國沿岸水路誌』를 편찬하였다.[42] 이 책에는 연안 항구, 피항지, 침로법은 물론이고 하천, 마을, 교통, 기상, 암초, 등대 등 연안 해양환경과 항해 관련한 정보가 자세히 담겨 있다. 이러한 기록에는 방파제, 부두시설, 철도와 같은 근대 항만의 변화를 포함하고 있지만, 1930~1950년대 남해연안은 마산, 진해 등 몇 개 항구를 제외하고 근대 이전의 모습을 간직한 경우가 많으므로, 연안수로지의 내용은 고대 남해안 가야 포구 분석의 참고자료로 활용할 수 있다.

김해와 관련하여 『한국연안수로지』의 기술은 상세하지 않지만, 낙동강 하구에서 하중도 사이의 좁고 얕은 여러 수도를 통해 김해까지 연결된다고 서술하였고, 수심은 1.8m 정도이나 저조시에 최소 0.6m에 불과하다고 기록하였다.[43] 이미 일제시대까지 김해 주변의 퇴적과 간척이 누적되었던 결과, 이러한 서술이 남은 것으로 보인다. 그보다 오래전의 고 김해만은 봉황동, 관동동 일대까지 담수와 염수의 영향이 닿는 내만이었으므로,[44] 자연스럽게 김해 지역에 다양한 포구 기록이 남았을 것이다. 다만, 하천 하류의 토사 퇴적은 고대에도 발생하는 현상이었으므로, 고 김해만의 일부는 얕은 수심이거나 갯벌이었을 개연성도 있다. 따라서 고대 남해 연안에서 김해까지 출입하기 위해서는 주변 수심에 유의하면서 해양 지리정보를 숙지할 필요가 있었다.

---

[40] 尹汝政, 『地文航海學』, 韓國海洋大學 海事圖書出版部, 1999(제5판), 73쪽.

[41] 水路部, 『朝鮮沿岸水路誌 第1卷 朝鮮東岸 及 南岸』, 東京: 水路部, 1933.

[42] 孫元一, 「序論」, 『韓國沿岸水路誌 第1卷 東岸 南岸』, 海軍本部水路官室, 1952.

[43] 海軍本部水路官室, 『韓國沿岸水路誌 第1卷 東岸 南岸』, 海軍本部水路官室, 1952, 229쪽.

[44] 황상일·김정윤·윤순옥, 「고김해만 북서지역의 Holocene 후기 환경변화와 지형발달」, 『한국지형학회지』 16권4호, 2009.

2번은 『일본서기』 신공기의 백제와 왜 통교기사에 나오는 탁순국의 중개 기록이다. 탁순의 위치에 대해서는 앞서 서술한 것처럼, 일반적으로 창원 일대로 비정된다. 백제와 왜의 통교는 창원 탁순국을 중개로 하면서, 함안 안라국의 협조 속에서 이루어졌을 것으로 추정된다.

3번은 포상팔국의 하나인 '골포국'인데, 合浦縣이 본래 骨浦縣이었다는 『삼국사기』 기록을 토대로,[45] 마산 합포구로 비정된다. 포상팔국 기록은 공격 주체, 대상, 시기 등에 관하여 학계의 논의가 분분한 상황이다. 하지만 가야(변한) 지역의 여러 '포구'에서 성장한 정치체가 군사행동을 일으켰다는 점은 충분히 유추할 수 있다. 따라서 가야의 포구와 서남해안 연안항로 네트워크의 관계를 다루는 본 글에서는 포상팔국 문제에 관한 본격적인 논의를 별고로 미루고, 포상팔국에 포함되는 국가들의 공간성에 주목하였다.

탁순국으로 비정되는 창원, 골포국으로 비정되는 마산 합포 지역은 모두 현재의 마산만 일대에 해당한다. 『한국연안수로지』에서는 가덕도 서측, 거제도 북측의 큰 바다를 진해만으로 설명한 뒤, 북쪽의 마산만을 강조하여 서술하였다. 마산항은 3면이 육지이고 남쪽으로 좁게 열려 있는데 크고 작은 섬들이 막아주고 있으며, 조수간만의 차이도 2m 이하에 불과하여, 사계절 모두 평온한 천연의 양항으로 평가되었다.[46] 물론 마산항은 근대 이후 일찍이 개발된 항만이지만, 지금까지도 거대한 방파제 없이 안정적인 해양환경을 유지하고 있다는 점에서 인공적으로 만들어진 다른 현대의 항구와 비교된다. 이러한 해양환경은 고대 가야 지역의 주요 포구 중의 하나로 탁순국, 골포국이 성장했던 원동력일 것으로 생각된다.

4번은 칠포국이고, 5번은 함안 안라국으로, 포상팔국의 하나로 등장한다. 칠포국은 일반적으로 함안 칠원읍으로 비정되며, 마산 구산면을 통해 바다와 연결되었을 가능성이 있다.[47] 다만, 가야의 다른 포구에 비하여 연안항로 접근성에 한계가 있다. 함안 안라국은 가야읍 일대를 중심으로 하는 정치체이다. 고고학적으로 안라국의 문화권이나 대외교류 양상은 주로 바다를 통해 확산되었던 것으로 보이고,[48] 4세기 이후 마산 덕동만이나 진해만, 거제 일대를 안라국 토기가 분포하는 지역으로 설정한다는 점에서,[49]

---

45) 『三國史記』 34, 雜志3, 地理1 新羅 義安郡.

46) 海軍本部水路官室, 앞의 책, 1952, 233~239쪽.

47) 남재우, 「칠포국의 성립과 변천」, 『한국상고사학보』 61, 2008.

48) 최경규, 앞의 글, 2019; 이동희, 앞의 글, 2013; 하승철, 앞의 논문, 2018a.

안라국의 해양성을 엿볼 수 있다.

　그런데 함안 안라국의 중심은 가야읍의 내륙에 있으므로, 안라국의 포구가 어디였는지에 관한 의문이 남는다. 안라국의 해양진출 통로는 직선거리로 약 18km 정도 떨어진 진동만과 마산만으로 구분되는데, 안라국 중심에서 남쪽으로 한티재만 넘으면 바로 진동만으로 연결되며, 동쪽으로 고개를 넘어 내서읍을 지나면 마산만으로 연결된다.[50] 마산만 내부에는 골포국, 탁순국 등의 존재가 있으므로, 함안 안라국은 진동만을 경유하여 남해연안항로로 연결되거나,[51] 마산만 서측의 덕동만을 통해 바다와 연결되었을 가능성이 있다.

　덕동만은 진동만보다 안라국에서 멀다는 단점이 있으나, 만 북서쪽의 창원 현동유적에서 배 모양 토기를 비롯하여 청동기시대 이후 4~5세기 안라국 시기까지의 주거지와 무덤이 대규모로 확인되어,[52] 안라국 제일의 교역항으로 추정되기도 한다.[53] 『한국연안수로지』에도 마산만 서측의 작은 만으로 구산(덕동만)을 기록하였는데, 안쪽 수심 4.5m 이하이고 4면이 육지로 둘러싸였으며, 만 북쪽 해안에 덕동리 촌락이 있다고 서술하였다.[54]

　진동만 일대에서도 진북 대평리유적에서 왜계 유물이 출토되고 있어서, 안라국의 주요 교역항이었을 가능성이 있다.[55] 다만, 『한국연안수로지』에는 마산만 입구의 서측, 진해만의 북측의 진동만을 비롯한 여러 만에 관한 서술이 없고, 1952년 전후로 편찬된 다른 수로지에서도 별다른 기록이 없다. 진해만이 육지로 둘러싸여 안전하므로, 여러 항만이 있다는 포괄적 기록이 전부이다.[56] 진동만은 안라국과의 육상 교통로의 측면에서 유리하였지만, 만 입구가 남쪽으로 열려있으므로, 4면이 육지로 둘러싸인 현동유적 남동쪽의 덕동만에 비하여 포구로써 불리한 입지조건을 갖고 있었다. 요약하자면, 포구

49) 이동희, 「고고학을 통해 본 안라국의 형성과정과 영역 변화」, 『지역과역사』 42, 2018a, 68~69쪽.

50) 남재우, 「安邪國의 성장조건과 발전」, 『지역과역사』 5, 1999, 14~15쪽.

51) 이연심, 「안라국의 대왜교역로에 관한 검토」, 『한국민족문화』 51, 2014; 이영식, 「아라국과 왜국의 교류사」, 『가야제국사연구』, 생각과종이, 2016, 662~663쪽.

52) 창원대학교박물관, 『마산 현동유적』, 1990; 동서문물연구원, 『마산 현동유적Ⅰ·Ⅱ』, 2012; 부산지방국토관리청, 삼한문화재연구원, 『창원 현동 유적』, 2023.

53) 하승철, 「유물을 통해 본 아라가야와 왜의 교섭」, 『중앙고고연구』 25, 2018c, 4쪽.

54) 海軍本部水路官室, 앞의 책, 1952, 241쪽.

55) 하승철, 앞의 논문, 2018c, 4쪽.

56) 海軍本部水路官室, 앞의 책, 1952, 233~239쪽.

의 해양환경과 현동유적의 특성이라는 점에서는 덕동만이 유리하고, 안라국 중심과의 접근성 측면에서는 진동만이 유리하여, 두 곳 모두 함안 안라국의 포구로 기능하였을 가능성이 열려 있다.

6번은 거제도로 추정되는 沙都嶋 기록인데, 『일본서기』 계체 9년조에 왜의 物部至至連이 수병 500명을 이끌고 백제 사신의 귀환길에 동행하다가 沙都嶋에서 머물면서 반파 사람에 관한 소문을 듣고서 帶沙江(섬진강)으로 나아갔다고 전한다. 沙都嶋의 위치는 거제도 서북방에 '沙等' 지역과 연결시켜 거제도로 비정되며,[57] 거제 사등면의 '沙等城址'를 언급하기도 하나,[58] 축성연대를 엄밀히 따져볼 필요가 있다. 기록의 맥락만 보면, 이 섬은 수군 5백 명이 왜에서 바다를 건너와 머물면서, 고령 가라국 소식을 전해 들을 수 있어야 하며, 섬진강 하구로 나아가는 항로로 자연스럽게 연결될 필요가 있다. '사도'와 '사등'의 음운 유사성과 기록의 조건을 종합하면, 잠정적으로 사도도는 거제도로 비정된다.

그렇다면 거제도의 포구와 관련한 해양환경을 확인하면서, 거제도로 비정할 수 있는 간접적인 증거를 보완할 필요가 있다. 『한국연안수로지』에는 만곡이 많은 거제도 해안에 많은 항만이 있는데, 북안의 구영리에 북쪽으로 열린 포구가 있고, 동안에는 옥포 일대에 동쪽으로 열린 포구를 비롯하여, 장승포항, 구조라포, 망치포, 망포, 다대포 등이 있다고 기록되었다.[59] 이상의 포구는 거제도 북안, 동안에 위치하여 쓰시마에서 바다를 건너오자마자 거치는 중요한 기항지였을 가능성이 크고, 진해만을 건너 함안 안라국 등으로 바로 연결될 수 있어서 가야 지역의 정보를 듣기에도 적합할 것으로 생각된다. 따라서 이러한 거제도의 해양환경은 왜에서 섬진강 하구로 이어지는 항로의 기항지로 기능하였을 개연성에 부합한다고 생각된다.

7번과 8번은 일반적으로 포상팔국의 하나로서 고성(고자국), 사천(사물국)에 비정된다. 앞서 포상팔국에 관한 서술과 마찬가지로, 내용이나 시기 등은 추후 별도의 검토가 필요하지만, 대체로 남해안 연안지역의 '포구'를 기반으로 성장한 정치체임은 분명해 보인다. 특히 고성 고자국은 송학동 고분군을 조영하면서 남해연안항로를 따라 주변 지역

---

57) 小島憲之 外, 앞의 책, 1996, 307쪽 각주15.

58) 연민수 외, 『역주 일본서기 2』, 동북아역사재단, 2013, 281쪽 각주106.

59) 海軍本部水路官室, 앞의 책, 1952, 243~246쪽.

으로 문화권을 확대했던 가야의 주요 나라 중 하나였다.

고성 지역의 해양환경과 관련하여, 『한국연안수로지』에서는 거제도 서측의 좋은 항구로 통영항을 특기한 뒤에, 그 북쪽의 고성만을 다루었다. 이에 따르면, 고성만은 좁은 만구에서 북방으로 만입한 뒤, 다시 몇 개의 섬을 거쳐 북쪽으로 고성항에 이르는데, 수심이 극히 얕다는 한계가 있지만, 담수가 풍부하고 농수산물의 보급이 쉽다고 한다.[60] 이러한 서술을 고려하면, 고성은 통영보다 포구의 입지 면에서 상대적으로 불리할 수 있지만, 깊게 만입하여 안전한 항해와 정박이 가능하고, 보급과 생산력 면에서 우위를 점했을 가능성이 있다.

이어서 사천에 대한 『한국연안수로지』 기록을 보면, 고성 서쪽에서 진주만까지 다수의 암초와 도서가 있어서 대형선 통항이 어렵고, 북쪽의 삼천포항은 지방 어항에 불과하였다가 근대 산업 발전에 따라 큰 항구로 개발되었다고 서술하였으며, 사천 일대는 수심이 얕고 목표물도 뚜렷하지 않아서 항해가 어렵다고 평가하였다.[61] 사천 지역은 북동쪽으로 진주와 남강 수계에 연결되고, 남서쪽으로 남해도와 남해연안항로에 연결되는 입지조건을 갖고 있지만, 해양환경의 측면에서 고성만, 마산만 등보다 상대적으로 불리한 조건이었던 것으로 생각된다.

9번의 大嶋는 남해도로 추정하는 경우가 많은데,[62] 계체 23년조 기록의 맥락이나 등장인물 등을 종합하여 섬진강 부근의 큰 섬인 남해도로 비정한 것으로 생각된다.[63] 남해안의 큰 섬으로는 남해도와 거제도가 있는데, 거제도를 사도도로 비정한다면, 9번의 대도는 섬진강 부근의 남해도로 잠정적으로 추정된다. 9번 기록의 내용을 고려하면, 백제, 가야, 왜 사이의 연안항로 활용 시에 남해 연안의 큰 섬에서 기항하는 일이 자주 있었을 것으로 보인다.

10번의 '彌刃'는 '津名'이라는 세주와 '津路要害之地'라는 본문까지 있어서, 연안 지역의 포구였음이 확실하다. 일반적으로 미호는 현재 남해도 남동쪽의 彌助에 비정되는데, 음운의 유사성과 기록의 맥락을 고려한 결과이며,[64] 刃와 氏가 통용되고, 고대 음가가

[60] 海軍本部水路官室, 앞의 책, 1952, 249~267쪽.
[61] 海軍本部水路官室, 앞의 책, 1952, 269~274쪽.
[62] 坂本太郎 외 3명 校注, 앞의 책, 1967, 38쪽 각주7; 연민수 외, 앞의 책, 2013, 148쪽 각주163.
[63] 小島憲之 外, 앞의 책, 1996, 314쪽 각주9.
[64] 坂本太郎 외 3명 校注, 앞의 책, 1967, 117쪽 각주20; 小島憲之 外, 앞의 책, 1996, 440쪽 각주12.

'저'이므로 남해 미조리로 추정하기도 한다.[65] 남해의 미조는 조선시대에도 왜적의 방비와 관련하여 계속 주목받던 중요한 포구였고, 음운의 유사성도 비교적 명확하므로, 彌르는 남해도 미조면으로 비정해도 무리가 없다.

『한국연안수로지』에 따르면, 남해도는 거제도 다음으로 큰 섬이고, 높이 923m의 원산봉을 최고봉으로 하여 지형이 험준하며, 북쪽의 노량해협, 창선해협으로 육지와 맞닿고, 서쪽으로 여수만에 통한다고 한다. 미호로 추정되는 미조만은 남해도 남동쪽에 있으며 수심이 깊고 편동풍 외에 모든 바람을 막아줄 수 있고, 남측의 미조항은 수심이 깊은 어항이라고 기록하였다.[66] 미조만 남측에도 3면으로 막혀 있고 남쪽으로 열린 작은 만이 있다. 이러한 미조만 일대는 남해도 동남쪽에서 남해 외해로 향하거나 남해연안항로로 직접 연결될 수 있는 좋은 기항지로 생각된다. 따라서 9번 '彌르'는 항로의 요충지라는 당시 표현에 적합할 만큼 연안항로 네트워크의 중요한 기항지로 추정된다.

11번의 '多沙'는 12번의 '帶沙江'과 연결되며, '帶沙', '滯沙'라고도 나온다. 일반적으로 『삼국사기』 지리지의 하동군 옛 이름인 韓多沙郡과 연결지어,[67] 섬진강 하구의 경남 하동군 일대로 비정된다. 신공기에 다사성을 백제에 주었다는 기록은 후대에 백제가 다사 지역을 확보한 것과 관련한 왜곡 혹은 기원전승으로 이해된다.[68] 이어지는 계체기의 다사성 사여와 가라의 반발은 일본 입장에서 윤색된 기록으로 보이지만, 이러한 기록에서 공통으로 확인되는 것은 백제와 왜 사이의 연안항로에서 섬진강 하구의 하동 지역이 중요한 기항지로 기능했다는 점이다. 12번의 帶沙江과 13번의 汶慕羅는 6번 거제도(사도도)에 머물던 物部至至連의 수군이 섬진강(대사강)에 들어와 6일간 머물다가, 汶慕羅로 물러났다는 기록의 일부이며, 汶慕羅는 정확히 비정하기 어렵지만 섬 이름이라는 세주로 보아 섬진강 하구의 어느 섬으로 추정된다.[69] 구체적으로 창선도로 추정하거나,[70] 남해도 등으로 추정하지만,[71] 분명하지 않다.

65) 연민수 외, 앞의 책, 2013, 390쪽 각주265.
66) 海軍本部水路官室, 앞의 책, 1952, 278쪽.
67) 『三國史記』 34, 雜志3 地理1 新羅 河東郡.
68) 小島憲之 外, 『日本書紀 ①』, 小學館, 1994, 459쪽 각주15; 연민수 외, 앞의 책, 2013, 504쪽 각주207.
69) 坂本太郎 外 3명 校注, 앞의 책, 1967, 33쪽 각주19; 小島憲之 外, 앞의 책, 1996, 307쪽 각주16; 연민수 외, 앞의 책, 2013, 282쪽 각주109.
70) 小島憲之 外, 앞의 책, 1996, 307쪽 각주16.
71) 연민수 외, 앞의 책, 2013, 282쪽 각주109.

『한국연안수로지』에서 하동 일대에 관한 기록은 섬진강 하구에서 상류로 거슬러 올라가 위치하며 농산물이 풍부하다는 정도가 확인된다. 다만, 섬진강 하구에는 大沙洲가 있고, 남해도와의 사이에 여러 섬, 암초들이 있다는 설명이 있으며, 서측의 광양만 일대에도 저수심 구역이 산재하여 항행이 어렵다는 서술이 있다.[72] 이러한 서술을 고려할 때, 섬진강 하구의 하동은 여수에서 노량해협을 지나 고성, 통영으로 이어지는 남해연안항로의 기항지였을 것으로 생각되지만, 수심이 낮고 항해 방해요소가 많아서 지역 해양정보를 숙지한 해양세력의 도움이 필요한 해역이었을 것으로 추정된다. 하동(다사) 일대의 세력은 이러한 해양정보를 숙지하고, 섬진강 수운의 결절점에서 연안항로 네트워크의 기항지로 성장했던 것으로 판단된다.

문헌에서 추출한 가야 포구의 흔적들은 기록 자체의 신빙성 문제부터 연대와 성격 문제까지 불확실한 요소가 많은 편이다. 본 글에서는 사료 내용의 논쟁에 직접 뛰어들기보다, 이러한 포구들이 연안항로 네트워크의 기항지로서 기능하였던 공간성에 주목하였으며, 근현대 연안수로지 자료를 보완적으로 활용하여 이러한 포구들의 해양환경적인 특징을 찾아보았다. 다음 장에서는 가야 지역 포구의 특징을 간추려 보고, 서남해안 연안항로 네트워크 속에서 가야가 지녔던 해양사적 의미를 살펴보고자 한다.

Ⅳ. 서남해안 연안항로 네트워크에서 가야의 역사적 의미

앞 장에서 살펴본 가야 포구 기록에서 다음의 몇 가지 특징이 도출된다. 첫째, 낙동강 하구의 김해나 섬진강 하구의 하동과 같이 큰 강의 하구에 포구가 위치하였다는 점이다. 일반적으로 고대의 포구는 큰 강의 하구에 자연적으로 형성된 만 내부에 자리 잡는 경우가 많은데, 이 경우 연안항로의 해운과 강을 따라가는 내륙 수운의 결절점에서 많은 이익을 독점할 수 있다. 본 글에서 서술하지 않았지만, 낙동강 하류의 양산 지역도 같은 이유에서 가야-신라-왜 사이에서 중요한 포구로 기능하였을 것이다.

둘째, 근현대 연안수로지에서 천혜의 좋은 항구로 평가받은 곳은 큰 강 하구가 아니라

---

72) 海軍本部水路官室, 앞의 책, 1952, 284~285쪽.

마산만 일대였다. 큰 강의 하구는 내륙 수운과 해운의 결절점이라는 장점이 있었지만, 이와 동시에 토사의 퇴적과 얕은 수심 등의 문제도 있다. 마산만에도 크고 작은 하천이 유입되지만, 낙동강에 비할 수준이 아니며, 짧은 유로와 급경사, 건천 등의 특징을 갖고 있다.[73] 또한 마산만은 3면이 산으로 막히고, 남쪽으로 좁고 긴 만구와 여러 섬이 외해의 파랑을 막아주며, 상대적으로 수심도 깊게 유지되어 좋은 포구의 조건을 갖추고 있다. 이러한 환경적 요인은 이 일대에서 탁순국, 골포국이 성장하였던 동력으로 추정된다.

셋째, 포구 관련 기록에서는 대체로 3~5세기 무렵 연안에서 성장한 김해, 함안, 고성, 창원, 사천 지역 세력들이 확인된다. 일부 기록의 연대와 내용 등에 논란이 있지만, 적어도 이들이 연안에서 성장한 가야의 주요 나라였음은 분명해 보인다. 함안 안라국은 내륙에 위치하지만 덕동만, 진동만을 통해 남해연안항로로 연결되었을 것으로 추정된다. 고성 고자국은 통영항에 비해 상대적으로 다소 불리한 입지였지만, 정박의 안정성이나 생산력 등을 배경으로 성장했을 것으로 추정된다.

넷째, 남해 연안의 해양환경을 살펴보면, 리아스식 해안으로 여러 만곡부에 포구가 발달하기 좋은 조건이었지만, 일부 좁은 해협이나 만구에서는 조류의 영향이 있었고, 사주나 암초와 같은 항해 방해요소도 다수 있었다. 즉, 특정 해역의 해양 지리정보를 숙지하고 있는 지역 해상세력이 연안항로의 기항지로서 정보 제공과 보급, 안전 확보 등의 역할을 수행할 필요가 있었다. 이러한 특징은 가야의 여러 포구가 성장하는 동인이었을 것이다.

다섯째, 대체로 김해에서 서쪽으로 갈수록 포구 기록의 연대가 점차 후행하는 특징을 보인다. 포상팔국 기록이나 『일본서기』 신공기 등의 연대 문제가 있으나, 대체로 각각 3~4세기, 4세기 후반으로 이해하는 경향이 크다는 점을 고려한다면, 시간의 흐름에 따라 문헌에 등장하는 포구의 위치가 주로 김해 일대의 경남 동부지역에서 섬진강 하구의 전남 동부지역으로 이동하는 추세는 인정된다. 이러한 흐름은 신라의 낙동강 유역 진출과 김해 가락국 정복, 안라국·고자국·가라국의 대두, 백제의 섬진강 유역 진출이라는 역사적 흐름과 연동된다. 문헌에 기록된 가야 지역의 포구도 대체로 백제, 가야, 신라, 왜 사이에서 남해연안항로의 기항지로 등장하였으므로, 이러한 역사적 변천과 궤를 같이하였던 것으로 추정된다.

---

73) 마산시사편찬위원회, 『마산시사』 1권, 2011, 58쪽.

　여섯째, 바로 인접한 영산강 유역과 비교해보면, 4세기 후반 이후 영산강 유역 정치체가 독자적으로 중국 혹은 왜와 교섭한 기록은 확인되지 않는다. 영산강 유역은 나주까지 바닷물이 드나드는 거대한 내해로서 해양적 특성이 강한 지역이며, 다수의 포구가 있었을 것으로 추정되지만, 문헌 기록 속에 포구의 흔적은 거의 없다. 『양직공도』의 이른바 '방소국' 기록이나 『일본서기』의 '임나4현' 기록 등에서 일부 지명이 확인되지만, 직접적인 포구로 기능했는지 여부를 사료 맥락에서 알기 어렵다. 『일본서기』 신공기에 보이는 고해진, 침미다례 혹은 『진서』의 신미국 등이 대체로 이 지역 연안의 포구 혹은 연안 정치체였을 것으로 추정될 뿐이다.

　이와 달리, 가야의 여러 나라는 독자적으로 왜, 백제, 신라와 사신을 주고받으며 교섭을 진행하였고, 이 과정에서 사신단, 병력 등 인적 이동이 발생하였으며, 이들이 경유하는 기항지로 여러 포구가 기록되었다. Ⅱ장에서 서술한 것과 같이, 백제는 4세기 후반 영산강 유역을 포함한 마한 전역의 대외교섭권을 통제하여 '세력권'에 편입하고, 점차 지배력을 강화하여 연안항로 네트워크의 기항지로 활용하였다. 반면에 가야는 백제의 '지배' 속에 들어가거나, 대외교섭권을 통제당하는 상황에 놓였던 것으로 보이지 않는다. 가야 여러 나라는 독자적인 문화를 유지하고 대외교섭을 진행하면서, 대체로 백제와 우호적인 관계를 맺으면서 연안항로 네트워크의 기항지로 기능하였고, 백제와 왜의 해양 교섭과 교류를 매개하는 중요한 역할을 하였다.

　이상의 특징을 요약해보면, 가야의 포구는 리아스식 해안이라는 남해안의 특징 속에서, 마산만과 같은 천혜의 해양환경 또는 큰 강 하구의 내륙 수운과 해운의 결절점에서 발전하였다. 인접한 영산강 유역 정치체가 백제에 대외교섭권을 통제당하였던 것과 달리, 가야 지역은 독자적인 문화를 유지하면서 왜와 활발한 대외교섭을 벌이는 동시에 백제와 왜의 교섭을 중개하였으므로, 이에 연동된 남해 연안의 다양한 포구 기록이 남았던 것으로 생각된다. 또한 이러한 포구의 위치는 기록의 연대가 늦어질수록 김해 인근에서 점차 서쪽으로 섬진강 하구로 이동하는 경향이 보인다.

　가야의 여러 나라가 성장하고 포구가 발달하는 동시에, 시간이 흐를수록 포구 기록이 점차 서쪽으로 이동하는 경향은 남해연안항로의 특징과 관련된다. 남해연안항로의 핵심 구간인 쓰시마로 향하는 경로는 부산부터 김해, 창원, 거제, 남해 도서까지 모두 시인거리 내에 위치하여 연안항해가 가능하였다. 해양 지리정보 습득, 식수 보급, 악천후

시 피항 등을 위한 기항지만 확보한다면, 남해안 동부 전역에서 쓰시마까지 항해할 수 있었다.

백제가 김해 가락국을 대신하여, 함안 안라국의 협조 속에서 창원 탁순국의 중개로 왜와 통교하였던 것도 이러한 남해연안항로의 특징과 관련되었을 것이다. 또한 김해 가락국, 창원 탁순국, 함안 안라국, 고성 고자국 등 남해연안항로의 포구에서 다양한 나라들이 성장할 수 있었던 배경에도 남해안 동부 연안 지역과 쓰시마가 시인거리 내에 포함된다는 남해연안항로의 특징이 있었을 것이다.

그런데 백제, 가야에서 왜로 향하는 항로를 남해사단항로로 파악하는 견해도 있다. 예를 들어, 여수, 고흥에서 고토열도로 가는 남해사단항로의 가능성을 제시하거나,[74] 4세기 후반 이후 백제가 가야를 피해 하동 다사성에서 거제도를 거쳐 쓰시마로 향하거나, 남해사단항로를 활용하였다는 견해도 제출되었다.(〈지도 1〉 참조)[75]

남해사단항로는 한라산(1,947m)의 넓은 시인거리 범위 내에 존재하지만, 기상 상황에 따른 변수가 크고, 장거리 원양에서 기항지가 없다는 문제가 있으며, 남해사단항로 활용 기록을 찾아보기 어렵다는 한계도 있다. 따라서 백제와 왜 사이의 남해사단항로 활용 문제는 신중히 접근할 필요가 있다.[76] 7세기 수의 사신 배청의 항해,[77] 9세기 일본의 구법승 엔닌의 귀국 항해[78] 등을 보면, 9세기까지도 당-신라-일본을 오가는 상선은 남해 도서를 경유하며 쓰시마를 표지로 삼는 남해연안항로를 항해하였다.

4~5세기 남해사단항로 활용을 주장하는 견해에서는 백제가 연안항로 기항지를 통제하자, 영산강 유역 등의 세력이 남해사단항로를 사용했다고 보았다.[79] 하지만 장거리 연안항로의 운용 방식을 네트워크 형태로 이해한다면, 특정 주체의 통제와 지배를 벗어난 다원적 주체 사이의 상호작용, 개별적 교류는 가능하였을 것이다. 고고자료와 문헌자료에 보이는 영산강 유역과 가야, 왜 사이의 '교류'나 가야 여러 나라의 독자적 '교섭'은 백제의 통제 밖에서 이루어질 여지가 있었다. 한반도 남부와 일본 열도 사이에서 남

74) 임영진, 「영산강유역권 왜계고분의 피장자와 '임나일본부'」, 『지역과역사』 35, 2014.
75) 문안식, 「백제의 동아시아 해상교통로와 기항지」, 『사학연구』 119, 2015, 125~131쪽, 134~139쪽.
76) 김낙중, 앞의 논문, 2016, 89쪽.
77) 『隋書』 81, 倭國.
78) 『入唐求法巡禮行記』 4, 大中 원년(847) 9월 2일~9월 10일.
79) 문안식, 앞의 논문, 2015.

해사단항로를 간헐적 교류 항로로 활용하였을 개연성은 있지만, 기본적인 간선 항로는 남해연안항로로 판단된다.[80]

백제는 남해연안항로를 따라서 4세기 후반 창원 탁순국의 중개로 왜와 교섭을 시작하였고, 이후 함안 안라국, 고성 고자국과 우호관계 속에서 왜까지 이어지는 장거리의 연안항로 네트워크를 활용하였다. 백제가 장거리의 연안항로 네트워크를 안정적으로 구축하였으므로, 백제 왕족이나 지식인, 사신 등이 왜에 건너갈 수 있었고, 왜에서도 다수 병력이나 말 등을 연안항로를 통해 이동시킬 수 있었다. 이러한 인적, 물적 이동은 우호적인 기항지를 네트워크 형태로 묶어주는 노력 없이는 불가능하였다.

아울러, 가야의 여러 포구는 이러한 연안항로 네트워크 속에서 기항지로 성장하였다. 3장의 표에서 살펴보았던 포구 관련 기록을 보면, 백제에서 왜로 인적 이동 과정에서 체류하거나, 백제와 왜의 통교를 중개하거나, 왜에서 백제에 가다가 체류하는 등의 형태가 대부분이다. 이러한 기록의 왜곡과 윤색에 주의해야겠으나, 백제와 왜 사이의 장거리 연안항로 활용에는 가야의 여러 포구가 필수적인 역할을 했다는 점은 분명히 확인된다. 또한 중국의 문물이 왜까지 유입되는 과정이나 영산강 유역 정치체와 왜의 다원적인 해양 교류 등은 모두 가야 지역의 여러 포구를 거치지 않고서는 이루어지기 어려웠다.

당시 백제에서 왜를 잇는 장거리 연안항로에서는 규모가 비교적 큰 구조선이 활용되었을 개연성도 있으나, 현재까지 한반도 남부~일본 열도에서 발견된 고고자료를 토대로 할 때, 준구조선 단계의 선박이 활용되었을 가능성이 일반적이다.[81] 그런데 Ⅲ장에서 살펴본 가야 포구 관련 기록을 보면, 백제의 왕족이나 왜의 병력, 혹은 대규모 인원이 장거리의 연안항로를 이동했던 흔적이 확인된다. 그렇다면, 이들이 준구조선으로 장거리의 연안항로를 안전하게 항해하기 위해서는, 앞서 검토한 것처럼 가야 지역의 포구에 계속 기항하는 것이 필수적이었다. 즉, 가야 지역의 포구는 장거리의 연안항로 네트워크에서 안전한 기항지로 중요성이 높았던 것으로 생각되며, 이것이 여러 포구와 가야 나라들이 성장한 배경이기도 하였다.

---

[80] 이상의 남해연안항로, 남해사단항로 서술은 다음의 논문을 수정한 것이며, 논지 이해에 필요한 남해 시인거리 지도도 다음의 논문에 수록된 것이 참고된다(임동민, 앞의 논문, 2023b, 205~213쪽).

[81] 임동민, 「고대 동아시아의 해양기술을 통해 바라본 백제 한성기 항해술과 조선술」, 『해양문화재』 16, 2022b.

V. 맺음말

가야의 여러 나라는 바다를 통해 동아시아와 연결되었다. 이러한 연결은 서남해안 연안항로라는 항로의 관점과 연안항로의 필수적 기항지였던 포구라는 관점에서 설명할 필요가 있다. 가야의 여러 나라는 중국, 한국, 일본을 잇는 서남해안 연안항로 네트워크에서 고대 왜로 건너가는 중요한 기항지에서 성장하였다. 장거리의 서남해안 연안항로는 네트워크 형태로 운용되었으나, 3세기 말~4세기 초의 동아시아 정세변동으로 인하여 경색되었는데, 4세기 후반 이후 백제가 가야 여러 나라와 우호관계 속에서 네트워크 형태로 회복시켜 왜와 긴밀한 관계를 맺어나갔다. 이 과정에서 창원 탁순국, 함안 안라국, 고성 고자국 등의 세력이 백제와 우호적인 관계 속에서 연안항로 네트워크의 기항지로 대두하였다.

문헌 자료에는 이러한 연안항로 네트워크에서 안전한 기항지로 활용된 가야 포구 관련 기록이 10여 개 이상 확인된다. 문헌에 보이는 가야 포구는 시간적으로 허황옥 설화, 포상팔국 기록에서부터 가야 멸망까지, 공간적으로 낙동강 하구부터 섬진강 하구까지로 한정하여 살펴보았다. 아울러 『한국연안수로지』와 같은 근현대 연안수로지 기록을 토대로, 고대의 해양 환경도 유추하여 검토 작업에 활용하였다. 한편, 『일본서기』 기록이나 포상팔국 관련 기록 등은 주체, 연대, 내용의 측면에서 여러 논란이 있으나, 본 글에서는 복잡한 논의를 모두 언급하는 대신, 포구의 '공간성'에 초점을 맞추어 기항지로서의 성격에 국한하여 서술하였다.

먼저 김해 지역에는 낙동강변 황산진과 고 김해만 내의 여러 포구 흔적이 확인되는데, 깊숙한 지역까지 바닷물이 유입되던 고대 해양환경을 고려하면 자연스러운 양상이다. 근현대 연안수로지 기록에 따르면, 당시 김해는 하천 하류의 퇴적과 간척 사업 등으로 이미 육지화가 진행되었는데, 고대 김해만에도 하천 퇴적작용으로 인하여 일부 얕은 수심, 갯벌 등이 있었을 가능성이 있다. 탁순국과 골포국은 마산만 일대로 비정되는데, 근현대 연안수로지에서 마산만을 천연의 양항으로 평가했다는 점을 고려하면, 두 국가의 성장 배경을 자연스럽게 유추할 수 있다. 함안 안라국은 현재 가야읍을 중심으로 하며, 남해연안항로와 연계되는 포구로는 남쪽의 진동만, 남동쪽의 덕동만 등을 주목할 수 있다. 사도도는 거제도로 추정되는데, 근현대 연안수로지를 보면 북쪽 구영리부터 동쪽의 옥포, 장승포, 지세포 등 좋은 포구가 다수 확인되므로, 쓰시마에서 바다를 건너자마자 처음 거치는 중요한 기항지였을 것으로 판단된다.

이어서 고자국, 고사포는 경남 고성으로 비정되는 포구이자 가야의 정치체였다. 특히 고성만은 통영보다 안전성과 보급 측면에서 유리했으므로, 고성 고자국이 발전하는 배경으로 작용했을 것으로 보인다. 대도는 남해도, 미호는 남해도 동남쪽 미조만으로 추정되는데, 남해연안항로 활용 시의 중요한 기항지로 활용된 것으로 생각된다. 마지막으로 문모라, 다사진, 대사강은 섬진강 하구와 하동 일대로 생각되는데, 고성에서 노량해협을 지나 여수로 가는 길의 중요한 기항지였으나, 섬진강 하구 앞에 여러 항해 방해요소가 있었다.

위와 같은 포구 기록은 다음과 같은 특징을 보여준다. 첫째, 가야 지역 포구는 낙동강, 섬진강과 같은 큰 강 하구에 만들어졌는데, 해운과 내륙 수운의 결절점에서 성장한 것으로 생각된다. 둘째, 근현대 연안수로지에서는 강 하구보다 마산만을 천연의 양항으로 평가하였는데, 탁순국, 골포국 등의 성장과 관련된다. 셋째, 가야 여러 나라는 3~5세기 무렵 김해부터 사천까지 골고루 분포하였고, 함안 안라국은 덕동만이나 진동만을 통해 연안항로에 연결되었을 것이다. 넷째, 남해 해양환경은 포구 발달에 유리하지만 항해 방해요소가 많아서, 지역 해양정보를 숙지한 지역 세력이 기항지로 성장할 수 있었다. 다섯째, 포구 기록은 시간이 갈수록 김해에서 서쪽으로 이동하는 경향을 보이는데, 신라의 진출과 정복, 안라국—고자국—가라국의 대두, 백제의 진출 등과 연동된다. 여섯째, 인접한 영산강 유역도 포구 발달에 유리했지만, 4세기 이후 독자적 교섭 기록이 사라지는데, 가야는 독자적인 국가 간의 교섭을 활발히 진행하였고, 이 과정에서 인적, 물적 이동의 기항지로 가야 포구가 나타났다.

이러한 포구 관련 기록들은 다양한 방식으로 사료비판을 거칠 필요가 있지만, 적어도 가야 여러 포구가 연안항로 네트워크의 중요한 기항지였다는 점은 인정된다. 또한 가야를 중심으로 하는 한반도 남부와 일본 열도 사이에서 주로 준구조선이 활용되었다는 점을 고려하면, 장거리 연안항로에서 기항지의 중요성은 더욱 커진다. 따라서 기록에 보이는 인적, 물적 이동을 담보하려면, 반드시 가야의 여러 포구에 기항할 필요가 있었다. 가야 지역의 포구는 연안항로 네트워크에서 안전한 기항지로 중요성이 높았고, 이것이 가야 여러 나라들이 성장한 배경이기도 하였다.

〈지도 1〉 황해, 남해 항로 개념도[82]

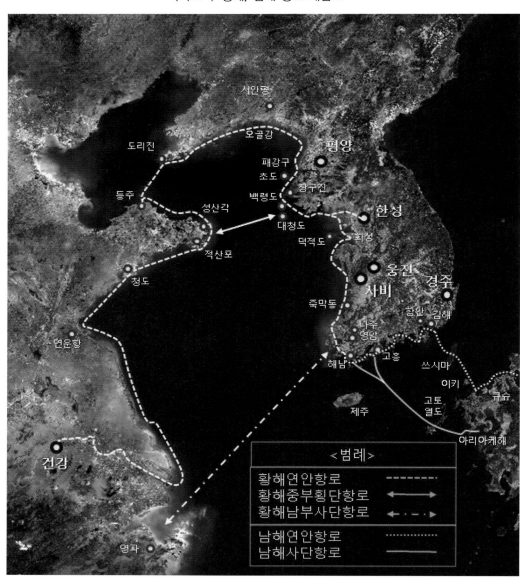

82) 임동민, 앞의 논문, 2022a, 18쪽 도1.

【참고문헌】

권덕영, 『신라의 바다 황해』, 일조각, 2012.

권오영, 『해상 실크로드와 동아시아 고대국가』, 세창출판사, 2019.

마산시사편찬위원회, 『마산시사』 1권, 2011.

연민수 외 엮음, 『역주 일본서기 1·2』, 동북아역사재단, 2013.

尹汝政, 『地文航海學』, 韓國海洋大學 海事圖書出版部, 1999(제5판).

海軍本部水路官室, 『韓國沿岸水路誌 第1卷 東岸 南岸』, 海軍本部水路官室, 1952.

姜鳳龍, 「8~9세기 東北亞 바닷길의 확대와 貿易體制의 변동」, 『歷史敎育』 77, 2001.

강봉룡, 「고대 동아시아 연안항로와 영산강·낙동강유역의 동향」, 『도서문화』 36, 2010.

고경석, 「신라의 對中 해상교통로 연구」, 『신라사학보』 21, 2011.

김규운, 「고고자료로 본 소가야의 권역과 변천」, 『한국고대사연구』 92, 2018.

김낙중, 「서남해안 일대의 백제 해상교통로와 기항지 검토」, 『백제학보』 16, 2016.

김병준, 「고대 동아시아의 해양 네트워크와 使行 교역」, 『한국상고사학보』 106, 2019.

김성준, 「고대 동중국해 사단(斜斷) 항로에 대한 해양기상학적 고찰」, 『해양환경안전학회지』 19권 2호, 2013.

김주용, 「昌原·馬山地域의 古墳文化」, 『고문화』 71, 2008.

김현미, 「卓淳國의 성립과 대외관계의 추이」, 『역사와경계』 57, 2005.

남재우, 「安邪國의 성장조건과 발전」, 『지역과역사』 5, 1999.

남재우, 「칠포국의 성립과 변천」, 『한국상고사학보』 61, 2008.

문안식, 「백제의 동아시아 해상교통로와 기항지」, 『사학연구』 119, 2015.

박광춘·김다빈, 「가야 로만글라스와 진식대금구 유입 시기와 교역로 연구」, 『석당논총』 75, 2019.

박대재, 「한국의 '고대'와 초기국가」, 『한국고대사연구』 110, 2023.

박재용, 「백제의 대왜교섭과 항로 ―5~6세기를 중심으로―」, 『백제학보』 19, 2017.

박천수, 「가야 각국의 범위와 권역구분」, 『가야, 동아시아 교류와 네트워크의 중심지들 ; '가야본성, 칼과 현' 학술도록』, 국립중앙박물관, 2019.

백승옥, 「가야사 연구의 흐름과 안라국사」, 『지역과역사』 42, 2018.

변남주, 『영산강 뱃길과 포구 연구』, 민속원, 2012.

신가영, 「4~6세기 가야 제국의 동향과 국제관계」, 연세대학교 사학과 박사학위논문, 2020.

신가영, 「4세기 후반 고구려와 백제의 대립구도와 가야 諸國의 향방」, 『선사와고대』 66, 2021.

안홍좌, 「가야 卓淳國 연구」, 창원대학교 사학과 박사학위논문, 2023.

우재병, 「4~5世紀 倭에서 加耶 · 百濟로의 交易루트와 古代航路」, 『호서고고학』 6 · 7, 2002.

이동희, 「아라가야와 마한 · 백제」, 『고고학을 통해 본 아라가야와 주변제국』, 학연문화사, 2013.

이동희, 「고고학을 통해 본 안라국의 형성과정과 영역 변화」, 『지역과역사』 42, 2018a.

이동희, 「해남반도와 가야 · 신라의 교류, 그리고 항시국가(港市國家) 지미(止迷)」, 『백제학보』 26, 2018b.

이동희, 「고성 내산리 집단의 성격과 포상팔국」, 『영남고고학』 91, 2021.

이연심, 「안라국의 대왜교역로에 관한 검토」, 『한국민족문화』 51, 2014.

이영식, 「加耶諸國名의 재검토」, 『伽倻文化』 17, 2004.

이영식, 「왜와의 관계」, 『백제의 대외교섭』(백제문화사대계 연구총서9), 충청남도역사문화연구원, 2007.

이영식, 「가야왕릉묘역 출토유물로 본 가야와 동아시아의 교류―김해 대성동고분군, 함안 말이산고분군, 고령 지산동고분군을 중심으로」, 『동아시아고대학』 55, 2019.

이영식, 「아라국과 왜국의 교류사」, 『가야제국사연구』, 생각과종이, 2016.

이춘선, 「가야 남부 세력의 형성과 전개」, 경북대학교 고고인류학과 박사학위논문, 2020.

임동민, 「백제와 동진의 교섭과 항로」, 『백제학보』 17, 2016.

임동민, 「백제 한성기 해양 네트워크 연구」, 고려대학교 한국사학과 박사학위논문, 2022a.

임동민, 「고대 동아시아의 해양기술을 통해 바라본 백제 한성기 항해술과 조선술」, 『해양문화재』 16, 2022b.

임동민, 「서남해안 연안항로 네트워크를 통해 본 백제 한성기 영산강 유역 진출과 포구」, 『백제학보』 43, 2023a.

임동민, 「서남해안 연안항로 네트워크를 통해 본 백제 한성기 가야와의 관계」, 『한국고대사연구』 109, 2023b.

임영진, 「영산강유역권 왜계고분의 피장자와 '임나일본부'」, 『지역과역사』 35, 2014.

정선운, 「가야 항시의 성립과 전개」, 『한국고고학회 학술대회 2023』, 2023.

정진술, 『한국 고대의 해상교통로』, 한국해양전략연구소, 2009.

최경규, 「아라가야」, 『가야, 동아시아 교류와 네트워크의 중심지들 ; '가야본성, 칼과 현' 학술도록』, 국립중앙박물관, 2019.

하승철, 「소가야 분구묘의 특징과 출현배경」, 『경남연구』 11, 2016.

하승철, 「고고자료를 통해 본 아라가야의 대외관계」, 『지역과역사』 42, 2018a.

하승철, 「고고학으로 본 소가야의 성립과 변천」, 『동아시아고대학』 51, 2018b.

하승철, 「유물을 통해 본 아라가야와 왜의 교섭」, 『중앙고고연구』 25, 2018c.
홍성화, 「고대 서남해 항로에 대한 고찰-한일관계를 중심으로-」, 『한국고대사탐구』 39, 2021.
황상일·김정윤·윤순옥, 「고김해만 북서지역의 Holocene 후기 환경변화와 지형발달」, 『한국지
        형학회지』 16권4호, 2009.

창원대학교박물관, 『마산 현동유적』, 1990.
동서문물연구원, 『마산 현동유적Ⅰ·Ⅱ』, 2012.
부산지방국토관리청, 삼한문화재연구원, 『창원 현동 유적』, 2023.

小島憲之 外, 『日本書紀 ①』, 小學館, 1994.
小島憲之 外, 『日本書紀 ②』, 小學館, 1996.
水路部, 『朝鮮沿岸水路誌 第1卷 朝鮮東岸 及 南岸』, 東京: 水路部, 1933.
坂本太郎 외 3명 校注, 『日本書紀』 下, 岩波書店, 1967.

加耶의 津과 交易路

- 南海岸을 中心으로 -

소배경 | 삼강문화재연구원

I. 머리말

加耶의 交易에 대한 논의는 끊임없이 제기되어 왔다. 여러 소국으로 존재했던 '加耶'는 交易을 기반으로 발전하였는가 아니면 農業生産經濟制體를 바탕으로 발전하였는가에 따라 논의 자체가 변할 수 있다. 즉, 交易에 기반하여 발전한 사회는 농업생산 경제 체제를 기반으로 발전한 사회와 근본적으로 다른 점을 지닌다. 그 대표적인 논의가 '港市'에 있다. '港市'는 교역을 기반으로 발전하여 '港市國家'로 승격된 나라를 말한다. 농업생산을 기반으로 발전한 국가와는 근본적으로 태생 자체가 다른 것이다.

교역장은 해안이나 석호뿐만 아니라 고원과 평지, 사막과 오아시스 도시의 접점처럼 다양한 지리적 경계지점에 설치되었으며, 역사적으로나 전 세계적으로 널리 존속한 제도이다.[1] 이런 의미에서 남해안의 해상세력으로 볼 수 있는 몇몇 가야는 교역을 기반으로 성장하여 소국 형성기에 경제적 기반을 마련하였을 것이다. 浦上八國으로 대표되는 가야의 小國들이 이에 포함된다고 할 수 있다. 『三國史記』와 『三國遺事』의 撰者는 그

---

[1] 폴라니 엮음 · 이종욱 옮김, 『초기제국에 있어서의 교역과 시장』, 민음사, 1994.

나라들을 포상팔국, 즉 '포구에 자리한 여덟 나라'라고 통칭했다. 그 가운데 骨浦國(창원), 古自國(고성), 史勿國(사천) 등은 많은 연구자가 어느 정도 특정하고 있다.

문제는 다양한 교역장에서 교역이 이뤄진다는 것이다. 남해안을 접한 가야 소국에서부터 大河(낙동강 등)을 따라 이루어지기도 하고 小河(남강 또는 황강 등)에도 교역은 일어난다. 海路와 陸路가 만나는 結節地나 大河나 小河가 육로로 이어지는 결절점에서도 교역이 이루어진다. 사람과 사람이 만나는 곳에 이루어지는 것이 교역이다. 이러한 장소를 찾고자 하는 노력에서 본 글을 작성하게 되었다. 외부적 요인보다 내재적 요인에 집중하고자 한 것이다. 그 중에서도 가야권역에서 보이는 小盆地와 小河에서 大河로 연결되어 남해안으로 이어지는 해상교역로와 육상교역로를 살펴보았다.

본 발표는 가야의 교역장인 '○○津'의 고고학적 정의와 논의를 정리하여, 제철을 기반으로 성장한 가야의 교역로인 鐵商海路와 鐵商陸路를 남해안을 통해서 살펴보았다.

Ⅱ. 가야의 津

1. '津'이란?

'津'은 현재의 '港'과 같은 의미이다. 港이 근대에 사용된 개념이라면, 삼국시대에는 港의 의미로 津을 사용했다고 할 수 있다. '포구'도 고려·조선시대 일반적으로 통용되던 개념으로 이 글에서는 『三國史記』에 등장하는 '津'이라는 의미로 '○○津'이라 부르고자 한다. 津의 사전적인 의미는 나루터·수로와 육로의 요충지 등의 개념과 港·渡船場·船着場으로서의 개념을 내포하고 있다. 삼국시대 이후 고려시대와 조선시대의 津은 주요 강변의 요충지에 설치했던 나루터이며, 關津·津關 또는 渡라고 불렀다.[2] 본고에서는 『三國史記』의 기록을 바탕으로 津을 당시의 港으로 파악하였다.

『三國史記』에 등장하는 대표적인 津으로 大唐교역의 창구역할을 한 '唐津'이 있다.[3] 그 외에도 하동의 '多沙津'은 백제에 의해 529년 빼앗기기 전에는 가야의 중요한 국제무

---

2) 金載名, 「津」, 『한국민족문화대백과사전』 21, 한국정신문화연구원, 1994, 395~396쪽.
3) 『三國史記』 卷第三十六 雜志 第五.

역항이었다. 『日本書紀』 권9 神功皇后 攝政 50년 여름 5월조에 왜가 백제에게 多沙城
(경남 하동)을 내려주어 오고 가는 길의 驛으로 삼도록 하였다고 전한다. 그리고 『일본
서기』 권17 繼體天皇 23년 3월조에 백제왕이 加羅의 多沙津을 조공하는 津路로 삼기를
청한다는 내용과 아울러 加羅王[大加耶]이 多沙津이 대가야가 조공하는 渡津이었다고
언급한 내용이 전한다. 이러한 기록들을 통하여 섬진강 河口에 위치한 하동의 多沙津이
대가야 및 백제에서 왜로 향하는 관문항으로서 기능하였음을 엿볼 수 있다. 더구나 신
라 하대에 청주(菁州: 경남 진주)의 관문항으로 중요한 역할을 수행한 것이 하동의 多沙
津이었을 가능성이 높다고 한다.[4] 그런데 경남 하동에서 일본으로 가기 위해서는 반드
시 남해군을 거쳐야 한다. 남해가 하동에서 일본을 연결하는 해상교통에서 중요한 역할
을 수행하였기 때문에 신문왕이 690년 10월에 남해에 轉也山郡을 설치하였던 것으로 이
해된다.[5]

　금관가야의 대표적인 津은 黃山津과 加耶津이다. 황산진은 경남 양산시 물금읍 물금
리 황산역터 근처에 위치하였고, 가야진은 부산광역시 북구 화명동 용당마을에 위치하
였다. 조선 세종대에 양산시 원동면 용당리의 낙동강, 즉 玉池淵에서 용이 나타나자, 거
기에 위치한 나루 역시 가야진이라고 명명하였다. 황산진은 낙동강 물이 세 갈래로 갈
라지기 전의 낙동강가에 위치하여 그 중상류를 연결하는 수로교통의 요지에 해당하였
는데, 신라는 3세기 후반에 그것을 기반으로 낙동강 수로를 확고하게 장악하여 금관가
야를 압도하고 영남지역을 대표하는 국가로 성장하였다. 늦어도 5세기 초반부터 신라는
화명동 용당마을에 위치한 加耶津을 통하여 금관가야를 압박하다가 마침내 532년에 금
관가야를 정복하고 영토로 편제시켰다.[6]

　최근 '津'을 '港市'의 개념으로 접근하는 연구 경향이 나타나고 있다. 국내에서 '港市'의
정의와 개념을 도입한 연구자는 권오영[7]이며, 이후 여러 연구자가 '港市'라는 개념을 통
해 다양한 분석을 진행하였다.[8] 이보다 앞선 연구에서는 '津'을 海門,[9] 寄港地,[10] 交易

---

4) 전덕재, 「신라의 대중·일교통로와 그 변천」, 『역사와 담론』 65, 2013.
5) 『三國史記』 卷第八 新羅本紀 第八.
6) 전덕재, 「삼국시대 황산진과 가야진에 대한 고찰」, 『한국고대사연구』 47, 한국고대사학회, 2007.
7) 권오영, 「랑아수국(狼牙脩國)과 해남제국(海南諸國)의 세계」, 『백제학보』 20호, 백제학회, 2017.
8) 이동희, 「고성 내산리 집단의 성격과 포상팔국」, 『영남고고학』 91, 영남고고학회, 2021; 정선운, 「加
　耶 港市의 成立과 展開」, 경북대학교 대학원 석사학위논문, 2022; 안홍좌, 「가야 탁순국 연구」, 창원
　대학교 박사학위논문, 2023.

場(港),[11] 海港 · 河港 · 江海都市[12] 등으로 정의하였다. 이 외에도 고일홍은 '港'에 대한 접근을 배후에 '항구 집락'이 존재하는 '항구(port)'와 해상교통로 상에서 선박들이 주기적으로 정박하는 지점인 '하버(harbor)'를 구분하여, 후자의 범주에 포함되는 다양한 지점들에 대한 논의가 진행될 수 있는 길을 열었다. 이와 같이 새롭게 확보된 이론적 틀을 기반으로 그간 한국 연구자들에 의해 '해상교류'로 동일하게만 이해되었던 현상들의 다양성에 주목하였다. 한반도의 고대 해상교류에 대한 논의가 답보 상태가 머물러 있는 이유가 자료의 부재뿐만 아니라 '해상교류'라는 과정에 대한 이론적 이해가 부족하기 때문이라는 문제의식을 가지고 논고를 발표하였다.[13] 그는 선박과 육지가 만나는 지점들의 다양성에 대한 인식은 한반도 서남해안 지역에 존재했을 '항구'들의 형태적 및 기능적 다양성과 서남해안 지역에서 다수의 해상교역 네트워크들이 중첩되어 작동했을 가능성에 대해 타진하였다.

이전 필자는 이러한 시각에서 삼국시대 국제교역항을 가장 잘 표현하는 용어를 '津'으로 보고 국제무역항의 배후 집락의 경관을 잘 보여주는 관동리유적을 국제 무역항인 '官洞津'으로 주장한 바 있다.[14]

2. '官洞津'의 경관

김해 관동리유적은 盤龍山의 남사면 아랫자락에 있으며, 남쪽으로 율하천이 흐르고 있다. 당시 古金海灣의 지형 분석결과, 삼국시대에는 內灣을 이루는 지형이어서 실제로는 배가 들고 나는 해안가에 있다는 것이 밝혀졌다(도 1). 관동리유적에서는 도로유구를 비롯해 삼국시대부터 통일신라시대에 이르는 대형 건물지 · 지면식 건물지 · 우물 · 수혈 · 구상시설 그리고 古金海灣과 도로가 이어지는 곳에 설치된 인공구조물인 棧橋(선

9) 노중국, 「신라의 해문 당성과 실크로드」, 『동아시아 실크로드와 당성』, 화성시 · 신라사학회, 2017.
10) 김낙중, 「서남해안 일대의 백제 해상교통로와 기항지 검토」, 『백제학보』 16호, 백제학회, 2016.
11) 김창석, 「고대 교역장의 중립성과 연맹의 성립」, 『역사학보』 226, 역사학회, 2012.
12) 윤명철, 「고대 도시의 해양적 성격에 대한 체계적 검토」, 『동국사학』 55, 동국대학교 동국역사문화연구소, 2013.
13) 고일홍, 「고대 한반도 해상교류의 새로운 이해」, 『인문논총』 제75권 제2호, 서울대학교 인문학연구원, 2018.
14) 소배경, 「가야의 포구마을 관동진」, 『가야인 바다에 살다』, 국립김해박물관, 2021a.

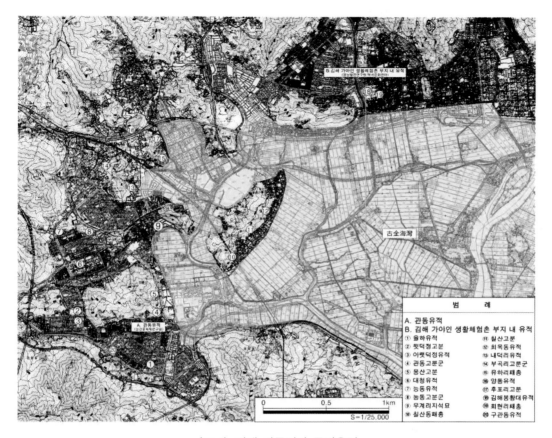

〈도 1〉 김해 관동진과 주변유적

착장[가 확인되었다.[15]

  '官洞津'은 해안가에 있다는 점에서 배가 들고 나는 발착 지점인 잔교의 범위를 넘어 선착장과 관련된 제반시설인 주거공간, 창고공간, 생산공간, 교통시설 등 유기적인 결합체의 총칭으로서의 성격을 가진다. 그중에서도 유적의 성격을 삼국시대 국제무역항이라는 개념으로 '津'으로 적용해서 이해하였다. 가야권역에서는 최근 발굴조사를 통해 '官洞津'과 같은 성격의 유적으로는 김해 봉황대유적[海畔津]-창원 성산패총과 가음정동유적[加音丁津]-창원 중동유적[中洞津]-진해 석동유적[石洞津]-마산 현동유적[德洞津]-고성 동외동유적[固城津]이 주목받고 있다. 진해의 석동유적과 마산의 현동유적은

15) 소배경, 「김해 관동리유적과 가야의 항구」, 『가야의 포구와 해상활동』, 인제대학교 가야문화연구소 · 김해시, 주류성, 2011.

대규모 분묘유적과 생활유적이 해안가 배후산지에 밀집분포하고 있으며, 그 아래쪽에 배들이 들고나는 灣이 형성되어 있어 津이 입지할 가능성이 크다. 향후 관동진이나 해 반진처럼 진해만과 덕동만과 접해 중심집락과 잘 정비된 도로망, 신전, 전용창고, 우물 등 교역장으로서 모습이 드러나길 기대할 수밖에 없다. 현재로서는 津의 배후산지에 입 지하는 중심집락의 형태는 고성 동외동유적과 창원 성산패총과 가음정동유적 그리고 현동유적군과 석동유적군에서 그 실체가 확인되고 있다.

필자는 고지성집락 중에서 바다와 인접해 있는 김해 봉황동유적, 창원 성산패총, 가 음정동패총, 고성 동외동유적은 삼국시대 交易場으로 중심집락으로 확대되고 있으며, 이러한 중심집락이 가야시기 주요 국제교역항인 津으로 경관 변화가 일어나는 것으로 보았다.[16] 동외동유적은 2021년과 2022년 발굴조사를 통해 유적의 시기가 기원후 2세기 부터 시작하여 6세기까지 연속적으로 이어지고 있음을 확인하였다. 가음정동유적군은 11차례 발굴조사가 진행된 결과 청동기시대부터 통일신라시대까지 연속성을 가지며, 山 頂과 사면부 그리고 저지대까지 다양한 유구가 확인된 창원의 핵심유적임이 밝혀졌다.

津은 남해안을 통한 교역로와 함께 大河[낙동강]와 小河[황강]로 연결되어 하천과 육 로가 만나는 結節地에도 형성된다. 최근 옥전고분과 관련된 소국 단계의 城山土城(이하 玉田土城)이 대표적인 유적이다. 관동진과 같은 별도의 접안시설은 확인되지 않았지만, 향후 발굴조사를 통해 충분히 확인될 가능성이 높다. 옥전고분군과 접해 황강변에 위치 한 옥전토성과 함께 합천 성산리 332번지 일원[17)에서도 津이 확인될 가능성이 크다. 최 근 국립가야문화재연구소의 주도하에 성산리 목관묘 유적군에 대한 조사가 이루어지고 있다. 목관묘와 함께 저지대 시굴트렌치에서 土炭層 등이 확인되고 있어 황강과 접한 곳에 '접안시설' 등 물류와 관련된 시설이 확인될 가능성이 크다. 향후 발굴조사 성과를 기대해 본다.

---

16) 소배경, 「남해안의 고지성집락과 환호」, 『고성 동외동패총 사적 지정을 위한 학술대회 "貝塚, 環壕 그리고 防禦"』, 2021b.

17) 2015년 소규모 발굴조사 대상지에서 청동기시대 주거지 3동, 원삼국~삼국시대 목관묘 15기·목곽묘 24기·석곽묘 23기·옹관묘 4기·수혈유구 24기 등 총 93기의 유구와 673여 점의 유물이 출토되었다. 출토유물로 본 조성연대는 기원전 1세기 중·후반에서 2세기 전반으로 판단된다(한국문화재보호재 단, 「합천 성산리 332번지유적」, 『2015년도 소규모 발굴조사 보고서』 12, 2017).

3. 津의 또 다른 논의, 居城

앞서 살펴본 海畔津은 금관가야의 王城으로 추정되고 있으며, 최근까지 국가차원의 핵심유적으로 국가차원의 중점 발굴조사가 진행되고 있다. 몇몇 연구자는 海畔津과 官洞津을 內港과 外港으로 이해하기도 한다.[18] 또 다른 연구자는 大成洞高塚群이 특정인과 공동체 성원과의 분리를 뜻하는 死의 세계라 한다면 生의 세계에서 분리시켜 주는 장치가 居城 내지 居館으로 보고 봉황대 저습지 구역에서 확인된 건물지군을 '海畔館'으로 주장한 바 있다.[19] 崔鍾圭는 봉황대유적을 都城이나 王城보다는 居館으로 보고 '海畔館'이라 하였다. 그들이 王 인지의 여부가 먼저 증명되어야 하기 때문이다. 都城은 城 중의 우두머리라는 의미가 있는데 그들이 하급 城부터 상급 城에 이르는 체계를 확립한 것인지도 불명확하다고 보았다.

高塚과 城이 조합을 이루고 있음이 발굴조사를 통해 밝혀진 것은 최근의 성과라고 할 수 있다. 大成洞高塚群과 鳳凰土城, 玉田高塚群과 玉田土城, 池山洞高塚群과 圭山城, 末伊山高塚群과 加耶里土城에서 城과 高塚이 근접하여 검출되었다. 고성 송학동고총군과 관계있는 城은 여전히 알려지지 않았는데, 만림산토성과 동외동유적에서 다중방어시설로 추정되는 환호와 성토구조물의 존재가 확인되었다.[20] 그 외에도 남산토성이 알려져 있어 송학동고총군과 결합된 城을 특정하기가 어렵다. 현재로서는 송학동고총군과 만림산토성의 관계가 설정될지는 향후 발굴조사 경과를 지켜봐야 한다.

필자가 주목하는 것은 김해 봉황토성과 합천 옥전토성 그리고 함안 가야리토성이다. 三者는 하천을 끼고 있는 점에서 유사성을 지적하고 싶다. 三者 모두 물류의 結節點과 같은 역할을 했을 가능성이 있다. 특히 玉田土城은 黃江의 河口에 인접한 점과 加耶里土城도 신음천 河口에 인접한 점에서는 봉황토성만큼 존재감이 있다. 이런 추정이 가능하다면 봉황토성의 해반천 구간에서 검출되었던 물류 倉庫群이 玉田土城이나 加耶里土城의 河川에 접한 구간에서도 마찬가지로 검출될 가능성이 있다. 김해 봉황토성처럼 津 내지는 선착장 같은 集荷場을 자신의 영향이 가장 강하게 미치는 곳에 마련코자 하는

---

18) 김창석, 앞의 논문, 2012; 김재홍, 「가야인의 해양 경제활동」, 『가야인 바다에 살다』, 국립김해박물관, 2021.

19) 최종규, 「加耶文化」, 『考古學探究』 第17號, 考古學探究會, 2015.

20) 삼강문화재연구원, 「고성동외동패총 정비사업부지 내 매장문화재 시·발굴조사 약식보고서」, 2022.

이유는 소위 域外品을 獨占管理하는데 있는 것 같다.

高塚群과 居館이 근접해 있으며 또한 居館과 접한 곳에 '津'내지는 선착장과 같은 교역이 이뤄지는 공간이 존재한다는 것이다. 즉, 고대 교역장이 형성된다는 것이다. 채프만은 교역장은 대부분 해안의 小國이나 地域首長들의 연합체처럼 정치적으로 미성숙한 곳에서 발달한다고 하였다. 폴라니는 교역장은 해안이나 석호뿐만 아니라 고원과 평지, 사막과 오아시스 도시의 접점처럼 다양한 지리적 경계지점에 설치되었으며, 역사적으로나 전 세계적으로 널리 존속한 제도로 보았다. 교환과 동의어인 교역은 "소유자들 간 專有를 위한 財貨의 相互移動"이라고 정의되었다. 이동은 특정한 먼 거리 이상일 필요는 없으며, 사회적 또는 공간적인 단위 내부(對內 交易) 또는 그들 사이나 문화적 경계를 넘어서(對外 交易) 이루어질 수도 있다. 그리고 이동이라는 개념은 공간의 변경이라는 의미에서 공간적 분포를 생성시키므로 중요하다. 소유자 간은 애초에 인간의 상호작용을 이끌어낸다.[21] 이런 점에서 남해안이나 大河 또는 小河에 접한 가야유적들에 대한 새로운 접근이 필요한 시점이다.

居城의 존재가 首長의 居館에서 갑자기 外延이 확장되어 남해안에 접한 '○○津'이나 大河 또는 小河의 결절점에 형성된 '○○津'이 교역장을 형성하였다. 그러나 居館에서 갑자기 외연이 확장된 王城이나 都城으로 승격된 사회인지는 향후 발굴조사 자료 증가를 기대해 볼 수밖에 없다. 현재 고고학적 자료만으로 판단한다면 居城에 다가가고 있다. 그런데도 우리는 성급하게 居城의 구조도 밝히기 전에 갑자기 외연이 확장된 王城과 都城을 논하고 있다. 여러 가야가 居城을 벗어나 王城으로 승격한 것인지는 자료 증가를 기대해야 한다. 현재로서는 김해 봉황토성과 함안 가야리토성이 가능성이 크다.

신라나 백제는 6세기 중반 이후에 왕궁을 중심으로 한 都城制가 확립된다. 그렇다면 도시체계를 갖추는 단계 이전에는 어떠한 구조인가? 소위 지배자의 거주지이면서 그 지역의 중심지라고 인정한 곳에 대한 기본요소는 무엇인가? ① 왕 혹은 지배자가 거주하는 곳의 방어시설(왕궁의 존재, 핵심시설 보호), ② 왕의 직접 거주할 수 있는 주거시설의 확인, ③ 국가적인 제사를 지내는 제사공간과 의례공간, ④ 중심지 방어 혹은 유사시 대피할 수 있는 산성의 존재와 왕성간의 관계 규명 필요성 등에 주목한다.[22] 이러한 관

---

21) 제레미 사블로프·램버그 칼롭스키 편저, 오영찬·조대연 옮김, 『古代 文明과 交易』, 도서출판 考古, 2011.

점에서 왕궁이나 도시체계를 연구하는 것이 대부분이다. 都城制의 발달은 政治制度史的으로 집권 국가의 출현과 재지적 기반을 가진 귀족이 都城으로 집주하여 官僚로 전환되는 변화를 전제로 한다.[23] 그러나 봉황토성은 고구려 南征과 신라의 西進으로 都城體制를 갖춘 구조로 발전하지 못한 것 같다.[24] 그렇게 볼 때 금관가야의 도성의 존재여부는 현재로서는 논의하기 어렵고 당시의 사회발전 단계도 chiefdom에서 kingdom으로 들어섰다고도 보기도 어렵다.[25] 그렇다면 현재 발굴조사를 통해 확보한 考古資料를 분석한 연구가 가능한 실정이다. 따라서 필자는 봉황토성 안과 밖의 최신 발굴조사 성과를 중심으로 검토해 본 결과, 봉황토성 내 핵심시설인 骨角器를 가공하는 공방, 鐵을 가공하는 공방, 항만시설과 창고, 의례공간으로서 신전의 존재 4가지 관점에 대한 시론적 논의를 주장한 바 있다.[26] 김해 봉황토성처럼 津 내지는 선착장 같은 集荷場을 자신의 영향이 가장 강하게 미치는 곳에 마련코자 하는 이유는 그 당시의 최첨단기술인 제철공방이나 청동기 공방, 항만시설과 물류창고 등을 통제하에 두어 물류체계를 독점관리하고자 하였다.

Ⅲ. 加耶의 交易路

1. 철상해로의 성립

중국의 역사서인 『三國志』 魏書 東夷傳에는 3세기 한반도 중남부에는 많은 소국이

---

22) 이은석, 「고대 왕성의 비교-아라가야와 신라를 중심으로-」, 『아라가야의 역사와 공간』, 도서출판 선인, 2018.

23) 권오영, 「토목기술과 도성조영」, 『삼국시대 고고학개론1-도성과 토목편-』, 진인진, 2014.

24) 최근 가야 왕성의 공간구조에 대한 비교 검토한 논고가 발표된 바가 있다. 여기서도 都城보다는 王城에 가까운 구조로 보고 있다(최경규, 「가야왕성의 공간구조와 경관」, 『文物研究』 第38號, (재)동아문화재단, 2020).

25) 최종규는 대성동고분군의 피장자를 王國이나 小王國의 長이란 확신이 없어, 일단 宮보다는 격하된 館으로 보거나 4세기 부기의 位階가 대성동 29호분을 정점으로 양동리 280호분·양동리 235호분→예안리 74호분으로 이어지는 三段構成으로 고도로 발달한 kingdom에 보이는 4단구성(四段決策機構)은 보이지 않는다고 보았다.

26) 소배경, 「金海 鳳凰土城 構造에 대한 試論-최신 발굴조사 성과를 중심으로-」, 『김해 봉황토성 학술대회 "금관가야 봉황토성"』, 김해시·경남연구원, 2021c.

있었다고 기록되어 있다. 서남쪽에는 마한 50여 국, 동남쪽에는 변한과 진한 각 12국이 위치하고 있었다. 변한 12국 중 古資彌凍國이 고성을 본거지로 하여, 이후 세력을 확장시켜 소가야의 중심이 된다. 그리고 변한 12국 중 狗倻國은 현재의 김해에 위치하였는데, 이후 金官加耶의 중심이 되는 金官國의 前身이다. 魏書 東夷傳의 倭人條에는 한반도 북부의 帶方郡을 출발하여 서남해안을 타고 남하하여, 狗倻國에서 바다를 건넜다는 가야의 대외무역로에 관한 유명한 기록이 있다. 구야국이 속한 변진은 철기를 생산해서 樂浪과 帶方에 공급하였고, 마한, 東濊, 왜 등지에 수출했는데, 대방에서 구야국을 경유하여 倭에 이르는 항로가 자세히 기록되어 있다(도 2).

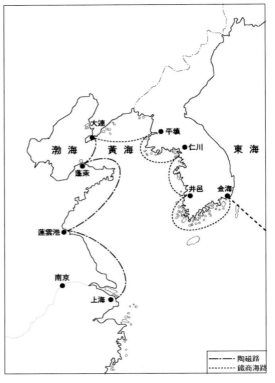

〈도 2〉 가야의 교역로

대방군에서 왜까지는 해안을 따라 물길로 가서 韓國[三韓]을 거쳐, 때로는 남쪽으로 때로는 동쪽으로 나아가면 그 北岸인 狗邪韓國[狗倻國]에 도착하는데, 거리는 7천여 리이고, 처음으로 바다를 건너 천여 리를 가면 對馬國에 도착한다. 그 大官은 卑狗라 부르고, 副官은 卑奴母離라고 부른다. 거처는 絶島로서 사방 4백여 리 정도이고, 토지는 산이 많아 험하고, 깊은 숲이 많으며, 도로는 짐승들이 다니는 길과 같다. 천여 戶가 있으나 좋은 농경지가 없어 해물을 먹으며 생활하면서, 배를 타고 남쪽과 북쪽으로 가서 곡물을 사온다. 또 남쪽으로 바다를 일 천여 리를 건너는데, 바다의 이름은 瀚海라고 하고 一大國[壱岐島]에 이르는데 官은 역시 卑狗라 부르고, 副官도 卑奴母離라 부른다. 사방 3백여 리 정도이고, 대나무와 울창한 숲이 많고, 3천여 家가 있다. 약간의 田地가 있지만, 농사를 지어도 여전히 먹고 살기에 부족하므로 역시 남쪽과 북쪽으로 다니면서 곡물을 사온다.[27]

이 기사는 낙랑, 대방군에서 왜국까지 가는 경로를 설명하면서 對馬島, 壹岐島 등과 함께 狗邪國을 중간 기착지로 설명하고 있다. 즉, 3세기대에 변한과 왜의 양 지역 사람들이 왕래하며 활발하게 교역한 모습을 보여준다. 그리고 낙랑과 대방, 마한 등과의 교류는 주로 남해와 서해를 이용하였음을 알 수 있다. 또한 한반도 남부의 여러 소국 중 狗倻國이 왜인조의 기록에 등장하는 것은 이곳이 왜와의 교역에서 주요 중계지라는 것을 알 수 있다. 이 기록으로 본다면 3세기대에 변한과 왜의 양 지역 사람들이 왕래하며 활발하게 교역하였음을 알 수 있다. 아마도 이때의 항해는 연안을 따라 구야국에 이르는 노선상에 고성 동외동유적－마산 현동유적군－창원 석동유적군이 위치하고 있다. 그 외 남해안 연안지역에는 비슷한 성격을 가진 유적이 여러 확인된다. 진해 웅천패총, 창원 성산패총, 부산 동래패총 등 해안을 따라 위치하는 다수의 패총을 들 수 있다. 위의 유적들은 패총으로 보기보다는 남해안을 따라 형성된 해안변 중심집락으로 밝혀지고 있다.

이것은 당시 동남해안의 특수한 양상이다. 앞에서 언급한 『三國志』 魏書의 고대 항로와 鐵과 관련된 기록을 감안하면, 철을 비롯한 외래의 문물들이 왕래하는 데는 동남해안 및 서남해안을 따라 형성된 海路가 중요한 역할을 담당하였을 것이다. 남해안 해안 연안을 따라 형성된 패총유적의 입지와 출토유물의 양상은 중국에서 일본에 이르는 해로가 한반도 남부에 해안을 경유하여 형성되었음을 말해준다.

이들 패총유적은 도서지역보다 해안가의 독립구릉 또는 구릉의 정상부나 사면에 입지하며, 단순폐기장이라기보다 생활거점으로 기능하였다(표 1).[28]

---

27) 從郡至倭 循海岸水行 歷韓國 乍南乍東 到其北岸狗邪韓國 七千餘里 始度一海 千餘里至對馬國。其大官曰卑狗 副曰卑奴母離。所居絕島 方可四百餘里 土地山險 多深林 道路如禽鹿徑。有千餘戶 無良田 食海物自活 乘船南北市糴。又南渡一海千餘里 名曰瀚海 至一大國 官亦曰卑狗 副曰卑奴母離。方可三百里 多竹木叢林 有三千許家 差有田地 耕田猶不足食 亦南北市糴。
『三國志』 魏書 東夷傳 倭人傳.

28) 서현주, 「3.초기철기~삼국시대 패총에 대한 고찰」, 『한국의 조개더미 유적2』, 한국문화재조사연구기관협회, 2010.

〈표 1〉 초기철기시대~삼국시대 패총

유적	패총의 입지와 개수	관련 유구
고성 동외동	구릉(해발 50m)의 사면에 위치, 해발 30m 정도 2곳	구릉 정상부 의례수혈, 사면에 주거지, 환호, 성토구조물, 야철지 2곳 확인
마산 현동	산지의 구릉 사면에 위치, 해발 55~58m 지점에 2곳(Ⅲ·Ⅳ지구)	Ⅱ·Ⅲ지구의 주거지와 관련 추정
진해 용원	독립 구릉(해발 26m) 사면에 위치, 해발 20~25m	구릉 정상부에 주거지와 주혈군, 수혈유구, 철재 확인
진해 웅천	산지의 구릉 사면, 해발 215m	
창원 가음정동	독립성 구릉(해발 73m)의 사면, 해발 45~70m에 5곳	
창원 외동 성산	독립성 구릉(약 해발 50m)의 사면에 위치, 해발 20~40m에 3곳	북구와 서남구 패총의 패각층 하부에서 야철지, 환호 확인
창원 내동	독립성 구릉의 사면에 위치	
창원 남산	독립성 구릉(해발 100m)의 사면에 위치, 해발 91~95m	주거지와 환호, 폐기장
창원 사화	183m의 독립성 구릉의 사면에 위치, 해발 25m	
김해 회현리	봉황대 구릉(해발 46m)의 동쪽 끝에 있는 소구릉의 사면에 위치, 여러 곳에서 패각층 확인	패각층 하부 수혈, 송풍관편, 철재 출토
김해 봉황동	독립성 구릉(해발 46m)의 사면에 위치, 패총은 구릉 사면에 집중적으로 형성	주거지, 주혈, 환호, 철재 확인
김해 부원동	산지에서 연결되는 구릉 사면에 위치, 패총(A지구 패총 해발 6~10m)은 2곳	패각층 하부에서 주거지, 저장공 등, 철재 확인
부산 동래	낮은 구릉 사면에 위치, 해발 10m 이하	패각층 하부에서 수혈, 패총 위쪽에서 야철지, 옹관묘 확인
부산 동래 낙민동	동래 패총의 서쪽	패각층 하부에서 수혈유구와 철생산유구 확인
양산 다방리	구릉(해발 120m)의 사면에 위치, 패총은 2곳	주변에서 수혈유구, 주거지, 환호 확인

남해안의 패총유적은 토성이나 방어시설을 갖추고, 제철의 흔적이 확인되는 경유가 많다. 그래서 이 시기의 패총유적에서 검출되는 공통적인 특징—고지, 험지, 좋은 전망, 주변과의 격리—을 검출하여 방어적인 기능[29]을 중시하기도 한다. 최근에는 독립구릉이면서 패총이 정상부 주변 사면에 흩어져 있는 점재형과 산지와 연결되는 구릉 사면에

---

29) 최종규, 「金海期 貝塚의 立地에 대해서」, 『古代研究』 2, 1989; 소배경, 「남해안의 고지성집락과 환호」, 『고성 동외동패총 사적 지정을 위한 학술대회 "貝塚, 環壕 그리고 防禦"』, 2021b.

있으며 패총이 1개인 단독형 등으로 구분[30]하고, 전자는 김해 봉황동유적과 창원 가음
정동유적이, 후자는 창원 남산유적이 대표적인데 이 중 한 지역을 대표할 수 있는 패총
을 포함한 유적은 前者라고 검토하였다.

고성 동외동유적, 진해 용원패총, 창원 성산패총, 김해 회현리패총과 봉황대, 김해 부
원동, 부산 동래패총, 창원 가음정동패총, 전남 보성 금평패총, 해남 군곡리패총 등 남
해안 연안지역에 분포하는 패총유적은 이 전자에 속할 가능성이 많다(도 3). 해안에 위
치하는 30~50m 내외의 독립된 구릉이나 비교적 낮은 구릉에 입지하며, 패각층 하부나
주변에 鐵生産 또는 수공업과 관련된 유구나 유물이 공통적으로 확인된다. 이러한 위치
여건은 지역 간 교류를 활발하게 하고, 결국 하나의 네트워크를 이루어 정치적·사회적
성장을 촉진하였을 것이다.

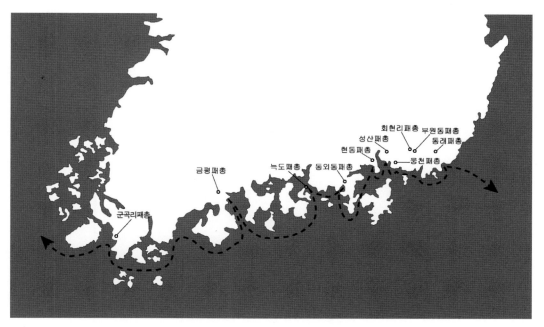

〈도 3〉 삼한시대 패총유적과 철상해로

---

[30] 유병일, 「貝塚의 層位形成에 대한 一考察－경상지역 원삼국·가야시대 패총을 중심으로」, 『古文化』 61,
한국대학박물관협회, 2003.

2. 鐵商海路와 鐵商陸路의 전개

1) 금관가야의 철상해로와 육로

리아스식 해안 지형의 우리나라 남해안은 파도가 잔잔해 오랫동안 해상교통로 역할을 수행하였다. 서기 1세기 무렵, 경남 남해안 여러 곳에서는 '○○國'이라 불린 자그마한 나라들이 본격적으로 성장했다. 『삼국사기』와 『삼국유사』의 撰者는 그 나라들을 浦上八國, 즉 '포구에 자리한 여덟 나라'라고 통칭했다. 그 가운데 골포국(창원), 고자국(고성), 사물국(사천) 등이 포함된다. 그 나라들은 공동의 이익을 추구하려 느슨한 연맹을 이루었고 3세기 초에는 자신들의 이익에 반하였기 때문인지 맹주 격인 狗倻國(김해) 또는 安羅國(함안)을 공격하기까지 했다. 그러나 그러한 기록의 실체를 해명할 수 있는 유적이나 유물은 발굴된 바 없다. 다만 포상팔국의 故址에서 5세기 이후 축조된 가야 무덤들이 속속 발굴되고 있다. 포상팔국의 후예들 가운데 일부가 가야 후기에도 여전히 남해안 연안항로에서 맹활약하였음이 틀림없다. 포상팔국으로 알려진 '○○國' 이외에

〈사진 1〉 창원 명곡동 도로유구와 창고군

〈사진 2〉 창원 가음정동 유적의 도로유구

도 더 많은 小國들이 존재했을 것이다.

가야의 주요 교역품은 철과 布(양동리 출토)를 대신하는 외래계 사치품들이었다. 이 외래계 사치품이 들고 나는 것이 교역로와 연결된 津[港]이다. 교역에는 육로와 해로가 만나는 무역항이 필수적인 요소이다. 그러나 발굴조사를 통해 확인된 가야지역에서 가장 이른 시기 육로는 김해 관동리유적과 여래리유적, 창원 마천동유적이 알려져 있다. 그 후 창원 중동유적의 삼국시대 후기 도로가 있을 뿐 그보다 이른 시기 도로는 아직 확인되지 않았다. 그 다음으로 통일신라시대 도로인 창원 사림동유적·창원 명곡동유적·가음정동유적 도로유구가 발굴조사되었다. 그 중에서도 창원분지의 깊숙한 곳에 위치한 內灣의 형태로 삼국시대 해안 및 潮間帶로 이어지는 하천주변 습지로 추정되는 곳에 인접한 창원 명곡동 도로유구와 가음정동 도로유구는 창원-동읍-진영-김해를 잇는 육로와 가까운 항구로 연결될 가능성이 크다(사진 1·2). 내륙으로는 곡부와 낮은 구릉을 통해 창원분지의 다른 內灣 또는 생활공간으로 이어지며, 다호리유적이 위치한 동읍의 낙동강수계와도 연결되는 교통의 중심지임을 알 수 있다. 따라서 명곡동유적의 도로는 삼국시대 바다와 내륙을 이어주는 교통로의 거점에 위치한다. 또한 명곡동유적 인근에 제철집락으로 볼 수 있는 창원 봉림동유적이 교역로로 연결될 가능성이 높다. 이 외 김해 여래리 도로는 창원 동읍−진영−김해를 잇는 길목에 제철생산 전문집락이 함께 확인되어 주목을 받았다.31)

　삼국시대 이전의 가야지역 교역로의 근거는 고분군과 패총유적에서 출토된 물질자료를 통해 구체적으로 확인된다. 대표적으로 김해 회현리패총과 봉황대유적 출토 화천과 야요이토기, 다호리고분군·삼동동유적 출토 漢鏡과 유리제 옥, 가음정패총 출토 오키나와산 조개, 고성 동외동유적의 조문청동기·개궁모·대천오십·광형동모·야요이계 토기 등이다. 이 교역로는 『三國志』에 실린 변진의 철 무역로와 왜를 통한 해상교역이 활발하게 이루어졌음을 일러준다. 이 책을 쓴 3세기 후반 무렵에 가락국으로 대표되는 한반도 남부지역의 가야와 낙랑·대방 등의 중국 군현과 漢·濊·倭를 잇는 교역망을 형성하고 있었음을 알 수 있다. 이러한 증거는 김해와 창원지역에서 심심찮게 이른 시기부터 확인되고 있다. 김해 회현리·양동리·대성동·봉황동유적 등에서 당시 국제무역이 이루어졌음을 알려주는 유물들이 출토된 점을 들 수 있다. 그러나 교역의 직접적인 증거라 할 수 있는 부두·선박 등의 실체가 확인되지 않던 중 김해 관동리유적에서 가락국 시대의 무역항이 발굴되었고, 회현동에서는 櫓와 선박 부재가 출토되어 해상교역의 실체가 드러났다. 특히 관동리유적에서는 해안가에 돌출된 잔교와 그 배후에 둔 집락과 이어주는 도로가 발굴되었다. 남해안을 따라 다른 가야권역에도 이와 비슷한 형태의 교역로와 교역항이 존재할 가능성 크다. 김해 봉황동유적과 관동리유적을 이어주는 고김해만, 창원분지와 함께 바다로 향하는 마산만, 이어서 고성 동외동 부근 고성만과 남해의 고현면 도마리유적 일원이 위와 유사한 국제교역항이 확인될 가능성이 높다.

　그중 고성 동외리유적의 최신 발굴성과가 주목된다. 유물은 최고지배계층이 사용한 청동고리, 대천오십, 청동제 칼집장식 부속구와 수레 부속품의 일종으로 蓋弓帽(고대 수레의 日傘의 살대 끝장식) 등이 환호와 대지조성층 上面에서 출토되었다. 蓋弓帽片은

---

31) 소배경, 「가야의 철 생산과 제작기술」, 『가야인의 技術』(국립가야문화재연구소 개소 30주년 기념 학술심포지엄 자료집), 국립가야문화재연구소, 2020.

청동제 가지로 모양을 만든 후 표면을 금박으로 마무리하였다. 한반도 고대 유적의 경우 개궁모는 낙랑 무덤과 경북 예산리유적에 있으며, 신라 태동기인 기원전후 무렵에 축조된 경주 조양동 고분에서는 일산 살대가 출토된 적이 있으나 가야권역에서 출토된 사례로는 처음이다. 그 외에도 승문타날된 단경호편·적갈색 연질토기편과 야요이계토기편, 주조철부 등이 출토되었다. 따라서 유적이 기원후 2세기부터 6세기까지 지속적으로 조성되었음을 확인하였다.

김해는 중국 쪽에서 보면 대륙을 벗어나는 마지막 기점이고 일본 쪽에서는 대륙을 향하는 첫 기착지이다. 철을 전매했던 중국의 漢이 2세기말부터 서서히 쇠퇴하자 주변의 여러 나라는 가야에서 철을 구하기 시작하였다. 그 결과 김해에 자리 잡았던 가락국이 4세기까지 동아시아 국제교역의 중심지였고 철생산의 직접적인 유적인 김해 하계리·여래리·우계리유적과 창원 봉림리유적, 마산 현동유적의 철생산 집락과 접안시설을 갖춘 김해 관동리유적·봉황대유적이 중심이다(도 4).

이들 제철집락 세력이 유통을 위해 항로를 개척한 곳이 김해 관동리유적과 봉황대유적이다. 古金海灣의 접점에 위치해 육로와 해로의 결절지에 입지하는 특징을 보인다. 특히 관동리유적은 해안가에 위치하고 있다는 점에서 선착장·잘 정비된 도로망·대형건물지·창고시설·건물지 내 우물 등의 요소는 일반적인 집락이 아님을 예상할 수 있다.[32] 조금 더 확대해석하면 철생산 교역항으로서의 기능을 상정해 볼 수 있다. 따라서 변한은 철산지와 철생산 집락의 확보를 통해 대규모 철기생산이 이루어진 3세기 이후부터 가야로 발전했고, 4세기 고구려가 낙랑과 대방을 멸망시키면서 마침내 중국의 간섭을 배제하고 倭와 철 교역을 확대할 수 있었다. 그 과정에 창원 석동유적군과 현동유적군이 철상해로상에 위치한다.

2) 아라가야의 철상해로와 육로[33]

현동유적은 마산만의 초입에 위치하여 당시 주요 교역항으로 성장하기에 입지적 한

---

32) 소배경, 앞의 논문, 2011.
33) 본 장은 2023년 8월 제17회 대가야 학술회의 발표문을 일부 수정하였다(소배경, 「가야의 철 생산과 교역-마산 현동유적군을 중심으로-」, 『제17회 대가야 학술회의 가야의 해상교역 "대가야와 아라가야를 중심으로"』, 2023a).

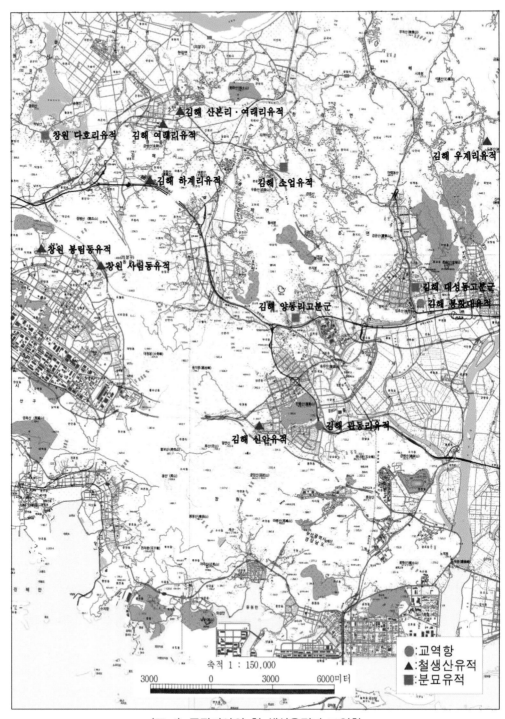

〈도 4〉 금관가야의 철 생산유적과 교역항

계가 있다. 이미 마산만 안쪽에 성산패총과 가음정동유적군－내동패총－중동유적군－
남산유적 등 가야시기 중심 마을들이 들어서 있기 때문인데, 그렇다면 왜 현동유적군을
통한 교역이 이루어졌는가? 라는 의문에서 시작해야 할 것 같다. 현동유적군이 가장 번
성한 시기는 고구려 남정 이후로 판단된다. 김해가 교역의 주도권을 잃어버리고 주변
가야 세력들이 교역권을 확보하고자 하는 시기이다. 이러한 諸問題로 보아 아라가야가
이곳을 정치적으로 통제 관리한 듯한 인상을 받는다. 그러나 이곳에서 다양하게 출토되
는 여러 지역 양식의 토기들에 근거할 때, 현동과 같은 고대 교역항을 정치적 중립지대
로 운영했을 것이라는 김창석의 견해를 경청할 만하다.[34] 그의 견해를 참고하면, 직선
거리로 20km 정도 떨어진 곳에 수장의 정치거점과 교역항을 분리함으로써 異國의 교역
인들이 교역장의 정치적 중립성을 체감할 수 있도록 운영한 것으로 보인다. 이렇듯 현
동유적의 제철유구와 철광석, 괴련철·단야구·철정 등의 부장으로 보아 유적 조성집단
은 덕동만을 거쳐 남해 연안을 통해 다른 가야와 철과 철제품을 교역하였던 것으로 추
정된다.[35]

그보다 이전 시기 소위 '김해기패총'으로 남해안을 따라 형성된 시기에 출현하는 高地
性集落의 분포를 살펴볼 필요가 있다(도 5).

삼한·삼국시대의 사회발전과정을 거치면서 집락은 다양한 측면에서 변화가 있었다.
첫째로 전문적인 생산, 전문적인 방어, 전문적인 교역 등 다양한 특수기능 유적의 발달
이다. 무문토기시대의 집락은 밀집 분포하는 주거들이 중심이 되고 석기·옥기생산이
나 토기생산 혹은 방어적인 용도의 환호 등과 같은 특수한 기능의 유구는 부차적인 시
설이었다. 그러나 목적집락[36]이라고도 부르듯이 생산, 방어, 교역을 수행하기 위해 건
축물이 들어서고 그 목적을 수행하던 주민들의 주거가 전체 공간의 일부를 차지하면서
축조되는 유적이 등장[37]한다. 이를테면 삼한시대 후기에 속하는 '김해기패총'으로 불리
는 남해안의 고지성집락과 같은 방어집락, 즉 집락을 방어하기 위한 土壘나 木柵을 갖

---

34) 김창석, 앞의 논문, 2012.

35) 최헌섭, 「가야의 또 다른 항구, 현동」, 『가야의 또 다른 항구 현동』, 창원시립마산박물관, 2020.

36) 유병록, 「삼국시대 낙동강 하류역 및 남해안 집락의 특성」, 『영남고고학회 2009년 학술대회발표집』,
제18회 영남고고학회 학술발표회, 2009.

37) 이성주, 「原三國·三國時代 嶺南地域 住居와 聚落研究의 課題와 方法」, 『영남고고학회 2009년 학술
대회발표집』, 제18회 영남고고학회 학술발표회, 2009.

춘 유적이다. 삼국시대가 되면 더 이상 임시적인 방어시설인 토루나 목책으로 둘러싼 고지성집락은 형성되지 않으며 토성이나 산성과 같은 지역방어시설이 구축된다.[38] 이런 관점에서 현동유적군은 삼한시기 현동패총이 삼국시대 중심집락으로 발전하지 못하고 목적집락이라고 할 수 있는 제철전문 마을이 일시적으로 형성되고, 5세기 늦은 시점을 기점으로 쇠퇴한 것으로 보인다. 현동유적군이 아라가야 중심고분군의 시기와 궤를 같이하다가 5세기 늦은 시점에는 쇠퇴하기 시작한 원인은 교역권의 상실이다. 더 구체적 원인은 철을 생산하기 위한 연료와 원료의 고갈이었을 것이다. 현재 산업사회처럼 원료와 연료 운반의 비용절감을 기대할 수 없으므로 제철유적은 연료나 원료가 고갈되면 다른 곳으로 이동해야 한다.

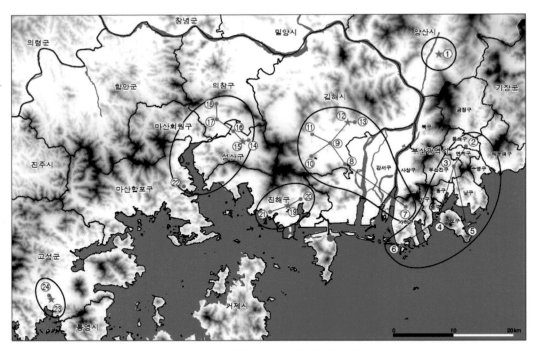

〈도 5〉 남해안의 高地性集落 분포도

①양산 다방동패총 ②동래패총 ③범전동패총 ④영선동패총 ⑤조도패총 ⑥다대포패총 ⑦괴정동패총 ⑧수가리패총 ⑨칠산패총 ⑩반룡산패총 ⑪유하리패총 ⑫봉황대패총 ⑬부원동패총 ⑭가음정동패총 ⑮성산패총 ⑯내동패총 ⑰남산유적 ⑱소답동패총 ⑲웅천패총 ⑳석동패총 ㉑여좌동패총 ㉒현동패총 ㉓동외동유적 ㉔송학동패총

---

38) 소배경, 앞의 논문, 2021b.

대성동고분의 축조집단의 勢가 5세기 이후 크게 약화된 것은 다른 지역 가야 고분군과 비교했을 때 무덤의 규모와 대형분들의 수, 출토유물로 보아 사실로 보인다. 다만 그 원인에 대해서는 400년을 전후로 축조가 전면 중단되거나 급격한 변화를 보이는 것이 아니므로 외세의 침략이나 압력 등으로 추정하기는 어렵다. 대내외적으로 여러 가지 원인이 복합적으로 작용했을 가능성이 크지만, 근본적으로 제철기술의 확산과 고김해만 매립에 따른 대외무역 중심의 경제 체제 붕괴 등을 들 수 있다. 제철기술의 확산은 더 이상 철 생산기술이 상위집단의 전유물이 아니라 하위집단까지 조금씩 확산된 것으로 판단된다. 이 과정에서 철 생산 전문집단의 등장은 철 생산력을 증대시켰을 것이나 鐵産地와 목탄의 공급은 원활하지 못한 것 같다. 이로 인해 가야의 정치·경제 중심이 금관가야에서 대가야와 아라가야 등으로 이동되었을 것으로 추정된다. 이후 철 생산의 중심지는 대가야와 아라가야로 옮겨지는 과정을 거친 것이다. 그 과정에서 기존의 교역장에 변동이 생겼고, 마산만을 중심으로 하는 교역장에서도 혼란이 일어났을 것이다.

5세기에는 김해의 관동진과 더불어 주요 교역장으로 기능하였는데, 해로와 연결되는 육로를 설정할 필요가 있다. 덕동진에서 소비지인 아라가야로 가는 방법은 〈도 6〉과 같다. 현재 현동유적의 북서쪽에 위치한 대산과 그 동쪽의 무학산 사이의 얕은 계곡을 넘어가는 방법과 무학산을 끼고 평지길로 돌아가는 방법이 있다. 이외 다른 경로는, 육로나 수로를 통해 진동만까지 철을 운반 후 함안분지까지 이어진 계곡을 따라 이동하는 방법이다. 하지만 마산 현동 일대에서 진동만으로 넘어가는 육로는 대산의 여러 지능선이 진동만까지 얽혀있기에 무거운 철재를 운반하기에는 적합하지 않다. 수로를 이용한다고 하더라도 남쪽의 구산반도를 끼고 멀리 돌아가야 해서 비용의 소모가 커진다. 그렇기에 마산 현동에서 생산된 철재의 유통 경로는 상술한 두 가지가 합리적이다. 여기서 주목되는 유적이 함안 오곡리유적이다.

오곡리유적의 주거지에서 철광석과 철괴가 공반유물과 함께 출토되고 주변 고분군에서도 철정이 부장되었는데, 이곳이 함안 중심지로 가는 길목이다. 오곡리고분군이 아라가야의 고분군 중에서 함안분지 동남쪽에 단독적으로 조영된다는 점, 위계가 다소 낮은 것에 비해 철정 부장 고분이 다수 확인된다는 점, 철정이 최상위 위계에 집중되는 시기에도 오곡리 고분군에서는 철정이 부장된다는 점, 함안분지와 마산 현동 일대를 잇는 중간 거점이 오곡리고분군 일대라는 점을 주목하고자 한다. 이로 본다면, 오곡리고분군

〈도 6〉 현동유적 철상육로

의 조영집단은 아라가야의 동쪽 최전선을 방어하는 동시에, 두 지역 사이의 철 유통에 직접 관여하거나 유통의 중간 거점을 관리하는 역할을 맡은 집단이었다.[39] 따라서 함안 분지와 마산 현동 일대의 鐵商陸路가 오곡리유적을 중간 경유지로 설정할 수 있다. 아 울러 오곡리유적의 북쪽에 위치하는 함안 검단리 제철유적에서 생산된 철소재도 오곡 리유적으로 이동해 함안 소비지로 이동했을 것으로 추정된다. 검단리 제철유적은 가동 철산지와 배후산지에서 풍부한 연료와 원료가 확보 가능한 곳이며, 인근의 광려천이 남

---

39) 김동균, 「아라가야 철정의 성격과 그 유통」, 『2019·2020년 공모 논문집-가야 역사·문화 연구논문-』, 2021.

북으로 오곡리유적까지 이어지고 있다.[40]

정리하면, 현동유적군은 5세기 아라가야 철 생산의 주요 거점이었고, 삼한시기 남해안을 따라 형성된 철상해로를 통해 교역하였으며, 북으로는 함안 오곡리유적을 중간 거점으로 소비지인 아라가야 중심지까지 철상육로를 설정할 수 있다. 아울러 함안 검단리 제철유적에서 생산된 철소재도 중간 경유지인 오곡리유적을 통해 소비지로 이동했을 것으로 판단된다.

Ⅳ. 맺음말

가야 고고학 연구가 특정지역 양식토기의 확산을 정치세력의 확장으로 연결시켜 보는 것도 하나의 연구방안이기는 하지만 이것만이 가야 고고학의 全部는 아닐 것이다. 현시점에서는 考古資料 증가와 더불어 연구의 다양한 가능성을 타진해야 할 필요가 있다. 예를 들면 철과 같은 자원의 유통로를 따라 형성된 居城과 '○○津'일 가능성은 없는가 하는 점이다. 즉, 玉田과 같은 오지나 남해안 연안에 농경지로서 혜택받지 못한 小國이 단기간에 성장할 수 있었던 이유를 찾을 필요가 있다. 여러 가지가 검토될 수 있겠으나 즉물적으로 검토해 볼 수 있는 점은 당시로서는 첨단적이고 생활필요품인 철을 산출하는 철산과 같은 존재에 무게를 두고 싶다.

狗倻國은 김해를 중심으로 한 철산의 존재가 전기가야의 맹주로 성장하는 경제적 기반이 되었다. 安羅國도 佳洞鐵山이나 여항철산의 존재가 아라가야로 성장하는 동기가 된 것으로 판단된다. 마찬가지로 고령의 大加耶도 철을 산출하는 冶爐鐵山과 같은 존재에 무게를 두고 싶다. 철의 유통로에 따라 고령이나 함안의 문물이 흘러 들어가는 것은 자연의 이치인 것으로 생각된다. 거점지역인 小盆地宇宙[41]를 관통하는 교역로를 따라 인간과 물자(鐵, 土器)가 물류하는 상태를 상정해 볼 수 있다.

정리하자면, 금관가야의 居城에서 출발한 商團이 우호거점인 石洞遺蹟을 경유하며,

---

40) 소배경, 「함안 검단리 제철유적의 발굴성과와 평가」, 『함안 검단리 삼국시대 제철유적』, 삼강문화재연구원, 2023b.

41) 米山俊直, 『小盆地宇宙と日本文化』, 岩波書店, 1989.

아라가야의 居城인 加耶里土城에서 출발한 商團은 우호거점인 縣洞遺蹟을 통해 교역한 것으로 판단된다.

【참고문헌】

고일홍, 「고대 한반도 해상교류의 새로운 이해」, 『인문논총』 제75권 제2호, 서울대학교 인문학연구원, 2018.

권오영, 「토목기술과 도성조영」, 『삼국시대 고고학개론1 — 도성과 토목편 — 』, 진인진, 2014.

권오영, 「랑아수국(狼牙脩國)과 해남제국(海南諸國)의 세계」, 『백제학보』 20호, 백제학회, 2017.

김낙중, 「서남해안 일대의 백제 해상교통로와 기항지 검토」, 『백제학보』 16호, 백제학회, 2016.

김동균, 「아라가야 철정의 성격과 그 유통」, 『2019·2020년 공모 논문집 — 가야 역사·문화 연구 논문 — 』, 2021.

김재홍, 「대성동고분군의 생업 환경과 그 변화」, 『고고학탐구』 18, 고고학탐구회, 2015.

김재홍, 「가야인의 해양 경제활동」, 『가야인 바다에 살다』, 국립김해박물관, 2021.

김창석, 「고대 교역장의 중립성과 연맹의 성립」, 『역사학보』 226, 역사학회, 2012.

노중국, 「신라의 해문 당성과 실크로드」, 『동아시아 실크로드와 당성』, 화성시·신라사학회, 2017.

삼강문화재연구원, 「고성동외동패총 정비사업부지 내 매장문화재 시·발굴조사 약식보고서」, 2022.

서현주, 「3.초기철기~삼국시대 패총에 대한 고찰」, 『한국의 조개더미 유적2』, 한국문화재조사연구기관협회, 2010.

소배경, 「김해 관동리유적과 가야의 항구」, 『가야의 포구와 해상활동』, 인제대학교 가야문화연구소·김해시, 주류성, 2011.

소배경, 「가야의 철 생산과 제작기술」, 『가야인의 技術』(국립가야문화재연구소 개소 30주년 기념 학술심포지엄 자료집), 국립가야문화재연구소, 2020.

소배경, 「가야의 포구마을 관동진」, 『가야인 바다에 살다』, 국립김해박물관, 2021a.

소배경, 「남해안의 고지성집락과 환호」, 『고성 동외동패총 사적 지정을 위한 학술대회 "貝塚, 環壕 그리고 防禦"』, 2021b.

소배경, 「金海 鳳凰土城 構造에 대한 試論 — 최신 발굴조사 성과를 중심으로 — 」, 『김해 봉황토성 학술대회 "금관가야 봉황토성"』, 김해시·경남연구원, 2021c.

소배경, 「가야의 철 생산과 교역 — 마산 현동유적군을 중심으로 — 」, 『제17회 대가야 학술회의 가야의 해상교역 "대가야와 아라가야를 중심으로"』, 2023a.

소배경, 「함안 검단리 제철유적의 발굴성과와 평가」, 『함안 검단리 삼국시대 제철유적』, 삼강문화재연구원, 2023b.

안홍좌, 「가야 탁순국 연구」, 창원대학교 박사학위논문, 2023.

유병록, 「삼국시대 낙동강 하류역 및 남해안 집락의 특성」, 『영남고고학회 2009년 학술대회발표집』, 제18회 영남고고학회 학술발표회, 2009.

유병일, 「貝塚의 層位形成에 대한 一考察-경상지역 원삼국·가야시대 패총을 중심으로」, 『古文化』 61, 한국대학박물관협회, 2003.

윤명철, 「고대 도시의 해양적 성격에 대한 체계적 검토」, 『동국사학』 55, 동국대학교 동국역사문화연구소, 2013.

이동희, 「고성 내산리 집단의 성격과 포상팔국」, 『영남고고학』 91, 영남고고학회, 2021.

이성주, 「原三國·三國時代 嶺南地域 住居와 聚落研究의 課題와 方法」, 『영남고고학회 2009년 학술대회발표집』, 제18회 영남고고학회 학술발표회, 2009.

이은석, 「고대 왕성의 비교-아라가야와 신라를 중심으로-」, 『아라가야의 역사와 공간』, 도서출판 선인, 2018.

전덕재, 「삼국시대 황산진과 가야진에 대한 고찰」, 『한국고대사연구』 47, 한국고대사학회, 2007.

전덕재, 「신라의 대중·일교통로와 그 변천」, 『역사와 담론』 65, 2013.

정선운, 「加耶 港市의 成立과 展開」, 경북대학교 대학원 석사학위논문, 2022.

제레미 사블로프·램버그 칼롭스키 편저, 오영찬·조대연 옮김, 『古代 文明과 交易』, 도서출판 考古, 2011.

최경규, 「가야왕성의 공간구조와 경관」, 『文物研究』 第38號, (재)동아문화재단, 2020.

최종규, 「金海期 貝塚의 立地에 대해서」, 『古代研究』 2, 1989.

최종규, 「加耶文化」, 『考古學探究』 第17號, 考古學探究會, 2015.

최종규, 「金海 大成洞高塚群에 대한 備忘錄(一)」, 『考古學探究』 24號, 도서출판 考古, 2021.

최헌섭, 「가야의 또 다른 항구, 현동」, 『가야의 또 다른 항구 현동』, 창원시립마산박물관, 2020.

폴라니 엮음, 이종욱 옮김, 『초기제국에 있어서의 교역과 시장』, 민음사, 1994.

한국문화재보호재단, 「합천 성산리 332번지유적」, 『2015년도 소규모 발굴조사 보고서』 12, 2017.

米山俊直, 『小盆地宇宙と日本文化』, 岩波書店, 1989.

항시국가, 탁순국

안홍좌 | 창원대학교 사학과

I. 머리말

탁순국에 대한 연구는 1980년대를 기준으로 나뉘어진다. 1980년대 이전은 『日本書紀』의 다른 나라들과 함께 위치비정을 중심으로 연구가 이루어졌는데, 주로 한반도의 고지명 변화와 음상사를 중심으로 위치를 고증했다. 하지만, 『日本書紀』 내용에 대한 신뢰성 문제로 인해 탁순국 자체에 대한 연구는 거의 이루어지지 못했다. 이후, 1980년대 『日本書紀』가 적극적으로 해석되기 시작하면서, 「神功紀」에 해당하는 4세기 탁순국의 대외관계와 「欽明紀」에 기록된 6세기 탁순국 멸망의 원인과 과정에 대한 연구가 이루어졌다.[1] 다만, 사료의 부족으로 탁순국의 형성과정에서부터 발전, 이후 멸망에 이르기까지 전체적으로 다루어지지는 못했다.

---

[1] 김태식, 「6세기 전반 加耶南部諸國의 소멸과정 고찰」, 『한국고대사연구』 1, 1988; 김정학, 「加耶와 日本」, 『古代韓日文化交流研究』, 韓國精神文化研究院, 1990; 백승충, 「〈任那復興會議〉의 전개와 그 성격」, 『釜大史學』 17, 1993; 백승옥, 「'卓淳'의 位置와 性格－≪日本書紀≫ 관계기사 검토를 중심으로－」, 『釜大史學』 19, 1995; 이희준, 「토기로 본 大伽耶의 圈域과 그 변천」, 『加耶史研究－대가야의 政治와 文化』, 춘추각, 1995; 전형권, 「4~6세기 昌原지역의 歷史的 實體」, 『昌原史學』 4, 1998; 남재우, 「가야시대 창원·마산 지역 정치 집단의 대외 관계」, 『창원 사학』 4, 1998; 남정란, 「喙己吞國, 南加羅國, 卓淳國의 滅亡」, 한국교원대학교 석사학위논문, 2003.

이후 2000년대 들어서면서, 창원지역 고고자료의 축적으로 창원 정치집단의 형성, 발전 등에 대한 연구가 진행되면서, 정치적 실체로서의 탁순국에 대한 연구가 이루어졌다. 김현미는 축적된 고고학적 자료들과 문헌자료들을 활용해, 탁순국을 입체적으로 구성해 보고자 했다. 우선 다호리 유적을 중심으로 화천리·도계동·가음정동을 읍락으로 삼는 '弁辰走漕馬國'이 창원지역에 있다가, 중심지가 골포읍락[가음정동]으로 이동하면서 '骨浦國'으로 변화되었고, 4세기대 동읍, 북면, 석동과 자은동 지역까지 통합하며 卓淳國으로 변화했다고 보았다. 그리고 시기에 따라, 김해, 함안, 창녕, 고성 등의 영향을 받은 나라였는데, 5세기 후반~6세기 전반 신라와 백제가 본격적으로 가야지역에 진출하게 되면서 탁순국의 입지가 부각되었고, 이를 활용한 대외교류를 통해 독자성을 유지할 수 있었던 것으로 이해했다.[2] 김현미의 연구는 탁순국의 형성부터 멸망까지를 처음으로 다루었다는데 큰 의의가 있다. 하지만, 탁순국의 내부 모습에 관해서는 연구되지 않았다.

이에 본고에서는 탁순국의 사료와 창원지역의 고고자료를 활용해 탁순국의 성격을 알아보고자 했다. 이를 위해, 港市를 주목했다. 항시는 항구도시, 항만도시 등에 해당하는데, 동남아시아에서는 교역활동을 위해 항로 연안에 건설된 교역 중심지에 대한 명칭으로 사용된다. 현재 동남아시아에 적용되던 항시를[3] 가야에 맞도록 변형해 참고하면서[4] 항시와 관련된 연구가 시작되고 있다.

이에 본고에서는 현재 활용되고 있는 항시의 개념을 정리하고, 탁순국의 성격을 항시로 규정할 수 있는지 비교 분석해 보고자 한다.

Ⅱ. 港市

고대의 해양 교역은 기본적으로 연안항로를 활용했다. 육지나 섬이 보이는 거리에서

---

[2] 김현미, 「卓淳國의 성립과 대외관계의 추이」, 부산대학교 석사학위논문, 2005.

[3] 石澤良昭·生田滋, 『世界の歷史13－東南アジアの傳統と發展』, 中央公論社, 1998; 村松 伸, 「아시아 도시의 쉼없는 변천」, 『바다의 아시아1－바다의 패러다임』, 다리미디어, 2003, 208~211쪽.

[4] 권오영, 「狼牙脩國과 海南諸國의 세계」, 『백제학보』 20, 2017.

자신의 위치를 확인하며 항해하는 것으로, 조난의 위험을 가장 감소시킬 수 있는 항해술이다. 때문에 연안항로를 따라 항구도시가 만들어졌다. 그 성격도 다양했다. 식수와 생필품 등 물질적인 요소의 수급을 위한 기항지, 안전을 위한 조선술과 항해술, 부족해진 인력을 수급하는 기항지, 지형과 위치에 따라 기후·해류·조류 등의 변화를 기다리는 기항지 등이다. 이 항로의 끝에는 특산품이 있어 물건을 판매하거나 구매하기 위해 들리는 교역장이 있었을 것이다.

물론 기항지라고 해서 교역을 하지 않았던 것은 아니었다. 때문에 단순 기항지로 시작한 공간도 교역장으로 발달해 갔을 가능성이 높다. 당연히 이곳에는 배의 정박을 위한 부두, 사람들이 머무를 수 있는 숙박시설, 다음 항해를 위해 시간을 보낼 수 있는 유흥시설 등의 장소와 물건을 판매할 수 있는 판매소, 때에 따라서는 중요한 물건을 보관할 창고 등도 필요했을 것이다.

국내에서는 고대 각 지역 및 국가의 정체성과는 별개로 기항지를 정의하는 경우는 드물었다. 다만, 고대 바닷가 지역을 중심으로 3가지 조건을 들어 海港都市라 정의한 이후,[5] 항구도시의 조건을 제시하고 내륙항구도시, 江海도시, 海港도시로 유형화시키기도 했다. 윤명철은 고구려, 백제, 신라의 수도에 해당하는 평양, 한성, 경주를 비롯해 일본과 중국 일부 도시를 해항도시로 보았다.[6] 연구자에 따라 海門,[7] 교역장(항),[8] 해항·하항·강해도시,[9] 해항정치체[10] 등 다양한 용어를 사용하고 있다. 하지만 대부분의 경우 도시의 위치 즉, 바닷가에 위치했다는 것과 다수의 외래계 유물을 근거로 삼았다.

그런데, 한반도에는 바다 뿐 아니라 강에도 교역을 이유로 발달한 도시가 있을 수 있다. 〈그림 1〉을 보면 낙동강가에 여러 나라가 존재하고 있기 때문이다.

---

[5] 윤명철, 「경주의 海港都市的인 성격에 대한 검토-신라시대를 중심으로」, 『동아시아고대학』 20, 2009, 188~191쪽.

[6] 윤명철, 「고대 도시의 해양적 성격(港口都市)에 대한 체계적 검토-고대국가를 대상으로-」, 『동국사학』 55, 2013, 16~18쪽.

[7] 노중국, 「신라의 해문 당성과 실크로드」, 『동아시아 실크로드와 당성』, 화성시·신라사학회, 2017.

[8] 김창석, 『한국 고대 대외교역의 형성과 전개』, 서울대학교 출판문화원, 2013.

[9] 윤명철, 「울산의 해항도시적 성격과 국제항로」, 『신라의 대외관계와 울산항』, 반구동유적 발굴기념 국제학술대회, 2010, 36쪽; 정문수 외, 『해양도시 문화교섭 연구 방법론』, 선인, 2014.

[10] 백진재, 「3세기 加耶諸國의 성장과 충돌-해항정치체의 성장과 포상팔국전쟁을 중심으로-」, 『가야 역사·문화 연구 총서(시대사)』 Ⅱ, 국립가야문화재연구소, 2022.

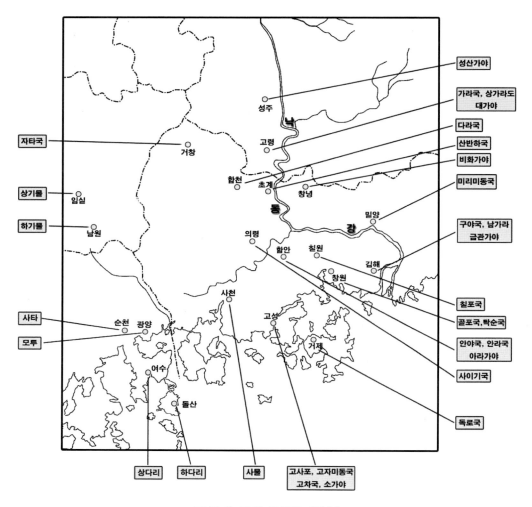

〈그림 1〉 가야 각국의 위치[11]

港市 즉 Port City는 동남아시아의 해안도시들에 대한 연구 과정에서, 등장한 용어이
다. 항시를 처음으로 정의한 生田滋는 15, 16세기 동아시아·동남아시아·인도양 각 교
역권에 점과 같이 존재하는 교역 거점 항구 및 부수된 도시로 보았다. 그는 또, 항시를
형태적으로 구분해 내륙 국가의 '창구'로 머문 경우와 연안 통상국가 즉 '항시국가'로 발
전한 경우로 나누었다.[12] 이후 인간·상품·화폐·정보의 흐름을 집중적으로 통제하는

---

11) 안홍좌, 「가야 탁순국 연구」, 창원대학교 박사학위논문, 2023, 4쪽.

12) 生田滋, 「トメ·ピレス東方諸国記」, 『大航海時代叢書Ⅰ』, 岩波書店, 1966, 119~121쪽.

장치를 항시로 정의[13]하는 등 여러 연구가 진행되었다. 현재 항시는 대상 범위와 시대를 한정하지 않고 널리 사용되고 있다.[14]

국내에서는 권오영이 동남아시아에 적용되던 '항시' 관련 이론을 참고해 가야에 항시를 적용하기 시작했다.

권오영은 村松 伸의 견해를 참고해 항시를 '풍랑을 피하고, 화물을 구매하며, 물과 식량을 공급받는 등의 다양한 기능을 담당하는 곳'으로 정의하고, 가야에 항시를 적용했다.[15] 그리고, 발전단계를 교역장[인천 영종도, 사천 늑도] → 항시[해남 군곡리, 김해, 福岡県, 大阪, 壱岐] → 항시국가[가락국]로 구분하고, 항구를 중심으로 형성된 교역장이 농경지와 같은 배후지와 결합하게 되면 항시로 발전하고, 복수의 항시가 네트워크를 형성하는 방식의 항시 연합 성격을 가진 國으로 이해해서 구야국에서 가락국으로의 변화를 항시가 항시국가로 변화한 것으로 이해했다.[16] 항시국가는 배후도시와 함께 인근에 여러 항시가 결합해 발전한 형태로 보았다.[17] 또, 외부의 문화흔적이 많이 남아있는 공간을 항시와 항시국가 중심지의 특징으로 들었다.[18]

이후 고고학적으로 항시에 접근한 이동희는[19] 금관가야연맹을 항시국가로, 포상팔국을 경남 남서부 해안지역 항시들의 연합체로 파악하고, 포상팔국 전쟁을 이 연합체 중심의 전쟁으로 이해했다.[20] 또, 그는 남해안에 여러 항시가 상존했으며, 항시 연결망 구축의 주체가 가락국, 아라가야, 소가야 순으로 변화했다고 이해했다. 여기서 금관가야연맹과 아라가야연맹은 수직적인 관계로, 포상팔국은 서로 이해관계에 얽힌 횡적인 경제적 공동체라 보았는데, 포상팔국의 후신인 소가야연맹 또한 수평적인 관계로 이해했다.[21] 이동희는 항시에 대한 해석과 항시국가를 항시가 발전한 형태로 보았다는 점에서는 권오영과 부합하나, 항시국가를 國이 아닌 연맹으로 해석했다는 점과 항시국가의 성

13) 川口洋平・村尾進, 「항시사회론－나가사키와 광주－」, 『해역아시아사 연구 입문』, 민속원, 2013, 243쪽.
14) 石澤良昭・生田滋, 앞의 책, 1998; 村松 伸, 앞의 책, 2003.
15) 권오영, 앞의 논문, 2017, 250~254쪽.
16) 권오영, 『해상 실크로드와 동아시아 고대국가』, 세창출판사, 2019, 233쪽.
17) 권오영, 앞의 논문, 2017, 254쪽.
18) 권오영, 앞의 논문, 2017, 250~254쪽.
19) 이동희, 「海南半島와 加耶・新羅의 交流, 그리고 港市國家 止迷」, 『백제학보』 26, 2018.
20) 이동희, 「고성 내산리 집단의 성격과 포상팔국」, 『영남고고학』 91, 2021, 146~148쪽.
21) 이동희, 앞의 논문, 2021, 148~149쪽.

격을 지역에 따라 달리본다는 점에서 차이가 있다. 그는 항시들의 결합체라는 점을 적극적으로 해석해, 한 지역의 나라가 아니라 금관가야연맹과 같은 수직적인 연맹체와 소가야연맹과 같은 수평적인 연맹체 등 여러 국가의 연맹을 항시국가 형태로 이해했다. 다만, 동시기 가장 많은 위세품이 확인되는 지역이 그 시기 항시의 중심지이자 항시 연결망 구축의 주체로 보는 것은 권오영과 이해가 같다.[22] 앞서 제시했던 권오영과 이동희의 항시와 항시국가의 조건을 정리한 내용이 〈표 1〉이다.

〈표 1〉 항시와 항시국가의 조건[23]

연구자	구분	정의 및 조건
권오영	교역장	1. 입지 2. 포구, 항구, 항만 존재. 3. 원거리를 이동해 온 물품이 많이 발견.
	항시	4. 내륙에서 농경, 금속기 등 생산 기반 확인.
	항시국가	5. 복수의 항시가 연결되어 만들어진 국가
이동희	교역장	1. 입지 2. 포구, 항구, 항만 존재. 3. 원거리를 이동해 온 물품이 많이 발견.
	항시	4. 다량의 외래계 위세품
	항시국가	5. 복수의 항시들이 수직적 혹은 수평적으로 연결된 연맹

이 외에도 항시와 관련한 연구가 꾸준히 진행되고 있다.[24] 연구자들 간에 기본적인 [교역장→항시→항시국가]로의 발전과정은 공감하고 있다.[25] 다만, 위 표에서 위세품이 많다는 것을 항시의 조건으로 볼 수 있을지는 의문이다.

고대 원거리 항해를 나선 교역인들에게 있어서 정치적 중립, 보급의 편의성, 자신들의 재산과 생명 보호가 보장되어야만 했다. 이 중 주목되는 방책이 교역항을 중립화하는 것이다. 교역장이 소속된 국가 혹은 지역집단은 분명히 존재하지만, 교역장의 운영에는 직접적으로 간여하지 않고, 대리인을 파견하는 등 간접적 방법을 사용했다는 견해

---

22) 이동희, 앞의 논문, 2021, 148~149쪽.
23) 권오영, 앞의 책, 2019, 229~230쪽; 이동희, 앞의 논문, 2021, 130~149쪽.
24) 정문수 외, 앞의 책, 2014; 정선운, 「加耶 港市의 成立과 展開」, 경북대학교 석사학위논문, 2022; 목포대학교박물관, 『고대항시와 신미국』, 2023.
25) 정선운은 이 앞에 한 단계를 더 넣어 기항지-교역항-항시-항시국가로 보았다(정선운, 앞의 논문, 2022, 17쪽).

가 있다. 즉, 다량의 외래계 위세품은 항시의 필수조건은 아닐 수 있다.[26] 이에 〈표 1〉을 비롯해 이제까지 제시된 연구자들의 결과를 종합해,[27] 가야에 적용되고 있는 '항시'와 '항시국가'의 조건을 다시 한번 정리할 필요성이 있다.

첫째, 항시에 있어서 가장 기본적이면서 중요한 조건은 '입지'이다. 항로상에 있어야 생필품의 수급 등을 해결하기 위한 기항지이든 특산품을 이용한 교역장이 형성될 수 있기 때문이다.[28]

둘째, 상시적인 교역장을 위한 시설들이 갖추어져 있어야 한다. 항구시설, 항구 인근 다량의 창고시설과 생활유적 등 교역 중심으로 다수의 사람들이 살았던 흔적이 확인되어야 한다.

셋째, 상시적인 교역을 유지할 수 있었던 '생산품'이 있어야 한다. 예를 들면, 농사를 비롯한 보급용 생필품과 교역을 위한 특산품, 토기와 같은 포장재 등이 해당한다.

넷째, 교역장에 자유롭게 '외부인'이 드나들 수 있는 자율성과 중립성이 보장되어야 한다.

앞선 세 가지 조건을 확인하는 것은 현재 파악된 항로와 위치의 비교 혹은 관련된 유적과 유물을 이용하면 가능하지만, 마지막 조건을 확인할 수 있는 방법은 많지 않다. 다만, 재지집단과는 다른 주거지와 고분은 교역 목적의 이주를 상정할 수 있는데, 이주 또한 항시의 중요한 속성으로 판단하기도 한다.[29] 이주민의 많이 있다는 것은 그만큼 외

---

[26] 교역에 유리한 환경을 조성하는 다른 방법으로 국가의 통제를 강화해 교역 대상국과 대상자들을 제한하고, 교역활동 관리를 철저히 함으로써 교역이익을 극대화한 결과물일 수도 있다(김창석, 앞의 책, 2013, 90쪽). 즉, 강한 통제로 인해 그 지역 특산품을 교역하기 위해서는 선물이 필요했었다는 해석이 가능하다.

[27] 정선운, 앞의 논문, 2022, 17~18쪽.

[28] 다만, 생각해 볼 것은 항로에서는 어느 목적지를 향하는 항해를 위해 중간에 기항할 수 있는 거점이 필요하며, 한반도 남해는 조수간만의 차가 크고 해안 지형이 복잡하기 때문에 안전한 기항지의 확보와 수로 안내를 위한 기항지의 존재는 필수적이다. 이러한 기항지는 연안항로 상에 분포하고, 지형·조수간만의 차·항해 거리 등이 모두 고려되어 형성되었다. 그러나 태풍·지진과 같은 자연재해나 선박의 파손, 생필품의 고갈, 해적 등의 비상 요인으로 인해 급격히 정박하는 경우도 있다. 따라서 기항지에서도 생필품의 수급·선박의 수리 등을 위해 재지집단과 교역이 발생하는 것은 당연하다. 또, 장거리 항해를 떠나기 이전 계획한 바와 같이 어떤 목적을 위한 교역이 진행된다면, 기항지 또한 교역장으로 변화할 수 있다고 생각한다. 그러나 자연재해와 같은 사건으로 불시 접근한 기항지에서의 교역은 항해 전 계획한 교역이 아닌 비의도적으로 발생하는 경우도 있을 것이다. 이러한 경우의 교역은 단발성에 그치거나 비정기적으로 발생하기 때문에 교역장이라 볼 수 없을 것이다. 즉 교역장이 기항지가 될 순 있지만, 모든 기항지가 교역장이라고 볼 수 없다.

[29] 이주유형을 '본인의지형', '부분 본인의지형', '강제형'으로 구분할 수 있다. 또한 이주이후 정주유형에

부인이 활동할 수 있는 범위가 넓었다고 해석할 수 있기 때문이다. 외래계 생활용 토기의 생산 또한, 이주의 흔적으로 볼 수 있다. 특히 생활용 토기 생산은 교역을 목적으로 한 이주를 상정할 수 있는 지표로 그 도시의 항시적 성격을 보여주는 것 중 하나이다. 권오영은 항시의 가장 큰 특징으로 다양성과 개방성을 강조한다. 문화·전통·종족이 다른 여러 상인과 선원이 모여들면서 이질적인 문화가 공존하기도 하고 융합되기도 하면서 '혼종문화'가 나타나게 된다는 것이다.[30]

이 중 네 번째 조건이야말로 항시의 주요 조건이라 판단된다. 대표적인 교역항 늑도의 성공 요인으로 '하나의 경계적 장소로 한반도계 및 외래계 주민 모두가 자유롭게 생활하고 교류할 수 있는 중립적 공간을 마련해 주는 국제성'을 제시하였다.[31] 또, 이른 시기 김해지역이 교역으로 번성할 수 있었던 이유를 자유로운 교역형태를 취했기 때문이라는 주장도 있다.[32] 자율성이야말로 원거리 교역에 매우 주요한 조건이었다는 것이다. 이는 한반도 남부지역에만 한정된 주장은 아니다. 해양문화의 특징자체를 '자체의 세력들로 정치력을 행사하려는 호족성이나 중앙정부에 귀속되지 않고 독자적으로 행동하려는 무정부성'으로 보는 입장[33]도 있다. 심지어 항시에 대한 연구가 시작된 동남아시아의 경우, 마음에 들지 않는 지배자가 나타나면 생활 터전을 찾아 떠나기도 했는데, 간혹 지역을 이동하며 직업을 바꾸기 때문에 사람들의 고향조차 확실하지가 않다고 한다.[34] 항시를 오아시스 도시와 비슷한 개념으로 보기도 하는데, 오아시스 도시의 경우, 오가는 사람들을 위한 숙박업과 식당, 음식 판매점이 성행하게 되면서 경제적인 부가 쌓였고, 사람들은 모여들고 도시 배후는 농작물을 재배하거나 배달하는 사람들이 늘어났다는 견해가 있다.[35] 이런 다양한 주장들을 참고한다면, 한 지역에 독립성과 자율성

대해 '독자형', '혼재형' 등으로 구분된다(홍보식, 「삼국시대 이주와 생활 유형」, 『한국고고학보』 87, 2013, 66~67쪽).

[30] 권오영, 앞의 책, 2019, 229~230쪽.

[31] 고일홍, 「문명 교류의 허브 '교역항'에서의 수공업생산」, 『아시아리뷰』 제8권 제2호, 서울대학교 아시아연구소, 2019, 132쪽.

[32] 이현혜, 『한국 고대의 생산과 교역』, 일조각, 1998, 275~276쪽

[33] 윤명철, 『한국해양사』, 학연문화사, 2013, 24쪽.

[34] 村井吉敬, 「역동적인 바다와 섬의 세계」, 『바다의 아시아3 – 섬과 사람들의 활력』, 다리미디어, 2003, 8~9쪽.

[35] 강희정, 「해상 실크로드와 문명의 교차로 동남아시아」, 『해상 실크로드와 문명의 교류: 동남아시아와 동북아시아』, 사회평론아카데미, 2019, 29쪽.

이 보장되어 사람들의 이동량이 많아지면, 교역도시와 그 배후도시의 규모가 커지고 자연스럽게 국가가 될 수 있는 가능성이 생긴다.

   항구를 중심으로 형성된 항시가 농경지와 같은 배후지와 결합하게 되면 항시국가로 발전하기도 한다.[36] 이와 관련해 〈표 2〉가 참고 된다.

〈표 2〉 村松 伸의 항시국가 조건[37]

정의 및 조건
1. 바다나 하천에 접해 바다 매개로 한 교역에 적당한 입지 조건 2. 부두에 자리한 상관(商館) 3. 소규모 권력 중심과 방어 위한 성벽 4. 상업 담당하는 사람들의 주거구역 5. 물자 교환의 장으로서 시장의 존재

   위 〈표 2〉는 村松 伸이 제시했던 항시국가 조건인데, 이 중 3번째의 경우 앞서 제시한 자율성을 나타내는 조건이다. '소규모 권력'이라는 점은 복수의 항시가 합쳐진 항시국가에서 국가의 중심이 아닌 지역들이 어느 정도의 중립성과 자율성을 보장받고 있어야 한다고도 해석될 수 있다.

Ⅲ. 港市國家 卓淳國

1. 탁순국의 위치

아래 사료는 『일본서기』의 기록으로 일본이 탁순국에 사신을 파견했다가 백제와도 관계를 가지게 되는 내용이다.

   1) 46년(수정기년 366) 봄 3월 乙亥朔(1일)에 斯摩宿禰를 卓淳國에 파견하였다. [斯摩宿禰는 어떤 姓을 가진 사람인지 알 수 없다.]. 이때 卓淳王 末錦旱岐가 斯摩宿禰에게 말하였다.

---

36) 권오영, 앞의 책, 2019, 43~44쪽.
37) 村松 伸, 앞의 책, 2003, 209~211쪽.

"甲子年(364) 7월에 백제인 久氏·彌州流·莫古 세 사람이 우리나라에 와서 '백제왕이 동방에 일본이라는 귀한 나라가 있음을 듣고 신들을 보내 귀국에 조공하게 했습니다. 그래서 길을 찾다가 이 땅에 이르렀습니다. [중략] 또한 '만약 귀국의 사신이 오면 반드시 우리나라에 알려 주십시오.'라고 당부하고 이내 돌아갔다." 사마숙녜는 곧바로 傔人 爾波移와 탁순인 過古 두 명을 백제국에 파견하여 그 왕을 위로하였다. 그때 백제의 肖古王은 매우 기뻐하며 후하게 대접하였다. [중략] 또 다시 보물 창고를 열어 여러 진기한 것들을 보여주며 "우리나라에는 이러한 진귀한 보물들이 많다. 귀국에 조공하고자 하여도 길을 알지 못하여 뜻은 있는데 생각대로 되지 않았다. 그러나 이제 사자에게 부탁하여 공물을 계속해서 바치겠다."고 말하였다. 그래서 이파이는 그 일을 맡아 돌아와 志摩宿禰에게 보고하였다. 곧 (지마숙녜가) 탁순에서 돌아왔다.[38]

366년 爾波移와 함께 파견되는 사람이 탁순인 過古라는 부분은 탁순이 이미 백제와의 관계를 맺고 있어, 길잡이와 통역의 역할이 가능했던 인물임을 추정케 한다. 더해서 탁순국에 파견된 斯摩宿禰의 경우 이 기사에서만 확인되는데,[39] 같은 기사 내에서 뒷부분에는 志摩宿禰로 기재되어 있다. 전거자료가 달랐을 가능성이 높은데, 이어지는 내용의 서술이 아닌 비슷한 이름이 등장하고 관련된 내용의 서술이라 사마숙녜 관련 자료에다 지마숙녜 관련 자료의 서술을 덧붙였을 가능성이 있다. 서술과정에서 斯摩宿禰와 志摩宿禰가 동일인이라는 확신이 있었다면 하나의 이름으로 통일되었을 가능성이 높기 때문이다. 어쩌면 두 번째 자료는 이파이가 백제와 탁순을 오가며 교역했고, 지마숙녜는 일본과 탁순을 오가며 교역했다는 내용이었을 가능성도 있다. 즉, 일본이 탁순을 통한 백제와의 교역에 적극적으로 응하기 시작했던 기록의 흔적일 수 있다.

그렇다면 탁순은 어디일까? 다음 기사들은 탁순국 위치 비정에 자주 사용되는『日本

38) "卌六年 春三月乙亥朔 遣斯摩宿禰于卓淳國[斯麻宿禰者 不知何姓人也] 於是 卓淳王末錦旱岐 告斯摩宿禰曰 甲子年七月中 百濟人久氏·彌州流·莫古三人 到於我土曰 百濟王 聞東方有日本貴國 而遺臣等 令朝其貴國 故求道路." [중략] 仍曰 若有貴國使人來 必應告吾國 如此乃還 爰斯摩宿禰卽以傔人爾波移與卓淳人過古二人 遣于百濟國 慰勞其王 時百濟肖古王 深之歡喜 而厚遇焉. [중략] 便復開寶藏, 以示諸珍異曰, "吾國多有是珍寶 欲貢貴國 不知道路 有志無從 然猶今付使者 尋貢獻耳" 於是 爾波移奉事而還 告志摩宿禰 便自卓淳還之也.(『日本書紀』卷9「神功紀」46年).
39) '斯摩'가 일본 和歌山縣 橋本市 隅田八幡宮에 소장되어 있는 人物畵像鏡의 명문 "癸未年八月日十大王年男弟王在意柴沙加宮時斯麻念長壽遣開中費直穢人今州利二人等取白上同二百旱作二竟"에서 거울을 만들도록 지시한 '斯麻'와 같지만, 명문의 癸未年은 서기 443년 혹은 503년으로 추정되어 366년과는 차이를 보이고 있다. 동일인으로 보기는 쉽지 않다.

書紀』欽明紀 2년조와 5년조 기사들로 탁순 위치를 추정할 수 있는 기록들이다.

2-a) 여름 4월 임나의 경계는 신라에 접해 있으니 卓淳 등과 같은 재난을 불러들일까 두렵습니다.[등이라 함은 㖨己呑, 加羅를 말한다. 卓淳 등의 나라와 같은 패망의 화를 당할 수 있다는 것을 말한다.][40]

2-b) 11월 (성왕이 말하기를) 가만히 생각해보니 신라와 안라 두 나라의 경계에 大江水가 있는데, 요해의 땅이다. 나는 이 곳을 차지하여 여섯 성을 수축하려고 한다. 삼가 천황에게 3천 병사를 청하여 성마다 5백 명씩과 아울러 우리 병사로써 채우고, (신라인들이) 경작하지 못하게 하여 괴롭히면, 久禮山의 5城은 스스로 병기를 내던지고 항복하게 될 것이니, 卓淳도 다시 일어나게 될 것이다. 청한 병사는 내가 옷과 식량을 지급할 것이다.[41]

2-c) 3월 신라는 봄에 㖨淳[42]을 취하고 이어 우리의 久禮山戌를 내쫓고 드디어 점유하였습니다. 安羅에 가까운 곳은 안라가 논밭을 일구어 씨를 뿌렸고, 久禮山에 가까운 곳은 斯羅가 논밭을 일구고 씨를 뿌렸는데, 각각 경작하여 서로 침탈하지 아니하였습니다."[43]

사료 2-a)는 흠명기 2년인 541년 1차 사비회의에서 임나의 旱岐들이 언급한 내용으로, 임나의 경계와 신라가 접해 있기 때문에 탁순 등이 패망 등의 화를 입었다고 기록하고 있다. 이로 보아 신라와 임나의 경계에 탁순 등이 연관이 있었다는 것을 알 수 있다.

사료 2-b)는 2차 사비회의에서 성왕이 언급한 세 가지 계책 중 일부이다. 이 내용에 따르면, 함안 안라국과 신라 경계가 大江水인데, 그 인근 구례산과 5개의 성이 있는데, 탁순과 밀접한 관련이 있음을 확인할 수 있다.

사료 2-c)는 백제 성왕이 일본의 천황에게 전하는 내용의 일부이다. 신라가 구례산을 점유하자, 안라국에 가까운 곳은 안라국이 농사를 짓지만, 구례산에 가까운 곳은 신라

---

40) "然任那境接新羅 恐致卓淳等禍[等謂㖨己呑·加羅 言卓淳等國 有敗亡之禍]"(『日本書紀』 卷19 「欽明紀」 2年).

41) "竊聞 新羅安羅 兩國之境 有大江水 要害之地也 吾欲據此 修繕六城 謹請天皇三千兵士 每城充以五百 并使作田 而逼惱者 久禮山之五城 庶自投兵降首 卓淳之國 亦復當興 所請兵士 五給衣糧"(『日本書紀』 卷19 「欽明紀」 5年).

42) 일반적으로 卓淳으로 본다.

43) "新羅春取㖨淳 仍擯出我久禮山戌 而遂有之 近安羅處 安羅耕種 近久禮山處 斯羅耕種 各自耕之 不相侵奪"(『日本書紀』 卷19 「欽明紀」 5年).

가 농사를 짓는다.

위 사료 2)의 내용들을 종합하면, 540년경 탁순 등의 패망 이후 임나와 신라의 경계가 된 곳은 대강수인데, 인근 구례산은 신라땅이지만, 이곳에서 신라군을 쫓아내면 탁순 재건이 가능하다고 해석할 수 있다.

기존의 구례산의 위치와 관련해 ①신라의 서진 방향을 추정해 봤을 때, 탁순→구례산 →안라국의 위치를 상정해 볼 수 있으므로, 함안과 창원 사이의 칠원이라는 설,[44] ②신라와 안라국 경계인 '大江水'를 낙동강으로 보고, 당시 신라의 지배를 받던 창녕이라는 설,[45] 마지막으로 ③좀 더 구체적으로 창녕의 火旺山이라는 설[46] 등이 있다.

②와 ③의 경우 만일 구례산이 낙동강 건너 창녕지역이라면 과연 544년 창녕지역까지 신라가 진출했는가에 대해 확인해야 한다. 물론 창녕지역이 530~541년 사이 어느 시기에 신라에 복속되고 이후 下州가 설치되었다는 견해[47]도 있으나, 김해 金官國의 멸망과 동시에 왕족들이 경주로 이주하는 점과 561년 진흥왕이 창녕지역에 순행한 점을 들어 555년 하주가 설치되는 시기를 창녕지역이 신라에 귀속된 시기로 보는 견해[48]가 있다. 또한, 창녕지역 가야산성이 5~6세기 초반에 축조되었다는 견해와 창녕 신라산성 중 가장 이른 것은 고곡산성인데 6세기 중반의 이른 시기라는 점은 이를 뒷받침한다.[49] 만약 창녕이 이미 신라에 편입되었다면, 과연 창녕에 가야와 백제가 6개의 성을 쌓는 계획을 세우는 것이 가능성이 있었을지 의문이다. 또, 6개의 성을 창녕지역의 5성과 마주보는 낙동강 건너편에 쌓는 계획이었다면, 과연 사료에서처럼 낙동강 건너에서 신라가 경작을 못하게 방해가 가능했을 지와 더불어, 창녕지역의 구례 5성이 항복할 정도의 효과를 발휘할 수 있을지도 의문이다. 이로 볼 때, 구례산의 위치를 창녕으로 보는 것은 타당성이 떨어진다. 오히려, 532년 김해 금관국이 항복하면서, 신라가 낙동강 하류를 넘었다는 점을 생각하면, 구례산이 칠원지역이라고 주장한 ①의 의견이 좀 더 타당할 수 있다. 칠원은 창원과 진주, 마산만과 진동만으로 이어지는 육지교통의 요지이다. 또,

---

44) 김태식, 『加耶聯盟史』, 一潮閣, 1993, 183~186쪽.
45) 이영식, 『가야제국사연구』, 생각과 종이, 2016, 645쪽.
46) 백승옥, 「新羅·百濟 각축기의 比斯伐加耶」, 『역사와 세계』 15·16집, 1991, 295~303쪽.
47) 백승옥, 위의 논문, 1991, 315쪽.
48) 남재우, 「대외관계로 본 安羅와 新羅」, 『大丘史學』 제70집, 2003, 22쪽.
49) 안성현, 「慶南地域 古代 城郭의 考古學的 研究」, 창원대학교 박사학위논문, 2020, 195쪽, 200쪽.

532년 김해를 멸망시킨 신라의 서진방향과 〈사료 2〉를 볼 때 아직 안라 즉 함안이 멸망 당하지 않았다는 점과 인근에 강이 있다는 점을 생각하면, 칠원의 가능성이 높다. 이를 뒷받침하는 자료로 낙동강 인근 고대성의 분포도인 〈그림 2〉가 참고된다. 성이 밀집해 있는 지역으로는 구역1과 2가 확인되는데, 구역2는 칠원지역이다.

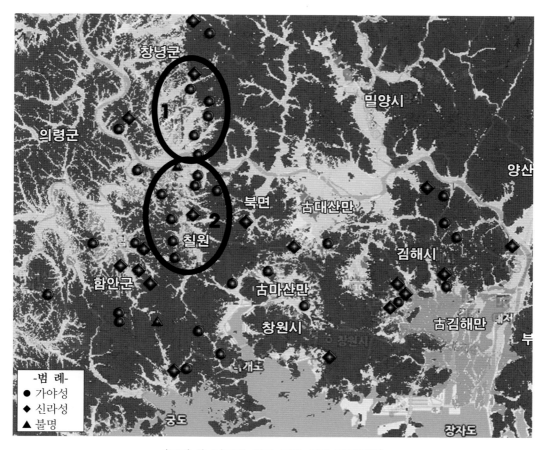

〈그림 2〉 낙동강 인근 고대 성곽 분포도[50]

이런 점들을 참고하면, 탁순국은 창원지역으로 비정할 수 있다.

---

50) 초기삼국시대에 높아진 수면이 점차 안정된 호수의 형태를 상당기간 유지했을 것으로 판단된다는 견해가 있어, 흙토람 토양환경지도를 활용해 분포도를 표시했다(안홍좌, 앞의 논문, 2023, 101쪽).

2. 탁순국의 성격

앞서 살펴본 항시국가의 특징들은 창원지역 특징과 맞닿아 있다.

첫 번째 입지의 경우 아래 지도가 참조되는데, 신경준의 『도로고』를 비롯해 「영남연해형편도」(18세기) 등 여러 고지도를 참고해 남해안 과거의 뱃길을 복원한 것이다.

〈그림 3〉 경상도 남해안 뱃길 복원도[51]

위 지도를 보면 뱃길은 창원외만을 가로질러 가덕도 북쪽과 김해 사이를 통과한다. 뱃길에서 창원지역은 육로와 해로 모두 연락하기 좋은 위치로 일본 뱃길의 주요 길목인 거제와 마주보고 있어 좋은 입지를 가지고 있음이 확인된다.

두 번째 조건인 교역장과 관련된 여러 시설의 경우 창원의 다양한 유적에서 확인할 수 있다. 아래 〈그림 4〉의 창원지역 삼국시대 가야유적 및 유물산포지 분포도가 참고된다.

---

51) 오상학, 「남해안의 지리적 특성과 고지도에 표현된 뱃길」, 『가야인 바다에 살다』, 국립김해박물관, 2021, 63쪽 〈그림 6〉.

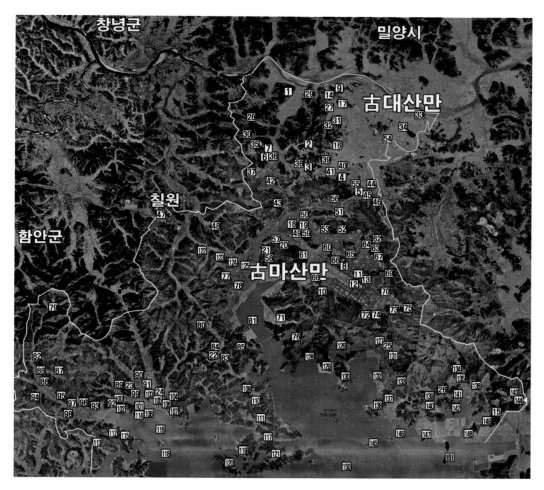

〈그림 4〉 창원지역 삼국시대 가야유적 및 유물산포지 분포도[52]

　창원지역에서 아직 항구시설이 확인된 것은 아니지만, 창고로 활용되는 고상건물지와 사람들이 거주했던 대표적인 흔적인 분묘들은 현동과 창원분지 내, 석동과 용원지역까지 전 지역에 걸쳐 다수 확인되고 있다. 특히 창원내만에 위치한 도계동유적, 가음정동유적과 현동유적에서 고상건물지와 분묘 외에도 생활유적들이 다수 확인되고 있다.

　세 번째 조건인 상시적인 교역을 유지할 수 있었던 '생산품'의 흔적도 창원에서 확인된다. 기원후 4세기에는 본격적인 철 생산 전문집락이 출현한다. 그 대표적인 유적은

52) 안홍좌, 앞의 논문, 2023, 104쪽.

김해 여래리·하계리,[53] 창원 봉림동유적, 마산 현동유적 등이다.[54] 〈그림 5〉는 3세기 이후 창원인근 지역의 철광산과 제철유적 분포도이다. 3세기 이후 꾸준히 견제하는 백제와 신라, 계속 전쟁 중인 고구려와 일본은 무기가 꾸준히 필요했을 것이다. 이런 국제정세는 한반도 남부를 비롯한 여러 지역에서 제철유적이 늘어나는 동력이었을 것이고, 철기 수출 중심의 항시와 항시국가 등장의 동력이 되었을 것이다. 창원의 분지 내 봉림동 지역에서는 다수의 수혈주거지를 비롯해 제련로와 고상건물지 등이 확인되고 있고, 창원 도계동유적과 현동유적에서도 여러 채의 고상건물지와 주혈들 및 수혈들이 확인되었다. 이곳도 철을 기반으로 한 교역의 중심지로 부상했을 가능성이 있다. 5세기와 6세기가 되면 더 많은 제철전문취락이 등장하고 있다. 다수가 김해, 창원, 함안, 양산, 밀양 지역이다. 창원과 낙동강 및 바다로 연결되는 지역이라는 점이 주목된다. 여기에 더해 경전선 제3공구(진영~창원 간) 내 유적에서 삼국시대 도로유구가 확인되어 김해 및 동읍 지역과 육로로 연결되었을 가능성도 있다.

네 번째 조건에 해당하는 자유롭게 '외부인'이 드나들 수 있는 자율성과 중립성의 보장은 증명하기가 쉽지 않다. 창원지역의 경우 토기 양식에서 이를 추정할 수 있다. 창원분지내의 토기가마는 대가야식 기종이 생산되며, 인근 석곽묘에서 대가야식 토기가 부장되고 있어, 대가야 전문가집단의 집단이주를 생각해 볼 수 있다. 또한, 현동과 창원분지내, 석동과 용원지역까지 시기별로 다양한 토기 기형들이 확인되고 있다.

창원의 경우 인근 함안과 김해에 비해 위세품이 그리 많이 확인되지 않는다. 무덤에 부장되는 위세품의 양이 많다는 것은, 당대 그 지역의 권력의 정도를 나타낸다. 이를 생각하면, 창원이 함안과 김해에 비해 권력자의 힘이 강하지 않았다는 해석이 가능하다. 권력자의 힘이 강하지 않다는 것은, 왕에 의해 교역이 통제될 가능성이 낮다는 것을 의미한다. 이런 점은 교역에 매우 유리한 조건이었을 것으로 추정된다, 권력자에 의해 일방적으로 물품이 압수되거나 거래가 취소되는 경우가 없는, 일종의 안전지역으로 볼 수

---

53) 김해 여래리의 경우 제철유적 뿐만 아니라 도로 및 생활유구와 유통시설까지 조사되었으며, 하계리의 경우에도 제련로와 수혈주거지, 철광석, 송풍관편 등이 출토되어 철을 생산하는 공인집단의 생산 및 생활유적으로 추정된다. 따라서 김해 여래리와 하계리에 철을 다루던 전문가 집단이 존재했을 가능성이 있다(남재우 외, 『청소년을 위한 창원의 역사』, 창원문화원, 2011, 222쪽).

54) 소배경, 「가야의 철 생산과 제작기술」, 『가야인의 技術』, 국립가야문화재연구소, 2020, 232~278쪽.

55) 안홍좌, 앞의 논문, 2023, 61쪽.

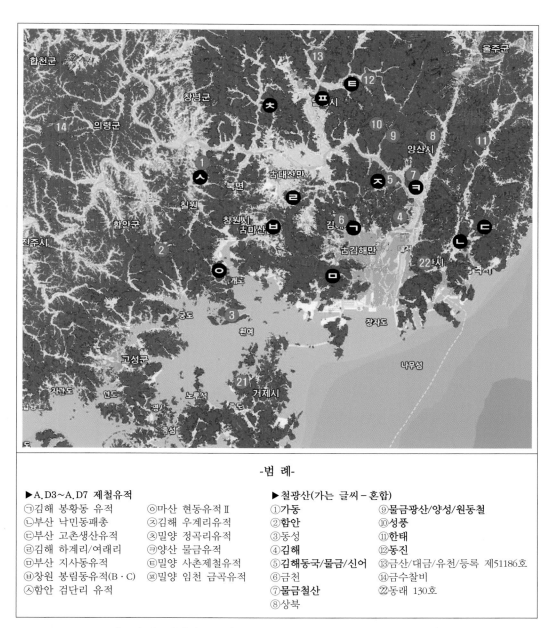

<그림 5> 경상남도 3세기~7세기 제철유적 및 철광산 분포도[55]

-범 례-

▶A.D3~A.D7 제철유적
㉠김해 봉황동 유적
㉡부산 낙민동패총
㉢부산 고촌생산유적
㉣김해 하계리/여래리
㉤부산 지사동유적
㉥창원 봉림동유적(B · C)
㉦함안 검단리 유적

㉧마산 현동유적Ⅱ
㉨김해 우계리유적
㉩밀양 정곡리유적
㉪양산 물금유적
㉫밀양 사촌제철유적
㉬밀양 임천 금곡유적

▶철광산(가는 글씨－혼합)
①가동
②함안
③동성
④김해
⑤김해동국/물금/신어
⑥금천
⑦물금철산
⑧상북

⑨물금광산/양성/원동철
⑩성풍
⑪한태
⑫동진
⑬금산/대금/유천/등록 제51186호
⑭금수찰비
㉒동래 130호

있다. 일정 대가를 제공하면, 물품들을 자유롭게 거래할 수 있었던 중계무역지가 될 수 있는 요소이다.

고고학에서는 창원만의 특별한 토기양식이 없이 시대별로 혹은 동시기 다른 유적에서 아라가야, 대가야, 소가야, 금관가야 등의 토기양식이 혼재하는 것을 두고, 4세기대에는 토기가 생산되는 국가의 문화권으로 5세기대 이후에는 정치권역으로 이해하기도한다.[56] 주변지역에 비해 위세품이 적다는 것이 그 이유 중 하나이다. 하지만,『일본서기』에 따르면 6세기 전반까지도 卓淳은 주요 교역항이었으며, 6세기에 확인되는 卓淳國의 멸망과 관련된 기록은 532년 김해 가락국이 멸망한 시기까지 건재했음을 알려주고있다.

아래 사료들은 6세기 탁순과 관련된 기록으로 주요 인물들이 확인된다. 이중 阿利斯等은 이후 몇몇 기록에서 이름이 확인되는데, 대부분 가야와 관련된 중요한 사건에서만 등장한다. 이름이 아닌 執權大臣의 位號 또는 존칭으로 보는 설,[57] 남가라의 都怒我阿羅斯等에 대한 존칭으로 보는 설,[58] 창원 탁순국왕으로 보는 설,[59] 안라국왕으로 보는 설[60]이 있다. 그외 阿利斯等을 卓淳이 멸망한 이후인 敏達天皇 12년 火葦北國造 阿利斯登[61]과 동일시하고 가라에 거주한 왜계 관인으로 보는 설,[62]도 있으나, 일반적으로는 이 시기의 阿利斯等과 화위북국조 阿利斯等은 다른 인물로 파악되고 있다. 그런데 阿利斯等의 역할을 보면, 안라국과는 크게 상관이 없다. 따라서 본고에서는 종래 阿利斯等을 卓淳國의 지배자로 추정한 견해를 바탕으로 논지를 전개하고자 한다.

　　3-a) (529)가라왕은 신라의 왕녀와 혼인하여 드디어 자식을 낳았다. 신라가 처음 왕녀를 보
　　낼 때, 아울러 1백 명을 시종으로 보냈다. 이들을 받아들여 각 현에 나누어 배치하고 신라의

56) 박천수,「고고학으로 본 가야의 권역과 대가야 영역국가의 역사적 의의」,『가야사의 공간적범위』, 고령군 대가야박물관·계명대학교한국학연구원, 2018, 176~180쪽.

57) 末松保和,『任那興亡史』, 吉川弘文館, 1949, 132쪽.

58) 李丙燾,「蘇那曷叱智考」,『韓國古代史硏究』, 博英社, 1976, 340~348쪽.

59) 김태식, 1988, 앞의 논문, 210쪽; 백승충,「弁韓의 成立과 發展−弁辰狗邪國의 성격과 관련하여−」,『한국고대사연구』10, 1995, 228쪽; 남재우, 앞의 책, 2003, 218쪽.

60) 이영식,「六世紀 安羅國史 硏究」,『국사관논총』62, 1995, 105~111쪽; 이용현,『가야제국과 동아시아』, 통천문화사, 2007, 82~85쪽; 장인성,「가야 阿利斯等의 외교와 행적」,『百濟學報』15, 2015, 15쪽; 백승옥,「『日本書紀』에 보이는 阿羅斯等의 정체와 그의 외교활동」,『한국민족문화』51, 2014, 136~155쪽.

61) "今在百濟火葦北國造阿利斯登子達率日羅 賢而有勇 故朕欲與其人相計"(『日本書紀』卷20「敏達紀」12年).

62) 地內宏,『日本上代史の一硏究−日鮮の交涉と日本書紀−』, 近藤書店, 1947, 254쪽; 三品彰英,「「繼體紀」の諸問題−特に近江毛野臣の所傳を中心して」,『日本書紀硏究』2, 塙書房, 1966, 39~40쪽; 大山誠一,「所謂「任那日本府」の成立について」,『古代文化』32-11, 古代學協會, 1980, 757~758쪽.

의관을 착용토록 하였다. 阿利斯等은 그들이 옷을 바꾸어 입은 것에 분개하여 사자를 보내어 모두 모아 돌려보냈다.[63]

3-b) (529) 여름 4월 壬午朔 戊子(7일), 任那王 己能末多干岐가 내조하였다[기능말다라고 함은 아마 阿利斯等일 것이다.]. 그리고 大伴大連金村에게 "무릇 바다 건너 여러 나라는 胎中天皇이 內官家를 둔 이래, 원래의 국왕에게 그 통치를 위임한 것은 참으로 도리에 합당한 일이었다. 이제 신라가 원래 주어진 영토를 무시하고 빈번하게 국경을 넘어 내침하고 있다. 청컨대 천황에게 주상하여 신의 나라를 구원해 주시오."라고 알렸다.[64]

3-c) (530 9월) 이에 阿利斯等은 (毛野臣이) 사소한 일만 일삼고 맡은 바 임무에 힘쓰지 않는 것을 알고 歸朝할 것을 자주 권했으나 오히려 돌아가지 않았다. 이 때문에 (阿利斯等은 毛野臣의) 행적을 다 알아서 배반하려는 마음이 생겼으므로 久禮斯己母를 보내 신라에 가서 請兵하고 奴須久利를 백제에 보내어 청병했다. [중략] 阿利斯等을 책망하며 꾸짖기를 "毛野臣을 내어 놓으라."고 하였다.[65]

3-b)의 중요인물인 己能末多干岐는 '己能末多[66]란 아마 阿利斯等'이라는 부기에 따라,[67] 今西龍[68] 이후 일반적으로는 아리사등과 동일인으로 보고 있다.[69] 阿利斯等과 己能末多干岐을 같은 인물이라는 부기를 적어둔 이유가 있겠으나, 같은 해 서술에 다른

---

[63] "加羅王娶新羅王女 遂有兒息 新羅初送女時 幷遣百人 爲女從 受而散置諸縣 令着新羅衣冠 阿利斯等 嗔其變服 遣使徵還"(『日本書紀』 卷17 「繼體紀」 23年 3月).

[64] "夏四月 壬午朔戊子 任那王己能末多干岐來朝[言己能末多者, 蓋阿利斯等也.] 啓大伴大連金村曰 夫海表諸蕃 自胎中天皇 置內官家 不棄本土 因封其地 良有以也 今新羅 違元所賜封限 數越境以來侵 請 奏天皇 救助臣國"(『日本書紀』 卷17 「繼體紀」 23年).

[65] "於是 阿利斯等 知其細碎爲事 不務所期 頻勸歸朝 尙不聽還 由是 悉知行迹 心生飜背 乃遣久禮斯己母 使于新羅請兵 奴須久利 使于百濟請兵 [중략] 責罵阿利斯等曰 可出毛野臣"(『日本書紀』 卷17 「繼體紀」 24年 9月).

[66] '阿利斯等'이라는 부기명이 卓淳國王에게 사용된 적이 없다는 점을 들어 아라가야왕 혹은 아라가야왕이 보낸 사신으로 보는 견해도 있다(이영식, 앞의 책, 2016).

[67] "言己能末多者 蓋阿利斯等也"(『日本書紀』 卷17 「繼體紀」 23年).

[68] 今西龍, 「加羅疆域考(下)」 『史林』 4권 4호, 1919, 324~326쪽. 다만 그는 己能末多干岐의 발음을 들어 仇衡王으로 보았다. 금서룡은 모두 관명으로 보았으나, 찬자가 가지고 있었던 정보가 많았을 것이란 가정하에, 찬자가 둘 다 기재한 것은 이유가 있을 것이라 보고, 阿利斯等은 位號이고, 己能末多는 이름이라고 보는 견해도 있다(大山誠一, 「所謂「任那日本府」の成立について」下, 『古代文化』 32-12, 1980, 758쪽; 김태식, 앞의 논문, 1988, 222쪽).

[69] 김태식, 앞의 논문, 1988, 209~210쪽.

호칭으로 각각 기재되어 있으므로, 과연 한 인물로 보는 것이 옳은지 의문이다.[70] 복수의 기록에 아리사등과 기능말다가 비슷한 행동을 한 것으로 적혀 있었거나, 『日本書紀』에는 빠져 있지만, 底本에서 동일하지는 않으나, 같은 목적으로 비칠법한 여러 행동이 적혀 있었기 때문일 것이다. 그런데 이 둘의 활동을 분리해 보면, 계체기 23년 아리사등은 한반도 내 활동을, 같은 해 기능말다간기는 대외활동을, 계체기 24년 아리사등은 한반도 내 활동에 각각 기록되어 있다. 즉, 己能末多干岐에 대해 '대개 阿利斯等'이라는 서술도 己能末多干岐의 대외적인 행보는 대개 阿利斯等과 뜻을 같이하기 때문으로 이해될 수 있다. 탁순국에 주요 지역이 두 곳이 있었고, 각각 관리자가 달랐을 가능성이 있다.

아래 〈그림 6〉의 분포도에서 확인되는 창원지역 가야성곽은 위치와 조망권을 통해 그 성이 지키고자 하는 성의 목적을 확인할 수 있는데, 창원지역의 성은 만들어진 목적에 따라 3개의 군으로 나눌 수 있다.[71]

①군은 古마산만을 에워싸듯 배치된, 성산산성(10)과 이산산성(13)이다.

이 중 성산산성(10)은 창원시의 남동쪽 깊숙한 곳에 위치하는데, 마산만에서 창원분지로 진입하는 부분이 조망된다. 성 내부는 비교적 넓은 공간이 형성되어 있고, 창원 다른 성들과 달리 토성이다. 함안의 안라국 왕성으로 파악되는 가야리유적은 함안의 토기요지들의 안쪽에 위치하고, 김해 가락국 왕성으로 파악되는 봉황동유적 또한 내만에 위치하고 있다. 접근해 오는 적을 파악하고 방어하기 좋은 위치이다. 또한 두 성 모두 내부에 넓은 공간을 가진 토성이다. 이런 점에서 성산산성은 탁순국의 왕성으로 추정된다.[72] 이산산성(13)은 마산만의 내해와 함안에서 진입하는 교통로를 조망하기 유리한 지점에 위치한다. 남쪽으로 마산만과 마산시내, 북동쪽으로 마산-창원을 잇는 교통로, 북서쪽으로 함안-마산을 잇는 교통로가 한눈에 조망되는 요지이다.

②군은 창원-북면-창녕 혹은 김해-창원을 연결하는 교통로 상에 위치한다. 검산산성(12)과 무성리산성(11)이다. 서로 조망할 수 있다. 검산산성(12)은 창원-창녕을 연

---

[70] 『日本書紀』卷17 「繼體紀」23年 3月·4月.

[71] 안성현은 여러 차례 경남지역 고대 성곽 조사와 분석을 통해 신라식과 가야식으로 구분해 왔다. 본고에서는 안성현의 성곽 구분을 따른다(안성현, 「고대성곽으로 본 창원지역 정치체의 동향」, 『한국대학박물관협회 제75회 추계학술발표회』, 2016; 앞의 논문, 2020; 「가야의 성곽」, 『가야문화재연구소 학술연구 총서』, 2023).

[72] 안성현, 위의 논문, 2020, 154쪽.

[73] 안홍좌, 앞의 논문, 2023, 127쪽.

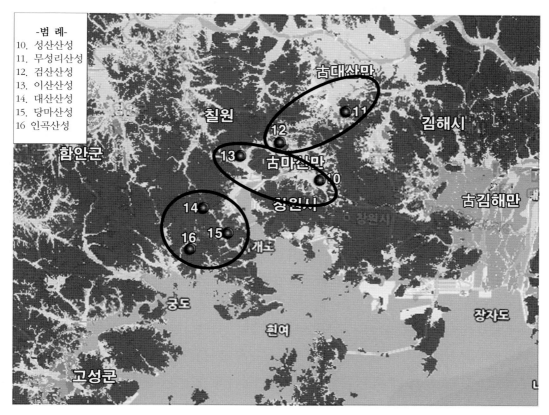

〈그림 6〉 창원지역 가야 성곽 분포도[73]

결하는 교통로와 김해−창원−함안으로 이어지는 육로로 창원분지 내부로 진입할 경우, 반드시 거쳐야 할 지점에 축조되어 있는데 조망권 역시 탁월하다. 무성리산성(11)은 현재 동판천 남동쪽의 야트막한 독립구릉 정상부에 위치하는데, 낙동강과 김해방면에서 진입하는 적을 조망하고 방어하기 유리한 전략적 요충지에 해당한다. 북쪽으로 동판저수지와 그 너머 낙동강과 밀양이, 남서쪽으로 동읍일대, 동쪽으로 진영일대가 조망되는 등 해발고도에 비해 조망권이 탁월하다. 규모를 고려할 때 검산산성에 편재된 산성으로도 볼 수 있다. 다만, 무성리산성과 검산산성이 서로가 조망된다는 점에서 검산산성과 서로 견제하는 관계의 성으로도 볼 수 있다.

③군은 마산시 서쪽의 현동을 에워싸듯 분포한, 대산산성(14), 당마산성(15), 인곡산성(16)이다. 당마산성(15)을 중심으로 삼각형 형태로 포진되어 있다. 이 중 당마산성은 마

산만이 내려다 보여 마산만을 통해 현동방면으로 진입하는 적을 조망하기 유리하다. 당마산성 북동쪽과 동쪽 가까이에 현동유적이 입지한다. 현동유적은 창원 古마산만 인근만큼이나 유적 분포도가 높고, 제철유적의 흔적도 확인되는 중요한 곳이다. 당마산성은 현동유적에 접근하는 적을 조망하기 위한 성이다. 인곡산성은 고성 및 진동쪽 방면의 조망권은 탁월하지만 현동쪽은 막혀있다. 이는 현동지역을 등지고 고성 및 진동쪽에서 접근하는 적을 막기 위한 성으로 파악된다. 대산산성은 하늘재를 통해 현동-내서-함안을 잇는 교통로상에 위치한다. 위치로 보아 내서 방면에서 진입하는 적을 조망하기 유리한 지점에 축성되었다.

〈그림 6〉의 창원지역 성의 분포도로 볼 때, 탁순국은 진동, 칠원, 고대산만, 김해로 둘러싸여 있었을 가능성이 있으며, 마산만을 비롯한 창원분지와 현동과 그 배후지역이 별개의 관방체계를 가지고 있었다고 볼 때, 관방체계 중심은 성산산성(10)과 당마산성(15)일 가능성이 있다. 다만, 당마산성은 가야의 왕성으로 볼 수는 없다. 앞서 소개한 것과 같이 현재까지 확인된 가야의 산성 특징에 부합되지 않고, 인근 성들과 같은 가야식 석성의 형식을 취하고 있기 때문이다. 이로 볼 때, 창원 탁순국은 현동은 모야신이 머물렀던 '熊川' 혹은 '久斯牟羅'에 해당하며, 기능말다간기가 머물렀던 곳으로 생각된다. 卓淳에는 중심지 즉 왕성에는 卓淳王 阿利斯等이, 변경의 중심지에는 己能末多干岐가 거주하고 있었고, 기능말다간기는 阿利斯等에 의해 변경지역의 관리를 이양받고, 어느 정도 자체적인 역할을 가진 '관리자'로 볼 수도 있다. 사료를 보면 특히 일본과의 관계에 역할을 했던 것으로 보인다. 卓淳國의 기반이 되는 자유 무역항을 관리하는 '己能末多干岐가 있었던 것이다.

『三國史記』地理志에는 金官國이었던 김해가 항복이후 金官郡이 되었다가, 이후 金海京을 거쳐 金州가 되었고, 阿尸良國 혹은 阿那加耶였던 함안은 멸망 후 군으로 삼았다는 기록이 있다. 관련해 남산신성비에 '阿良邏頭 沙喙 音內古 大舍'라는 기록이 있어, 阿尸良郡으로 이름되었을 것으로 본다. 신라에 편입된 이후 창원지역 지명은 屈自郡[74] 혹은 仇史郡[75]이다. 『日本書紀』에서 모야신이 머물렀던 '久斯牟羅'와[76] 현재 마산합포

---

[74] 『三國史記』卷34 地理志에 "義安君 본래 屈自郡이다. 景德王이 이름을 고쳤다. 지금도 그대로 따른다."라고 했다.

[75] 『三國遺事』卷3「塔像」4 남백월이성 노힐부득 달달박박조에 白月山을 소개하면서 "신라 구사군의 북쪽에 있다. [옛 屈自郡으로 지금의 義安郡이다.]"라고 기재하고 있다.

구 구산면의'龜山'이 참고된다. 이로 볼 때, 屈自郡 혹은 仇史郡은 탁순국왕 아리사등이 거주했던 지역이 아닌 기능말다간기가 거주했던 자유무역지역의 지역명으로 당시 항시국가였던 탁순국을 멸망시킨 신라입장에서 국제적인'久斯'의 중요성 때문에'卓淳'이 아닌, '屈自' 및 '仇史'로 지역명을 정했을 가능성이 있다.

대표적인 교역항 늑도의 성공 요인으로 '하나의 경계적 장소로 한반도계 및 외래계 주민 모두가 자유롭게 생활하고 교류할 수 있는 중립적 공간을 마련해 주는 국제성'이 꼽힌다.[77] 또, 이른 시기 김해지역이 교역으로 번성할 수 있었던 이유를 자유로운 교역 형태에게 찾기도 한다.[78] 더불어 해양문화의 특징을 '자체의 세력들로 정치력을 행사하려는 호족성이나 중앙정부에 귀속되지 않고 독자적으로 행동하려는 무정부성'으로 보는 입장[79]도 있다. 창원지역의 탁순국도 이런 특성을 가진 나라였을 것으로 생각된다.

『日本書紀』에서 卓淳 인근 생각되는 지명 "久禮"가 인명에서 확인된다. 「應神紀」 37년조 고려왕이 吳를 향하는 왜의 사신에게 딸려보내 준 '久禮波'와 '久禮志', 「繼體紀」 23년조에 卓淳에 온 신라 사신 久遲布禮의 이칭 '久禮爾師知于奈師磨利', 「繼體紀」 23년조에 卓淳國이 신라에 보내는 사신 '久禮斯己母', 「欽明紀」 22년조 기사에서 신라가 왜에 보낸 사신 '久禮叱及伐干'이다. 대체로 일본 아니면, 卓淳이 포함된 기사로, 다양한 나라의 입장을 대변하고 있다. 卓淳이 일본과의 교역을 중심으로 성장한 성격이 반영된 결과일 것이다. 卓淳國은 여러 상인과 장인들이 정착했다가 떠나가기도 하고, 卓淳에서 성장했으나 다른 나라로 이동해 일하기도 하는 자유로운 교역항이었고, 이런 지역적 성격이 사람들의 활동으로 나타나는 것으로 이해할 수 있다. 심지어 항시에 대한 연구가 시작된 동남아시아의 경우, 마음에 들지 않는 지배자가 나타나면 생활 터전을 찾아 떠나기도 했는데, 간혹 지역을 이동하며 직업을 바꾸기 때문에 사람들의 고향조차 확실하지가 않다고 한다.[80]

물론 모든 교역항이 중립적인 위치에서 개방적인 중개항구로서의 성격을 지닌 것은

---

76) 牟羅는 '山' 또는 '村(郡)'을 의미하는 고대 한국어이며, '久斯'는 屈自 · 仇史와 음이 통한다는 견해가 있다(이영식, 앞의 책, 2016, 619쪽).
77) 고일홍, 앞의 논문, 2019, 132쪽.
78) 이현혜, 앞의 책, 1998, 275~276쪽.
79) 윤명철, 앞의 책, 2013, 24쪽.
80) 村井吉敬, 앞의 논문, 2003, 8~9쪽.

아니다. 반대로 독점적인 기술이 필요한 물건을 소유하고 있었던 경우이거나 특정 물건을 얻기 위해 반드시 거쳐야만 하는 지역인 경우에는 지배집단이 물자의 분배, 교역 등의 과정을 장악하고 이를 통해 정치적인 권력을 발휘하는 교역항으로 발달하는데, 고고학적으로 일반 지역보다 질적·양적으로 우수한 유물이 출토된다는 견해가 있다.[81] 弁辰走漕馬國, 駕洛國, 安羅國 등 일반적으로 가야 교역항들이 이에 해당한다고 생각한다. 다만, 함안, 고성, 김해 등에 둘러싸인 창원의 국가유지방법을 추정한다면, 자유로운 교역항이야말로 탁순국의 성격으로 적합하다고 생각된다.

Ⅳ. 맺음말

해방 이후의 가야사연구는 시기에 따라 변화되어 왔다. 70년대까지는 '임나일본부설' 극복을 위한 대외관계사 연구가 중심이었다. 1980년대 이후는 가야를 주체로 한 가야사 연구가 이루어졌다. 그 결과 한국고대사에서 가야가 고구려를 비롯한 3국과 함께 성장했고, 중국 및 일본과도 교류했던 정치집단이었음이 밝혀졌다. 다만 정치적 성장 수준을 고대국가가 아닌 '연맹체'로 이해하는 한계도 있었다. 하지만 최근 가야사의 정체성을 이해하기 위해서 가야를 구성했던 가야 각국에 대한 연구가 확대되었다. 문헌에 대한 재해석뿐만 아니라, 고고자료가 지속적으로 축적되어 왔기 때문이다.

그 결과 가야는 각국이 서로 연대하기도 했지만, 독자적으로 유지되어 왔음이 밝혀지고 있다. 우리는 이제 신라와 백제, 고구려와는 다른 가야의 발전에 대한 이야기를 하고 있다. 당연히 가야 각국 또한 여러 발전 모습을 가졌을 것이다. 가야는 기록이 많지 않기 때문에 가야의 정체성을 이해하기 위해서는 연구가 다양한 시각으로 이우러져야 한다고 생각한다.

문헌자료의 한계는 가야사회 내부의 내밀한 사회적 구성을 이해하기 힘들게 한다. 그렇기 때문에 다양한 지역에서의 정치집단 형성과 변천에 대하여 살펴볼 필요가 있다. 이러한 고민들이 최근에 등장하고 있는 '항시국가'설이다. 그러나 본 연구는 탁순국 관

---

81) 이현혜, 앞의 책, 1998, 297~299쪽.

련 사료의 부족과 함께, 창원지역 발굴성과 또한 많지 않다는 한계를 가지고 있다. 이런 점들은 계속된 고고학적 자료의 확보와 함께, 문헌자료에 대한 추가적인 검토를 바탕으로 계속 보완해 나가고자 한다.

가야의 실체에 더 가까이 다가서기 위해서는 가야에 속한 많은 정치집단들에 대한 연구가 선행되어야 한다. 그것이 동시대에 존재했던 고구려, 백제, 신라와는 다른 방향으로 성장했던 가야의 실체에 보다 가까이 접근하는 길이다. 가야 각국을 개별적으로 연구하는 것은 한국고대사회에서 정치집단의 다양한 발전을 이해하는데 도움이 될 것이라 믿고 있다.

【참고문헌】

『三國史記』, 『三國遺事』, 『三國志』, 『日本書紀』, 『世宗實錄地理志』.

국립가야문화재연구소, 『가야 자료 총서 04-가야발굴조사자료편2』, 2018.
권오영, 『해상 실크로드와 동아시아 고대국가』, 세창출판사, 2019.
김창석, 『한국 고대 대외교역의 형성과 전개』, 서울대학교 출판문화원, 2013.
J.M.로버츠, 김기협 역, 『HISTORICA 히스토리카 세계사』, 이글리오, 2007.
모리 히로미치 저, 심경호 옮김, 『일본서기의 비밀』, 황소자리, 2006.
목포대학교박물관, 『고대항시와 신미국』, 2023.
박천수, 『가야문명사』, 진인진, 2018.
윤명철, 『한국해양사』, 학연문화사, 2013.
이영식, 『가야제국사연구』, 생각과 종이, 2016.
이현혜, 『한국 고대의 생산과 교역』, 일조각, 1998.
창원시·창원대학교박물관, 『문화유적분포지도』 Ⅰ·Ⅱ·Ⅲ, 2021.

강희정, 「해상 실크로드와 문명의 교차로 동남아시아」, 『해상 실크로드와 문명의 교류: 동남아시
        아와 동북아시아』, 사회평론아카데미, 2019.
고일홍, 「문명 교류의 허브 '교역항'에서의 수공업생산」, 『아시아리뷰』 제8권 제2호, 서울대학교
        아시아연구소, 2019.
권오영, 「狼牙脩國과 海南諸國의 세계」, 『백제학보』 20, 2017.
김권일, 「경상지역 제철유적의 특징(1)-대구·경북·울산지역」, 『한반도의 제철유적Ⅱ』, 2022.
김정학, 「加耶와 日本」, 『古代韓日文化交流研究』, 韓國精神文化研究院, 1990.
김태식, 「6세기 전반 加耶南部諸國의 소멸과정 고찰」, 『한국고대사연구』 1, 1988.
김현미, 「卓淳國의 성립과 대외관계의 추이」, 부산대학교 석사학위논문, 2005.
남재우, 「가야 시대 창원·마산 지역 정치 집단의 대외 관계」, 『창원 사학』 4, 1998.
남재우, 「대외관계로 본 安羅와 新羅」, 『大丘史學』 제70집, 2003.
남재우, 「骨浦國의 형성과 발전」, 『역사와 경계』 54, 2005.
남재우, 「문헌으로 본 가야사의 획기」, 『한국고대사연구』 94, 2019.
남재우 외, 『청소년을 위한 창원의 역사』, 창원문화원, 2011.
남정란, 「喙己呑國, 南加羅國, 卓淳國의 滅亡」, 한국교원대학교 석사학위논문, 2003.

노중국, 「신라의 해문 당성과 실크로드」, 『동아시아 실크로드와 당성』, 화성시 · 신라사학회, 2017.

백승옥, 「卓淳의 位置와 性格―≪日本書紀≫ 관계기사 검토를 중심으로―」, 『釜大史學』 19, 1995.

백승옥, 「『日本書紀』에 보이는 阿羅斯等의 정체와 그의 외교활동」, 『한국민족문화』 51, 2014.

백승충, 「〈任那復興會議〉의 전개와 그 성격」, 『釜大史學』 17, 1993.

백승충, 「'阿利斯等', 卓淳國, 그리고 백제의 관계―'아구례산수(我久禮山戍)' 해석을 중심으로」, 『지역과 역사』 45, 2019.

백진재, 「3세기 加耶諸國의 성장과 충돌―해항정치체의 성장과 포상팔국전쟁을 중심으로―」, 『가야 역사 · 문화 연구 총서(시대사)』 Ⅱ, 국립가야문화재연구소, 2022.

소배경, 「가야의 철 생산과 제작기술」, 『가야인의 技術』, 국립가야문화재연구소, 2020.

안성현, 「고대성곽으로 본 창원지역 정치체의 동향」, 『한국대학박물관협회 제75회 추계학술발표회』, 2016.

안성현, 「慶南地域 古代 城郭의 考古學的 研究」, 창원대학교 박사학위논문, 2020.

안성현, 「가야의 성곽」, 『가야문화재연구소 학술연구 총서』, 2023.

안홍좌, 「가야 탁순국 연구」, 창원대학교 박사학위논문, 2023.

(재)영남문화재연구원, 『창원 차룡동 산11-2유적』, 2015.

오상학, 「남해안의 지리적 특성과 고지도에 표현된 뱃길」, 『가야인 바다에 살다』, 국립김해박물관, 2021.

윤명철, 「고대 도시의 해양적 성격(港口都市)에 대한 체계적 검토―고대국가를 대상으로―」, 『동국사학』 55, 2013.

윤명철, 「경주의 海港都市的인 성격에 대한 검토―신라시대를 중심으로」, 『동아시아고대학』 20, 2009.

윤명철, 「울산의 해항도시적 성격과 국제항로」, 『신라의 대외관계와 울산항』, 반구동유적 발굴기념 국제학술대회, 2010.

이동희, 「海南半島와 加耶 · 新羅의 交流, 그리고 港市國家 止迷」, 『백제학보』 26, 2018.

이동희, 「고성 내산리 집단의 성격과 포상팔국」, 『영남고고학』 91, 2021.

이동희, 「고고자료로 본 고 백포만의 포구세력―기원전 1세기부터 기원후 4세기대를 중심으로―」, 『Homo Migrans』 27, 2022.

李丙燾, 「蘇那曷叱智考」, 『韓國古代史研究』, 博英社, 1976.

이희준, 「토기로 본 大伽耶의 圈域과 그 변천」, 『加耶史研究―대가야의 政治와 文化』, 춘추각, 1995.

장인성, 「가야 阿利斯等의 외교와 행적」, 『百濟學報』 15, 2015.

정문수 외, 『해항도시 문화교섭 연구 방법론』, 선인, 2014.

정선운, 「加耶 港市의 成立과 展開」, 경북대학교 석사학위논문, 2022.

전형권, 「4~6세기 昌原지역의 歷史的 實體」, 『昌原史學』 4, 1998.

조대연, 「선사시대 교역에 대한 연구사례 검토―후기 청동기시대의 동지중해 난파선 자료에 대한 연구를 중심으로」, 『호남고고학보』 39, 2011.

홍보식, 「삼국시대 이주와 생활 유형」, 『한국고고학보』 87, 2013.

生田滋, 「トメ・ピレス東方諸国記」, 『大航海時代叢書Ⅰ』, 岩波書店, 1966.

石澤良昭・生田滋, 『世界の歴史13―東南アジアの傳統と發展』, 中央公論社, 1998.

川口洋平・村尾進, 「항시사회론―나가사키와 광주―」, 『해역아시아사 연구 입문』, 민속원, 2013.

村松 伸, 「아시아 도시의 쉼없는 변천」, 『바다의 아시아1―바다의 패러다임』, 다리미디어, 2003.

村井吉敬, 「역동적인 바다와 섬의 세계」, 『바다의 아시아3―섬과 사람들의 활력』, 다리미디어, 2003.

大山誠一, 「所謂「任那日本府」の成立について」, 『古代文化』 32-11, 古代學協會, 1980.

三品彰英, 「「繼體紀」の諸問題―特に近江毛野臣の所傳を中心して」, 『日本書紀研究』 2, 塙書房, 1966.

地內宏, 『日本上代史の一研究―日鮮の交涉と日本書紀―』, 近藤書店, 1947.

부 록

- 함안 말이산 고분군 도항리 425번지 일원 발굴조사
- 함안 말이산 고분군(서구릉) 탐방로 정비사업부지 내 발굴조사

함안 말이산 고분군 도항리 425번지 일원 발굴조사*

경남연구원 역사문화센터

Ⅰ. 조사개요

○ 조 사 명 : 함안 말이산 고분군 도항리 425번지 일원 발굴조사
○ 조사지역 : 경상남도 함안군 가야읍 도항리 425번지 일원
○ 조사면적 : 1,265㎡
○ 조사기간 : 2023년 5월 15일 ~ 11월 30일(실조사일수 : 43일)
○ 조사기관 : 경남연구원 역사문화센터
○ 조사의뢰기관 : 경상남도 함안군

〈사진 1〉 함안 말이산 고분군 전경

---

* 이 글은 경남연구원 역사문화센터, 「함안 말이산 고분군 도항리 425번지 일원 발굴조사 약식보고서」
(2023.11)를 편집하여 수록한 것이다.

Ⅱ. 자연·지리적 환경

말이산 고분군은 여항산에서 북쪽으로 뻗어 내린 산줄기가 이어져 내려오다가 도항리 일대에서 야트막한 구릉지로 변하여 좁고 긴 야산을 이룬다. 해발 72m 이하의 낮은 구릉성 산지이며, 구릉은 남북으로 1.9km 정도 길게 뻗은 주능선과 서쪽으로 이어지는 여덟 갈래의 가지능선으로 이루어져 있다.

고분군이 위치한 능선은 오랜 세월동안 차별침식의 결과로 형성된 잔구성 구릉으로 여항면 쪽으로부터 흘러 내리는 함안천에 의해 능선 동쪽편은 가파르게 측방침식되고 서쪽편에는 수지상으로 계류가 발달하면서 주능선으로부터 8개의 지맥이 뻗어내린 지형이다.

말이산 고분군의 능선은 지금보다 북동쪽으로 더 이어졌을 것으로 추정되나 일제강점기 진주-마산 간 도로와 철도의 설치, 급격한 도시화에 의해 북쪽 일부가 훼손되었다. 말이산 고분군에는 주능선과 가지능선의 정선부에는 대형의 고분이 조성되어 있고, 가지능선의 사면부에는 중소형 고분이 조성되어 있다.

고분군의 북쪽과 동쪽은 함안읍이 형성되어 있고, 서쪽과 남쪽은 농지로 이용되고 있다. 남동쪽으로는 성산산성이 위치하고, 북서쪽으로는 2021년 말이산 고분군에 추가로 사적으로 지정된 남문외고분군과 필동고분군, 가야리유적 등 다수의 유적이 분포하고 있다.

〈사진 2〉 함안 말이산 고분군 원경

〈도 1〉 조사대상지역 위치도-위성지도(Daum 지도 인용)

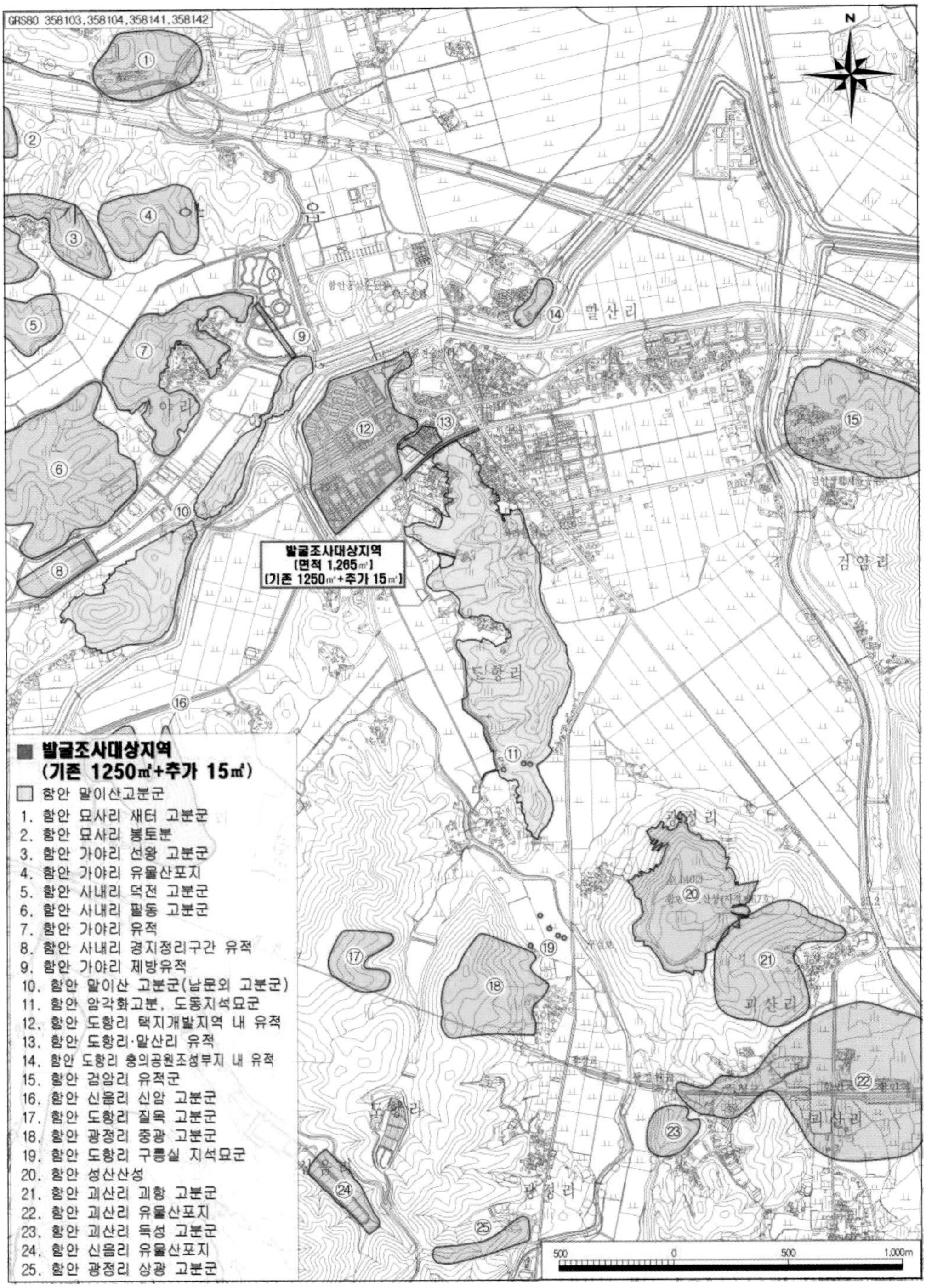

GRS80 358103,358104,358141,358142
N
말산리
가야리
도항리
검암리
광정리
괴산리
발굴조사대상지역
(면적 1,265㎡)
(기존 1250㎡+추가 15㎡)
■ 발굴조사대상지역
(기존 1250㎡+추가 15㎡)
□ 함안 말이산고분군
1. 함안 묘사리 새터 고분군
2. 함안 묘사리 봉토분
3. 함안 가야리 선왕 고분군
4. 함안 가야리 유물산포지
5. 함안 사내리 덕전 고분군
6. 함안 사내리 필동 고분군
7. 함안 가야리 유적
8. 함안 사내리 경지정리구간 유적
9. 함안 가야리 제방유적
10. 함안 말이산 고분군(남문외 고분군)
11. 함안 암각화고분, 도동지석묘군
12. 함안 도항리 택지개발지역 내 유적
13. 함안 도항리·말산리 유적
14. 함안 도항리 충의공원조성부지 내 유적
15. 함안 검암리 유적군
16. 함안 신음리 신암 고분군
17. 함안 도항리 질목 고분군
18. 함안 광정리 중광 고분군
19. 함안 도항리 구릉실 지석묘군
20. 함안 성산산성
21. 함안 괴산리 괴항 고분군
22. 함안 괴산리 유물산포지
23. 함안 괴산리 독성 고분군
24. 함안 신음리 유물산포지
25. 함안 광정리 상광 고분군
500 0 500 1,000m

〈도 2〉 함안 말이산 고분군과 주변유적 분포도(1/25,000)

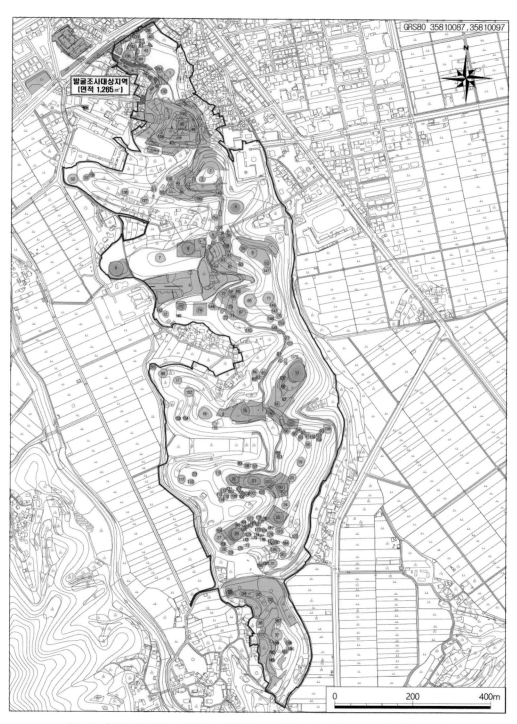

〈도 3〉 함안 말이산 고분군 조사현황 및 발굴조사 대상지역 위치(1/8,000)

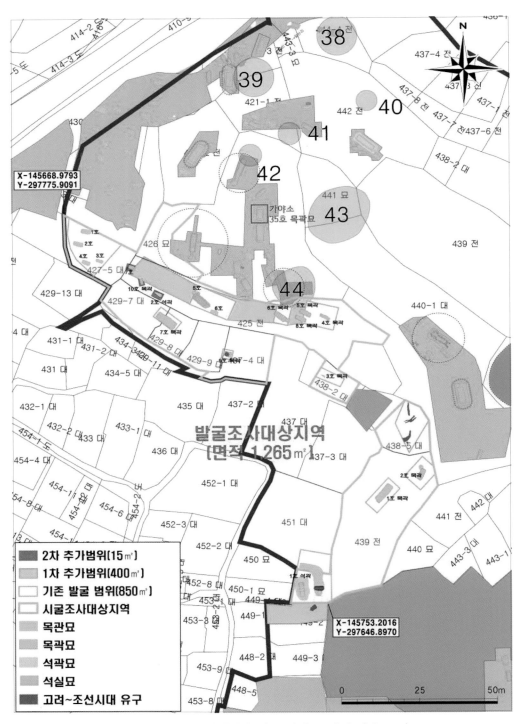

〈도 4〉 발굴조사 대상지역 및 주변 유구 배치도(1/1,000)

Ⅲ. 조사내용

조사대상지역은 저구릉산지(해발 54.0m)의 최북단 서사면에 해당하는 곳으로 대체로 완경사를 이룬다. 이전에는 밭으로 이용되었거나 민가건물이 조성되어 있던 지역으로 일부 경작이 이루어지고 있으나, 현재는 잡목과 수풀이 우거져 있는 상태이다. 현재 민가건물은 완전히 철거된 상황이다. 조사대상지역은 부정형의 형태를 띤다.

층위는 전체적으로 표토층-황갈색 사질점토층-풍화암반층으로 이루어졌다. 표토층은 황갈색 부식토로 두께 20cm 내외로 비교적 두껍게 형성되어 있다. 이 갈색토 바로 아래에서는 퇴적층인 황갈색 사질점토층이 확인되며, 그 바로 아래에서 기반암층인 점판암계 풍화암반층이 확인된다.

발굴조사 결과, 청동기시대 수혈 2기, 원삼국시대 목관묘 7기, 삼국시대 목곽묘 10기, 석곽묘 2기, 석실묘 1기, 고려시대 석곽묘 1기, 조선시대 수혈 1기, 구상유구 2기, 미상유구 1기가 확인되었다.

〈사진 3〉 조사지역 조사전 전경(2022년 1월 촬영)

〈사진 4〉 조사지역 조사완료 전경

〈사진 5〉 조사지역 복토 후 전경

1. 원삼국시대 목관묘

원삼국시대 목관묘는 조사대상지역 북서쪽 가장자리를 중심으로 집중분포하는 양상을 보인다. 1~4호 목관묘는 목관묘가 다수 확인된 경남고고학연구소(현 삼강문화재연구원) 조사지역과 인접하고 있음이 확인되었다. 근래까지 민가 가옥이 위치하고 있어 상부 교란이 매우 심한 상황으로 배수관 등으로 인해 목관묘가 일부 훼손되어 있는 것이 확인되었다.

목관묘의 묘광 규모는 길이 235~320㎝, 너비 100~149㎝, 잔존 깊이 18~70㎝로 규모상 큰 차이를 보이지 않고 있으며 방향성도 거의 동일하게 조성되어 있는 양상이다. 조성 빈도는 북쪽에서 남쪽으로 내려오면서 점차 줄어드는 양상을 보이고 있다.

1호 목관묘는 비교적 잔존상태가 양호하며 충전토 상부에 조합우각형파수부호 1점이 놓여져 있었으며 양 단벽부에 주머니호를 각 1점씩 부장하였다. 중앙에서 남쪽으로 약간 치우져 청색과 녹색 유리제 소옥, 관옥 등이 2,200여점 이상 확인되었는데, 천마총 등에서 확인되는 앞가리개보다는 어깨를 두르는 숄 형태의 의복장식으로 추정된다. 이는 안라국시기 의복 연구에 좋은 학술자료를 제공해 줄 것으로 판단된다. 또한 장신구의 방향으로 보아 두향은 남동향이었을 것으로 판단된다.

4호 목관묘는 묘광의 규모가 가장 큰 목관묘로 충전토 내에 호류가 부장되어 있으며 발치로 추정되는 서단벽 가장자리에 철모 3점이, 중앙부에 철촉과 철검, 철부가 출토되었다. 중앙부에서 수정제 다면옥 2점이 출토되었다.

9호 목곽묘의 묘광 규모는 길이 304㎝, 너비 183㎝, 잔존깊이 33㎝로 목관묘와 비교했을 때 길이는 비슷하나 너비가 50㎝이상 크며 토층 양상으로 보아 관과 곽이 설치되었을 것으로 판단된다. 유물은 와질 노형기대와 양이부호, 철모와 철부, 철촉(무경식, 사두형)이 출토되었다. 기조사된 35호분(가야소 조사)과 목곽묘의 규모나 출토유물상이 유사한 상황으로 3세기 후반에 축조되었을 가능성이 높을 것으로 보인다.

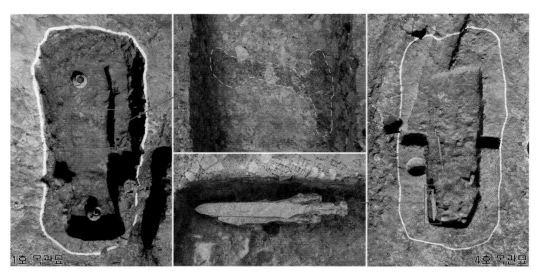

〈사진 6〉 1호 · 4호 목관묘 전경 및 유물출토모습

〈사진 7〉 9호 목곽묘 전경 및 유물출토모습

〈표 1〉 원삼국시대 목관묘 제원표

	묘광(cm)			목관(cm)		비고
	길이	너비	깊이	길이	너비	
1호	320	144	20	230	70	
2호	310	149	40	250	71	
3호	265	127	18	210	60	
4호	248	100	71	196	44	
5호	246	102	70	-	-	석실묘와 중복
6호	260	140	48	190	70	
7호	235	118	18	180	60	

2. 삼국시대 목곽묘

삼국시대 목곽묘는 조사지역 전 지역에 고루 분포하고 있는 양상으로 총 10기가 확인되었으며 소형~대형의 다양한 규모가 확인된다.

1호와 7호 목곽묘는 묘광 규모에서 길이 7m급의 대형 목곽묘로 바닥에 천석을 한 벌 깔고 중앙에 목관을 고정하기 위한 고정석이 확인된다. 1호 목곽묘는 목개가 덮히는 높이에 황갈색 점질토가 확인되며 바닥에서도 일정범위에 황갈색 점질토가 확인되고 있어 목개 상부에 점질토를 발랐을 것으로 추정된다. 양 단벽부에 유물이 부장되었을 것으로 파악되나 대부분 도굴구덩이 내에서 깨진 채로 출토되었다. 남서단벽부에 일정규모의 이단굴광이 확인되는 부분이 있는데 보강토 내 순장의 흔적일 가능성이 있을 것으로 판단된다.

7호 목곽묘는 조사지역 내 가장 대형의 목곽묘로 도굴이 전혀 이루어지지 않았다. 북서단벽부에는 바닥석이 깔리지 않았고 토기류 위주의 부장공간이 마련되어 있다. 남동단벽부에는 한쪽으로 치우쳐 고배 2점만이 부장되어 있으며 바닥은 부정형으로 깔아놓은 양상이 말이산 고분군 기 조사성과에 비추어 보았을 때 석곽묘에서 확인되는 순장공간의 양상과 유사한 양상을 보이고 있어 순장공간일 가능성이 매우 높을 것으로 파악된다. 중앙부에는 바닥석을 깔고 가운데에 관고정석이 확인되고 있어 피장자 안치공간으로 파악된다. 피장자 안치공간 내에는 환두대도, 유자이기, 철모 등 철기류가 다량 부장되어 있다. 보강토는 굵은 풍화암반편을 위주로 채우고 있어 위석식 목곽과 같은 효과를 보여주고 있다.

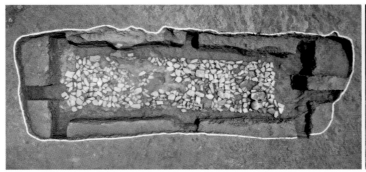

〈사진 8〉 1호 목곽묘 전경 및 유물출토모습

〈사진 9〉 2호 목곽묘 전경 및 유물출토모습

〈사진 10〉 5호 목곽묘 전경 및 유물출토모습

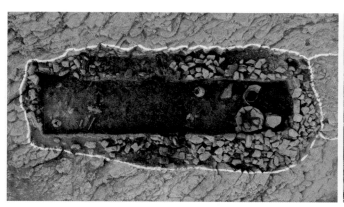

〈사진 11〉 6호 목곽묘 전경 및 유물출토모습

〈사진 12〉 7호 목곽묘 전경 및 유물출토모습

〈표 2〉 목곽묘 제원표

	묘광(cm)			목관(cm)		비고
	길이	너비	깊이	길이	너비	
1호	690	223	58	540	158	
2호	386	164	20	308	125	청동기시대 수혈과 중복
3호	(70)	114	12	-	-	
4호	360	(115)	32	280	78	
5호	400	169	58	330	82	
6호	460	188	40	388	76	7호 목관묘와 중복
7호	708	281	59	555	202	
8호	382	126	34	263	70	
9호	304	183	33	236	112	조선 수혈과 중복
10호	200	102	16	125	38	목관흔

3. 삼국시대 석곽묘

삼국시대 석곽묘는 2기가 확인되었다.

1호 석곽묘는 자연배수로 및 탐방로로 인해 남단벽부와 그 주변부가 완전히 훼손되었으며 서쪽부분은 소방도로 개설로 인해 묘광과 봉분이 완전히 파괴된 것으로 파악된다. 마을 주민의 전언에 의하면 하룻밤 사이에 도굴이 이루어졌으며 예전에는 사람들이 드나들었다고 한다.

1호 석곽묘는 주구가 조성되어 있고 봉토의 일부도 잔존하는 양상이다. 주구 중앙에는 대호 2개체가 깨어진 채로 출토되었으며, 일부 고려시대 석곽묘로 인해 훼손되었다. 주구의 남쪽 부분에는 소형기대, 고배 등의 소형기물이 완형에 가까운 형태로 출토되었다. 개석은 현재 3매가 잔존하며 개석과 벽석 사이에는 황갈색 점질토를 발라 밀봉이 이루어진 것으로 보인다. 벽석과 벽석 사이에도 동일한 점질토를 발라 밀착력을 높이고 작은 할석과 천석을 이용해 쐐기하여 견고함을 높였다. 석곽묘의 규모는 길이 547㎝, 너비 150㎝, 높이 132㎝로 말이산 고분군 내에서는 소규모이다. 유물은 대부분 도굴되고 바닥에 토기편과 철기편 일부만 잔존하고 있다.

2호 석곽묘는 소형 석곽묘로 법면부에 1/2 이상 파괴된 상태로 확인되었다. 바닥에는 판상할석을 깔았으며 유물은 확인되지 않았으나 삼국시대 석곽묘 축조양상과 동일한 양상으로 보아 삼국시대에 축조된 것으로 보인다.

〈사진 13〉 1호 석곽묘 세부 전경

〈사진 14〉 1호 석곽묘 내부전경, 밀봉토 및 봉토모습, 벽석축조상태, 유물출토모습

4. 삼국시대 석실묘

삼국시대 석실묘는 1기가 확인되었다.

1호 석실묘는 밭경작 등으로 인해 상부 대부분이 파괴되었으나 구조를 파악할 수 있는 정도는 잔존하고 있는 상황이다. 양수식 연도를 가진 세장방형 석실묘로 주변에는 국립가야문화재연구소에서 조사한 4, 5, 8, 47호분(1호분도 석실묘로 추정됨)이 분포하고 있다. 바닥은 일정한 크기의 천석을 깔고 중앙부에 판상할석 2매를 놓아 관대로 사용하고 있다. 기 조사된 석실묘에서는 이러한 관대시설이 확인되지 않았다.

후벽부에 토기류 위주의 부장이 이루어졌으며 전벽부에 안교, 재갈 등의 마구류를 부장하고 있다. 중앙 관대 주변에서 은제 대금구가 출토되었다. 이 대금구는 백제 사비기에 제작되는 대금구 양식과 매우 유사한 형태로 백제 사비기 대금구 양식을 모방하여 함안에서 제작되었거나 그보다 이른 시기 정형화되지 않은 양식의 대금구 양식으로 파악되고 있다.

　석실 내에서는 관대 주변으로 관고리와 관정 등이 확인되고 있어 들어나르는 관이 안치된 것으로 파악된다. 토기류는 대부분 아라가야양식의 개배, 고배, 파배, 통형기대 등이 확인되었으며 대가야양식의 토기도 일부 확인되고 있다. 이는 6세기를 넘어선 시점에 주변 석실묘의 유물 출토 양상과 유사성을 보이고 있다.

　석실묘의 규모는 길이 404㎝, 너비 156㎝로 기존 주변에서 조사된 석실묘보다는 작은 편이다.

〈사진 15〉 1호 석실묘 전경 및 유물출토모습

Ⅳ. 조사결과

1. 조사대상지역은 경상남도 함안군 가야읍 도항리 425번지 일원에 위치한다. 함안군에서는 2021년에 말이산 고분군의 사적 추가 지정구역에 대한 진입로 및 탐방로 정비공사를 추진 중에 있다. 이에 도항리 425번지 일원에 대해 2022년 시굴조사를 실시한 이후, 유구의 정확한 성격 파악과 함께 매장문화재 보존계획을 수립하고자 발굴조사를 실시하게 되었다.

2. 조사지역은 말이산 고분군의 최북단 서사면의 해발 54.0m의 저구릉산지에 해당하는 곳으로 대체로 완경사를 이룬다. 이전에는 밭으로 이용되었거나 민가건물이 조성되어 있던 지역으로 일부 경작이 이루어지고 있으나 현재는 잡목과 수풀이 우거져 있으며, 민가건물은 완전히 철거된 상황이다. 조사지역의 범위는 부정형의 형태를 띤다.

3. 발굴조사는 시굴조사 결과 유구가 확인된 지역을 중심으로 하되 탐방로 개설이 계획된 지역은 전면 제토하여 조사를 진행하였다. 층위는 전체적으로 표토층-황갈색 사질점토층-풍화암반층으로 이루어졌다. 표토층은 황갈색 부식토로 두께 20cm 내외로 비교적 두껍게 형성되어 있다. 이 갈색토 바로 아래에서는 퇴적층인 황갈색 사질점토층이 확인되며, 그 바로 아래에서 기반암층인 점판암계 풍화암반층이 확인된다.

4. 발굴조사 결과, 청동기시대 수혈 2기, 원삼국시대 목관묘 7기, 삼국시대 목곽묘 10기, 석곽묘 2기, 석실묘 1기, 고려시대 석곽묘 1기, 조선시대 수혈 1기, 구상유구 2기, 미상유구 1기가 확인되었다.

5. 원삼국시대 목관묘는 조사대상지역 북서쪽 가장자리를 중심으로 집중 분포한다. 1~4호 목관묘는 목관묘가 다수 확인된 조사지역과 인접하고 있다. 목관묘의 묘광 규모는 길이 235~320㎝, 너비 100~149㎝, 잔존 깊이 18~70㎝로 규모상 큰 차이를 보이지 않고 있으며 방향성도 거의 동일하게 조성되어 있다. 조성 빈도는 북쪽에서 남쪽으로 내려오면서 점차 줄어들고 있으며 시기적으로도 늦어지는 양상을 보이고 있다. 1호 목관묘 중앙에서 남쪽으로 약간 치우져 청색과 녹색 유리제 소옥, 관옥 등이 2,200여 점 이상 확인되었는데, 어깨를 두르는 숄 형태의 의복장식으로 추정된다. 이는 안야국 시기 의복 연구에 좋은 학술자료를 제공해 줄 것으로 판단된다.

6. 삼국시대 목곽묘는 조사지역 전 지역에 고루 분포하고 있는 양상으로 총 10기가

확인되었으며 소형~대형의 다양한 규모가 확인된다. 1호와 7호 목곽묘는 묘광 규모에서 길이 7m급의 대형 목곽묘로 바닥에 천석을 한 벌 깔고 중앙에 관고정석이 확인된다. 1호 목곽묘 남서단벽부에 일정규모의 이단굴광이 확인되는 부분이 있는데 보강토 내 순장의 흔적일 가능성이 있을 것으로 판단된다. 또한 7호 목곽묘는 조사지역 내 가장 대형의 목곽묘로 도굴이 전혀 이루어지지 않은 것으로 파악된다. 남동단벽부에는 한쪽으로 치우쳐 고배 2점만이 부장되어 있으며 바닥은 부정형으로 깔아 놓은 양상이 말이산 고분군 기조사성과에 비추어 보았을 때 석곽묘에서 확인되는 순장공간의 양상과 유사한 양상을 보이고 있어 순장공간일 가능성이 매우 높을 것으로 파악되는데 이는 목곽묘 단계부터 순장이 이루어진 증거로 처음 명확하게 확인된 사례이다.

7. 삼국시대 석곽묘는 2기가 확인되었다. 1호 석곽묘는 자연배수로 및 탐방로로 인해 남단벽부와 그 주변부가 완전히 훼손되었으며 서쪽부분은 소방도로 개설로 인해 묘광과 봉분이 완전히 파괴된 것으로 파악된다. 1호 석곽묘는 주구가 조성되어 있고 봉토의 일부도 잔존하는 양상이다. 석곽묘의 규모는 길이 547㎝, 너비 150㎝, 높이 132㎝로 말이산 고분군 내에서는 소규모이다.

8. 삼국시대 석실묘는 1기가 확인되었다. 양수식 연도를 가진 세장방형 석실묘로 주변에는 국립가야문화재연구소에서 조사한 4, 5, 8, 47호분(1호분도 석실묘로 추정됨)이 분포하고 있다. 바닥은 일정한 크기의 천석을 깔고 중앙부에 판상할석 2매를 놓아 관대로 사용하고 있다. 관대 주변에서 은제대금구가 출토되었다. 이 대금구는 백제 사비기에 제작되는 대금구양식과 매우 유사한 형태로 백제 사비기 대금구양식을 모방하여 함안에서 제작되었거나 그보다 이른 시기 정형화되지 않은 양식의 대금구양식으로 파악되고 있다. 규모는 길이 404㎝, 너비 156㎝이다.

9. 이번 발굴조사를 통해 확인된 1호 목관묘에서 출토된 2,200여 점에 달하는 소옥과 관옥은 어깨를 두르는 숄 형태의 의복장식으로 추정되는데 이는 안야국 시기 의복 연구에 좋은 학술자료를 제공해 줄 것으로 판단된다. 또한 1호와 7호 목곽묘에서 추정되는 순장의 모습으로 보아 목곽묘 단계부터 아라가야의 중심고분군인 말이산 고분군에서 순장이 이루어진 것으로, 이는 아라가야 순장의 초기 모습을 잘 보여 줄 것으로 파악된다. 또한 석실묘에서 출토된 은제대금구를 통해 당시 아라가야와 백제의 교류양상을 파악하는데 큰 도움이 될 것으로 파악된다.

〈사진 16〉 학술자문회의

〈사진 17〉 말이산지킴이 현장답사

〈사진 18〉 현장공개 설명회1

〈사진 19〉 현장공개 설명회2

〈사진 20〉 조사광경

〈사진 21〉 진주대곡초 현장답사

함안 말이산 고분군(서구릉) 탐방로 정비사업부지 내 발굴조사*

삼강문화재연구원

Ⅰ. 조사개요

○ 조 사 명 : 함안 말이산 고분군(서구릉) 탐방로 정비사업부지 내 발굴조사
○ 조사지역 : 경상남도 함안군 가야읍 가야리 19-2번지 일원
○ 조사면적 : 1,236.46㎡
○ 조사기간 : 2023년 04월 20일 ~ 2023년 11월 17일(실작업일수: 39일)
○ 조사기관 : (재)삼강문화재연구원
○ 조사의뢰기관 : 경상남도 함안군

〈사진 1〉 말이산 고분군(서구릉) 전경

---

* 이 글은 (재)삼강문화재연구원, 「함안 말이산 고분군(서구릉) 탐방로 정비사업부지 내 매장문화재 발굴조사 약보고서」(2023.11)를 편집하여 수록한 것이다.

Ⅱ. 자연지리적 환경[1]

조사구역은 행정구역상 경상남도 함안군 가야읍 가야리 19-2번지 일원으로, 말이산 고분군(서구릉)에서도 북쪽에 위치한다. 말이산 고분군(서구릉)은 여항산에서 북서쪽으로 뻗어 내린 능선의 북쪽 끝부분에 위치하며, 고분군 내 함마대로가 개설되어 있어 2개의 구릉처럼 보이나 실제는 가야리부터 괘안마을 북동쪽 구릉까지 이어진 1개의 능선이다. 길이는 약 1.6㎞ 정도이다. 지표조사에서 크고 작은 원형봉토분 57기가 확인되었다. 봉토분은 구릉의 능선과 남동사면을 따라 열을 지어 분포해 있으며, 특히 신음리 괘안마을 북쪽 능선 사면에는 봉토분이 밀집해 있다. 말이산 고분군(現 말이산 고분군 동구릉)과 남문외고분군(現 말이산 고분군 서구릉)은 발굴조사의 성과로 인해 역사적 연관성이 확인되어 2023년 3월 말이산 고분군(사적 제515호)에 통합[2]되어 국가사적으로 지정되었다. 이후 9월에는 제45차 세계유산위원회에서 함안 말이산 고분군을 포함한 7곳의 '가야 고분군(Gaya Tumuli)'이 세계유산에 등재되었다.

---

[1] 昌原大學校博物館, 『咸安 阿羅伽耶의 古墳群(Ⅰ)』, 1992; 咸安郡誌編纂委員會, 『咸安郡誌』 上, 1997; 昌原大學校博物館, 『文化遺蹟分布地圖－咸安郡－』, 2006;
     함안군청 홈페이지(http://www.haman.go.kr/)
[2] 문화재청고시 제2023-37호.

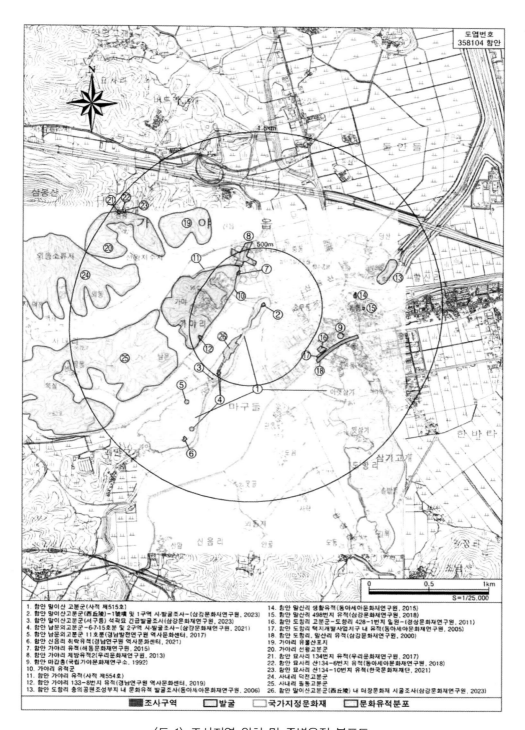

<도 1> 조사지역 위치 및 주변유적 분포도

1. 함안 말이산 고분군(사적 제515호)
2. 함안 말이산고분군(西丘陵)-1號墳 및 1구역 시·발굴조사-(삼강문화재연구원, 2023)
3. 함안 말이산고분군(서구릉) 석곽묘 긴급발굴조사(삼강문화재연구원, 2023)
4. 함안 남문외고분군-6·7·15호분 및 2구역 시·발굴조사-(삼강문화재연구원, 2021)
5. 함안 남문외고분군 11호분(경남발전연구원 역사문화센터, 2017)
6. 함안 신음리 취락유적(경남연구원 역사문화센터, 2021)
7. 함안 가야리 유적(해동문화재연구원, 2015)
8. 함안 가야리 제방유적2(우리문화재연구원, 2013)
9. 함안 마갑총(국립가야문화재연구소, 1992)
10. 가야리 유적군
11. 함안 가야리 유적(사적 제554호)
12. 함안 가야리 133-8번지 유적(경남연구원 역사문화센터, 2019)
13. 함안 도항리 충의공원조성부지 내 문화유적 발굴조사(동아세아문화재연구원, 2006)
14. 함안 말산리 생활유적(동아세아문화재연구원, 2015)
15. 함안 말산리 498번지 유적(삼강문화재연구원, 2018)
16. 함안 도항리 고분군-도항리 428-1번지 일원-(경상문화재연구원, 2011)
17. 함안 도항리 택지개발사업지구 내 유적(동아세아문화재연구원, 2005)
18. 함안 도항리, 말산리 유적(삼강문화재연구원, 2000)
19. 가야리 유물산포지
20. 가야리 선왕고분군
21. 함안 묘사리 134번지 유적(우리문화재연구원, 2017)
22. 함안 묘사리 산134-6번지 유적(동아세아문화재연구원, 2018)
23. 함안 묘사리 산134-10번지 유적(한국문화재단, 2021)
24. 사내리 덕전고분군
25. 사내리 돌동고분군
26. 함안 말이산고분군(西丘陵) 내 매장문화재 시굴조사(삼강문화재연구원, 2023)

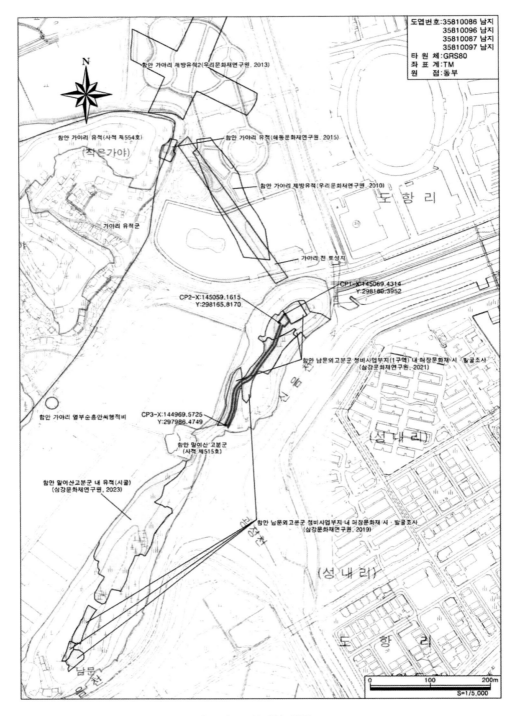

도엽번호:35810086 남지
35810096 남지
35810087 남지
35810097 남지
타 원 체:GRS80
좌 표 계:TM
원 점:동부

함안 가야리 제방유적2(우리문화재연구원, 2013)

함안 가야리 유적(사적 제554호)

함안 가야리 유적(해동문화재연구원, 2015)

(작은가야)

함안 가야리 제방유적(우리문화재연구원, 2010)

도 항 리

가야리 유적군

가야리 전 토성지

CP1-X:145069.4314
Y:298180.3952

CP2-X:145059.1615
Y:298165.8170

함안 말문외고분군 정비사업부지(1구역) 내 매장문화재 시·발굴조사
(삼강문화재연구원, 2021)

함안 가야리 열부순흥안씨정적비

CP3-X:144969.5725
Y:297986.4749

(성내리)

함안 말이산 고분군
(사적 제515호)

함안 말이산고분군 내 유적(시굴)
(삼강문화재연구원, 2023)

함안 말문외고분군 정비사업부지 내 매장문화재 시·발굴조사
(삼강문화재연구원, 2019)

(성 내 리)

도 항 리

남문천

0   100   200m

S=1/5.000

〈도 2〉 조사지역 위치도

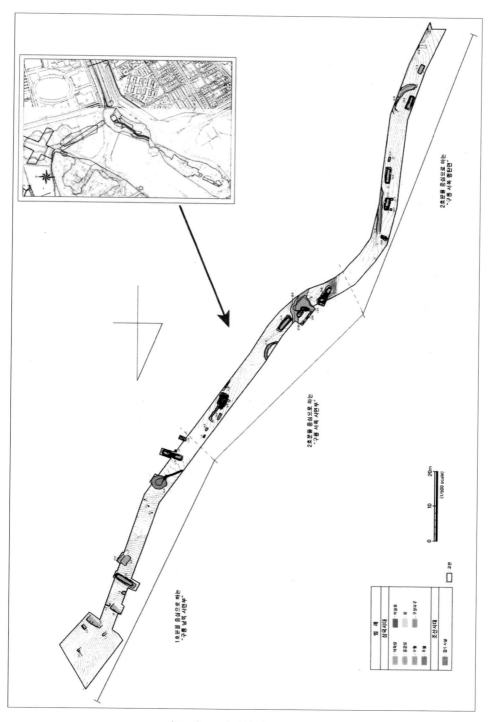

〈도 3〉 조사지역 유구배치도

1 함안 말이산 고분군 (사적 제515호)
2 함안 말이산고분군(西丘陵)-1號墳 및 1구역 시·발굴조사-(삼강문화재연구원, 2023)
3 함안 말이산고분군(서구릉) 석곽묘 긴급발굴조사(삼강문화재연구원, 2023)
4 함안 남문외고분군-6·7·15호분 및 2구역 시·발굴조사-(삼강문화재연구원, 2021)
5 함안 남문외고분군 11호분(경남발전연구원 역사문화센터, 2017)
6 함안 신음리 취락유적(경남연구원 역사문화센터, 2021)
7 함안 가야리 유적(세동문화재연구원, 2015)
8 함안 가야리 제방유적(우리문화재연구원, 2013)
9 함안 마갑총(국립가야문화재연구소, 1992)
10 가야리 유적군
11 함안 가야리 유적(사적 제554호)
12 함안 가야리 133-8번지 유적(경남연구원 역사문화센터, 2019)
13 함안 도항리 충의공원조성부지 내 문화유적 발굴조사(동아세아문화재연구원, 2006)
14 함안 말산리 생활유적(동아세아문화재연구원, 2015)
15 함안 말산리 498번지 유적(삼강문화재연구원, 2018)
16 함안 도항리 고분군-도항리 428-1번지 일원-(경상문화재연구원, 2011)
17 함안 도항리 택지개발사업지구 내 유적(동아세아문화재연구원, 2005)
18 함안 도항리, 말산리 유적(삼강문화재연구원, 2000)
19 가야리 유물산포지
20 가야리 선왕고분군
21 함안 묘사리 134번지 유적(우리문화재연구원, 2017)
22 함안 묘사리 산134-6번지 유적(동아세아문화재연구원, 2018)
23 함안 묘사리 산134-10번지 유적(한국문화재단, 2021)
24 사내리 덕천고분군
25 사내리 동동고분군
26 함안 말이산고분군(西丘陵) 내 매장문화재 시굴조사(삼강문화재연구원, 2023)

〈사진 2〉 조사지역 위치 및 주변유적 분포도

Ⅲ. 조사내용

발굴조사 결과, 삼국시대 석곽묘 21기 및 주구 2기·석실묘 1기·옹관묘 1기·묘 4기·수혈 8기·구상유구 1기, 조선시대 집수시설 1기 등 39기의 유구가 확인되었다.

〈사진 3〉 조사지역 원경 및 전경

〈사진 4〉 조사지역 복토 후 전경

1. 삼국시대

1) 석곽묘

석곽묘는 조사구역 전체에서 다양하게 분포하고 있는 것으로 파악된다. 그 형태를 통해, 석곽묘만 확인되는 것 20기(1호·4호·5호·8호·9호·11호·13호·19호·21~28호·32~34호·39호), 석곽묘와 주구가 함께 확인되는 것 1기(28호), 주변에 주구만 확인되는 것 2기(20호·38호)로 구분할 수 있다. 묘광은 생토인 황갈색 풍화암반층을 굴착하여 조성되었다. 주축은 남서향 또는 동서향으로 구분된다. 조사구역은 1호분과 2호분을 중심으로 하는 주변유구가 확인되는 구간이다. 세장한 형태로 1호분을 중심으로 하는 '구릉 남쪽 사면부'와 2호분을 중심으로 하는 '구릉 서쪽 사면부' 사이는 지형적으로 경사방향이 달라지는 것을 확인할 수 있다. 석곽묘의 주축방향은 대체로 등고선과 평행하게 조성(16기)되었다. 조사구역의 구릉 남쪽 사면부 상위에는 주축이 남북향(직교)으로 조성된 22호(先)→9호(後) 석곽묘는 중복관계를 보인다.

석곽묘 21기 중 5기(19호·32~34호·39호)는 벽석으로 추정되는 할석의 극히 일부가 확인되는데, 대부분 조사구역 경계 밖으로 조성된 양상으로 이번에는 조사가 이루어지지 않아 '미조사'로 분류하였다. 이를 제외한 16기의 석곽묘를 대상으로 평면형태 및 벽석의 축조상태, 출토유물을 살펴볼 수 있다.

석곽묘의 평면형태는 단축:장축의 비율을 통해 1:2.5이하인 것을 장방형, 이상인 것을 세장방형으로 구분할 수 있다. 장방형(1호·4호·5호·9호·13호·22~24호·26호·27호)은 10기, 세장방형(8호·11호·21호·25호·28호·29호)은 6기로 확인된다. 이 중에서 8호·11호·21호·28호는 단축:장축의 비율이 1:3 이상으로 다른 석곽묘에 비해 상대적으로 더 세장한 편이다.

주구는 2호분을 중심으로 하는 구릉 서쪽 사면부와 평탄면에 위치한다. 주구만 확인되는 것 2기(20호·38호)와 석곽묘와 주구가 함께 확인되는 것 1기(29호)로 구분된다. 29호 석곽묘는 경사면 위쪽을 'C'자형으로 굴착해 조영한 후 주구 안쪽에 매장주체부를 마련하였다. 주구의 중간부분은 32호 석곽묘와 중복관계를 이루고 있으며, 양쪽 끝부분은 뚜렷하지 않은 형태이다. 현재 잔존하는 규모는 길이 1,024㎝·너비 172㎝·깊이 19㎝정도이다. 내부에서 高杯片·蓋가 출토되었다. 20호와 38호는 주구만 확인되었다. 구릉 서쪽 사면부에 위치하고, 경사면 위쪽을 'C'자상으로 굴착하였으며, 조사경계 밖으로 연속되는 양상을 보인다. 주구와 관련된 묘는 서쪽 조사경계 밖에 위치할 것으로 추정된다.

벽석은 판석계 할석을 횡평적으로 축조한 것이 대부분이다. 벽석은 최대 9단(21호 석곽묘)까지 확인되고, 대부분은 후대 삭평으로 인해 3~4단만 남아있는 경우가 대부분이다. 29호 석곽묘의 경우에는 벽석은 규모가 큰 판석을 1매씩 하위에 세우고, 그 위에 판석계 할석(최대 4단)을 횡평적으로 쌓아 올린 특징을 보인다. 대부분 토압에 의해 경사면 아래쪽으로 기울어지거나 일부는 무너진 형태를 보인다.

시상은 5기(11호 · 13호 · 25호 · 26호)에서 확인되었다. 11호 · 25호 석곽묘는 양단벽에서 약간 떨어진 공간에 작은 할석을 한 벌 깔아 시상을 마련하였다. 13호 석곽묘는 바닥에 20~80㎝ 내외의 판석을 3매정도 깔아 시상을 마련하였고, 26호 석곽묘는 전면에 작은 할석을 한 벌 깔았던 것으로 파악된다. 이 외 석곽묘는 별다른 시설없이 생토면을 그대로 이용하였다.

유물은 다양한 위치에서 확인되는데, 대부분 묘광의 장벽 및 단벽 부근에 유물을 부장한 것으로 파악된다. 유물은 토기류와 철기류가 뒤섞여 확인된다. 토기류는 개+배 세트 · 고배 · 단경호 · 발형기대 · 파배 · 장경호 등, 철기류는 철촉 · 철겸 · 꺾쇠 등이 출토되었다. 25호 · 27호 석곽묘에는 양쪽 장벽 부근에서 이식이 1점씩 확인되었다.

〈사진 5〉 8호 석곽묘 전경 및 유물출토 모습

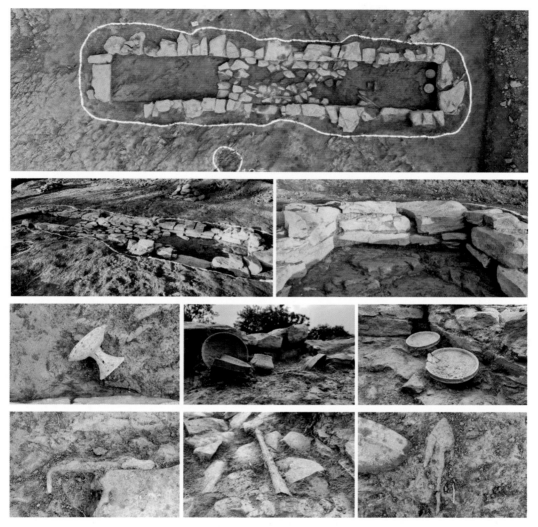

〈사진 6〉 11호 석곽묘 전경 및 벽석축조상태, 유물출토 모습

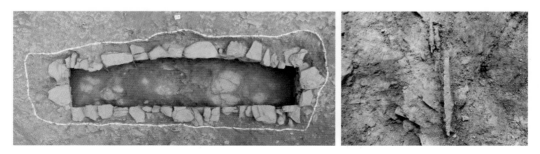

〈사진 7〉 21호 석곽묘 전경 및 유물출토 모습

〈사진 8〉 25호 석곽묘 전경 및 유물출토 모습

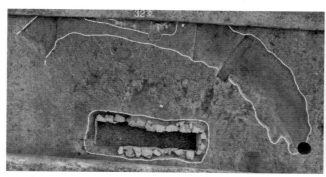

〈사진 9〉 29호 석곽묘 전경 및 유물출토 모습

〈표 1〉 석곽묘 집성표

일련 번호	유구 호수	묘광 형태	주축 방향	규모(단위:㎝) 길이×너비×깊이, ( ):잔존	주요유물	비고
1	1호	방형	동서/평행	(115)×(194)×7.4		
2	4호	장방형	동서/평행	(132)×475×20	臺脚片·蓋片	
3	5호	장방형	동서/평행	(212)×(344)×13	高杯·蓋·把手片	
4	8호	세장방형	동서/평행	640×180×29	蓋·廣口小壺·鉢形器臺· 壺片·把杯·杯片 등	
5	9호	장방형	남북/직교	283×(127)×13	蓋·杯·鐵劍·鐵鏃 등	
6	11호	세장방형	동서/평행	640×159×13	高杯·蓋·杯·杯片·鐵鏃· 鐵矛·꺾쇠 등	
7	13호	세장방형	동서/평행	206×85×11	鐵鏃	
8	19호	-	남북/직교	(355)×(37)		미조사
9	21호	세장방형	남북/평행	543×172×66	器臺·臺脚片·蓋·鐵刀子· 鐵鏃 등	
10	22호	장방형	남북/직교	(260)×159×14	蓋·杯·壺·把杯·鐵刀子· 鐵鏃·꺾쇠 등	
11	23호	세장방형	남북/평행	205×129×48	蓋·杯·把杯	
12	24호	장방형	남북/평행	묘: 188×126×56 추정연도: 58×78×12	蓋·杯·把杯	
13	25호	장방형	남북/평행	612×220×102	蓋·小壺·鉢形器臺·高杯· 把杯·杯·유리옥·鐵斧· 꺾쇠·철기 등	
14	26호	장방형	동서/직교	208×116×7	-	
15	27호	세장방형	남북/평행	369×160×36	耳飾·短頸壺·蓋 등	
16	28호	세장방형	남북/평행	478×154×46	壺·鐵鏃·鐵鎌	
17	29호	세장방형	남북/평행	414×156×52 주구:(1,024×172×19)	鐵鏃·把杯·臺脚片 (주구: 高杯·蓋片)	
18	32호	-	남북/평행	(294)×(37)	-	미조사
19	33호	-	남북/평행	(172)×(20)	-	미조사
20	34호	-	동서/직교	(71)×(52)	-	미조사
21	39호	세장방형	남북/평행	(564)×(81)	-	미조사

2) 석실묘

석실묘는 1기(18호)가 확인되었다. 2호분을 중심으로 하는 구릉 서쪽 사면부의 상위에 위치한다. 14호 묘의 주구를 파괴하고 조성되었으며, 북쪽으로 14호 묘, 남쪽으로 19호 석곽묘가 인접한다. 석실묘의 평면형태는 장방형이고, 주축은 남북향으로 등고선과 평행한다. 반지하식으로 현실 및 짧은 연도가 부착된 형태이다.

현실은 평면형태가 묘광과 동일한 장방형이며, 벽석은 할석을 횡평적하였다. 현실의 규모는 길이 378cm·너비 240cm·깊이 37cm이다. 내부에는 크고작은 자갈돌을 한 벌 깔았던 것으로 파악되며, 그 위에서 蓋·杯·扁甁·長頸壺·이식 등의 유물이 출토되었다.

연도는 북단벽 중앙부에 조성된 양수식이며, 길이 82cm·너비는 160cm·깊이 18cm로 짧고, 북쪽으로 약하게 경사져 있는 형태이다. 연도의 양옆에는 문주석을 세웠으며, 연도 입구는 할석을 채워 폐쇄하였다.

3) 옹관묘

옹관묘는 1기(15호)가 확인되었다. 조사구역에서 2호분을 중심으로 하는 구릉 서쪽 사면부 상위에 위치하며, 서쪽 조사경계에 인접한다. 묘광은 기반층인 황갈색 풍화암반층을 굴착하여 조성되었다. 평면형태는 세장방형이고, 주축은 등고선과 직교하는 남북방향이다. 벽면은 사벽이고, 바닥은 비교적 편평한데, 부분적으로 凹凸이 확인된다. 묘광의 규모는 길이 105cm·너비 48cm·깊이 15cm 정도이다. 合口式의 甕棺이며, 북쪽에는 단경호로 된 頭甕을, 남쪽에는 장동옹으로 된 身甕을 두었다. 頭甕 내부에서 把杯 1점이 출토되었다.

〈사진 10〉 18호 석실묘 전경 및 유물 출토모습, 연도 및 문주석모습

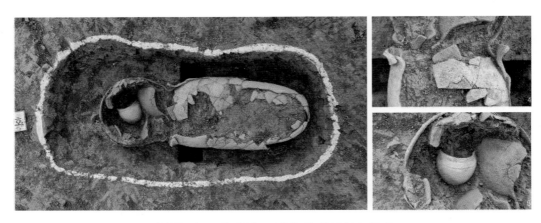

〈사진 11〉 15호 옹관묘 전경 및 유물출토 상태

4) 묘

묘는 4기(2호·3호·6호·14호)가 확인되었다. 유구의 성격을 파악할 수 있는 특징이 뚜렷하지 않아 묘로 구분하였다.

14호 묘는 구릉 사면부 중위에 위치하며, 주구가 함께 확인된다. 매장주체부는 황갈색 풍화암반층을 굴착하여 조성되었다. 평면형태는 세장방형이고, 주축은 등고선과 평행에 가까운 남북방향이다. 후대삭평에 의해 잔존상태가 매우 불량한 편이다. 묘광의 규모는 길이 201㎝·너비 58㎝·깊이 8㎝이다. 묘광의 북쪽 단벽부근에서 把杯 1점이 출토되었다. 주구는 경사면 위쪽에 ㄷ자형으로 설치되었다. 18호 석실묘에 의해 일부 파괴되었고, 양 끝은 삭평으로 인해 확인되지 않는다. 주구의 단면형태는 완만한 'U'자형이다. 주구의 규모는 잔존길이 457㎝·너비 75㎝·깊이 19㎝이다.

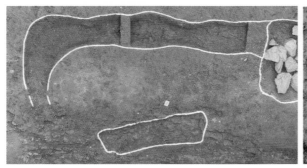

〈사진 12〉 14호 묘 전경 및 유물 출토상태

〈표 2〉 묘 집성표

유구명	평면형태	주축방향	규모(단위:㎝)	출토유물	비고
			길이×너비×깊이, ( ):잔존		
2호	세장방형	동서/평행	139×92×15	蓋·杯·把杯	
3호	장방형	남북/직교	(116)×60×6.6	-	
6호	장방형	동서/평행	(104)×(73)×14	-	
14호	세장방형	남북/평행	201×58×8 주구: (457)×75×19	把杯	

5) 수혈

수혈은 8기(7호·12호·16호·17호·30호·31호·35호·37호)가 확인되었다. 수혈은 조사구역 전체에서 다양하게 분포한다. 수혈은 황갈색 풍화암반층을 굴착하여 조성되었다. 평면형태는 타원형·부정형 등 다양하며, 규모도 모두 상이하다. 유물은 출토되지 않았다.

17호 수혈의 경우, 선행하는 23호 석곽묘·38호 주구를 파괴하고 조성되었다. 평면형태는 부정타원형이고, 벽면은 사벽이며, 바닥은 요철면을 이룬다. 수혈의 규모는 길이 475㎝·잔존너비 422㎝·깊이 69㎝ 정도이다. 내부에서 蓋·高杯가 출토되었다.

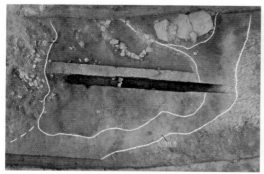 

〈사진 13〉 17호 수혈 전경 및 토층

〈표 3〉 수혈 집성표

유구명	평면형태	규모(단위:㎝)	출토유물	비고
		길이×너비×깊이, ( ):잔존		
7호	장타원형	105×(110)×6	-	
12호	타원형	48×45×9.5	-	
16호	장방형	96×61×13	-	
17호	부정타원형	475×(422)×69	蓋·高杯	
30호	타원형	59×69×17	-	
31호	장방형	276×121×32	-	
35호	장방형	136×54×20	-	
37호	타원형	73×72×16	-	

6) 구

溝는 1기(36호)가 확인되었다. 조사구역에서 2호분을 중심으로 하는 구릉 서쪽 평탄면에 위치한다. 북쪽에서 남쪽으로 길게 조성되었으며, 남쪽 조사경계 밖으로 연속되는 양상이다. 규모는 잔존길이 1,383㎝·너비 126㎝·깊이 15㎝ 정도이다. 유물은 출토되지 않았다.

〈사진 14〉 36호 구 전경 및 토층

2. 조선시대

1) 집수시설

집수시설은 1기(10호)가 확인되었다. 조사구역에서 1호분을 중심으로 하는 구릉 남쪽 사면부 中位에 위치하며, 북쪽으로 현대 이장묘가 인접한다. 집수시설은 평면 원형의 수혈과 경사면 아래쪽으로 진행되는 석축형 배수시설로 구성되어 있다.

　수혈의 주축은 등고선과 직교하는 남북향이고, 배수시설은 동쪽으로 45°정도 기울어진 형태로, 경사면 아래로 진행되는데 끝은 삭평되었다. 집수시설의 수혈은 황갈색 풍화암반층을 그대로 이용하였고, 벽면의 일부는 굴착하여 다듬었다. 수혈의 규모는 길이 389㎝·너비 421㎝·깊이 57㎝이다. 석축형 배수시설은 풍화암반층을 굴착하여 조성하였다. 벽석은 굴착면 내부에 나란하게 놓아 조성하거나, 일부는 벽석없이 굴착면으로 그대로 이용하였다. 벽석 위에는 비교적 편평한 형태의 덮개돌을 놓았는데, 대부분 무너져 벽석과 뒤섞여 있다. 수혈에서 배수로로 물이 흘러갈 수 있게 하는 경계지점에는 비교적 큰 할석을 놓아 구성하였다. 이는 수혈 내부에 물을 가두거나, 경사면 아래쪽으로 흘러보내는 등 수위를 조절하기 용이하도록 구성한 것으로 파악된다. 석축형 배수로의 규모는 잔존길이 594㎝·너비 45㎝·깊이 34㎝ 정도이다. 유물은 상부에서 鐵鏃片, 내부토에서는 壺片·鉢片이 수습되었다.

〈사진 15〉 10호 집수시설 전경 및 토층, 석축형 배수시설

Ⅳ. 조사결과

우리 연구원은 함안군 가야읍 가야리 19-2번지 일원에 대한 매장문화재 발굴조사를 실시하였다. 이에 대한 조사결과는 아래와 같다.

1) 발굴조사 결과, 삼국시대 석곽묘 21기 및 주구 2기 · 석실묘 1기 · 옹관묘 1기 · 묘 4기 · 수혈 8기 · 구상유구 1기, 조선시대 집수시설 1기 등이 확인되었다. 그중에서 삼국시대 석곽묘는 대부분 주축방향이 등고선과 평행하게 조성되었고, 평면형태는 중형급은 모두 세장방형이며, 소형급은 장방형이다. 벽석은 횡평적이 대부분이며, 일부는 수적+평적으로 쌓은 것이 확인되기도 한다. 유물은 양단 부장이며, 전체적으로 薄葬이다. 석실묘는 평면형태는 장방형이고, 주축은 등고선과 평행하며, 현실 및 양수식의 짧은 연도가 부착된 형태이다.

2) 함안 말이산 고분군(서구릉) 범위 중 이번 조사구역은 1호 · 2호분이 위치하는 구릉의 사면부 및 평탄면에 해당된다. 조사를 통해 대형 봉분인 1 · 2호분을 중심으로 그 주변에 분포하는 중 · 소형의 석곽묘 및 석실묘의 분포양상을 확인할 수 있었다. 무덤의 시기는 출토유물 및 기 발굴조사 성과를 적용해 보면, 석곽묘는 6세기 前半代로 횡혈식 석실분과 동시기 혹은 그보다 조금 늦은 시기로 판단된다.

〈사진 16〉 학술자문회의 전경1

〈사진 17〉 학술자문회의 전경2

〈사진 18〉 현장공개 설명회1

〈사진 19〉 현장공개 설명회2

〈사진 20〉 조사광경1

〈사진 21〉 조사광경2

필자소개

남재우 | 창원대학교

최혜영 | 전남대학교

김용준 | 고려대학교

조윤재 | 고려대학교

이은석 | 국립가야문화재연구소

임동민 | 계명대학교

소배경 | 삼강문화재연구원

안홍좌 | 창원대학교

양화영 | 창원대학교